黑龙江省教育学院科研基金资助项目

习近平教育思想“进中小学（中职）校园”研究丛书　　丛书主编

学科主题教育活动指南

主　编◎黄勤雁
副主编◎赵玉英
李晓慧

ZHONGXIAOXUE LIDE SHUREN
XUEKE ZHUTI JIAOYU HUODONG ZHINAN

（高中卷）

黑龙江人民出版社

图书在版编目(CIP)数据

中小学立德树人学科主题教育活动指南. 高中卷 / 黄勤雁主编. — 哈尔滨：黑龙江人民出版社，2018. 5

ISBN 978-7-207-11365-8

Ⅰ. ①中… Ⅱ. ①黄… Ⅲ. ①德育—高中—教学参考资料 Ⅳ. ①G631

中国版本图书馆 CIP 数据核字(2018)第 118934 号

责任编辑：孙国志
封面设计：鲲 鹏
责任校对：秋云平

中小学立德树人学科主题教育活动指南(高中卷)

主 编 黄勤雁
副主编 赵玉英 李晓慧

出版发行 黑龙江人民出版社
地 址 哈尔滨市南岗区宣庆小区 1 号楼
邮 编 150008
网 址 www. longpress. com
电子邮箱 hljrmcbs@yeah. net
印 刷 北京一鑫印务有限责任公司
开 本 787 × 1092 1/16
印 张 12.5
字 数 300 千字
版 次 2018 年 5 月第 1 版 2020 年 7 月第 2 次印刷
书 号 ISBN 978-7-207-11365-8
定 价 40.00 元

法律顾问：北京市大成律师事务所哈尔滨分所律师赵学利、赵景波

序

进入21世纪，世界发生着重大变化，全球化、信息化浪潮势不可挡，面对这一巨大挑战的根本对策是培育能主动适应未来、有责任感的公民。党的十八大、十九大均明确提出："立德树人"是教育的根本任务，要大力推进"教育综合改革"，伟大的时代呼唤更多的优秀人才助推新时代的发展，这是时代对教育提出的明确要求。

在这一新的时代背景下，培养怎样的人和怎样培养人这一教育的根本问题又一次摆在我们的面前，2016年9月《中国学生发展核心素养》研究成果在京正式发布，学生发展核心素养体系作为落实立德树人教育目标的具体体现，被置于深化课程改革、落实立德树人目标的基础地位，成为下一步深化教育改革的关键因素。《立德树人学科主题活动指南丛书》就是在这种背景下推出的一套专门为落实"立德树人"教育目标，培养学生核心素养根本任务，以学科综合性活动为载体的学生发展核心素养活动读本。

本套丛书具有以下几个突出亮点：

一、开辟了培养核心素养、落实立德树人教育目标的新路径

核心素养是指学生应具备的、能够适应终身发展和社会发展需要的必备品格和关键能力，是关于学生知识、技能、情感、态度、价值观等多方面要求的综合表现。作为学生最关键、最必要的共同素养，它特别强调跨学科，更重视综合素养。《立德树人学科主题活动指南丛书》以综合实践活动的形式为中国学生发展核心素养的培养提供有效的载体、路径和突破口，为有效地破解这一难题开辟了新路径。

丛书主题以学生成长需要为线索，从小学、初中、高中各学段学生身心特点的实际出发，以密切联系学生生活实际的具体问题为研究主题，以实施跨学科的综合性活动为载体，完全打破单纯学科落实核心素养的局限性，融中国学生发展核心素养与历史、地理、政治学科核心素养于一体，以史地政三大学科核心素养为主干，又不完全

拘泥于三学科核心素养内容，从多学科综合的更广阔视角落实核心素养，这是本套丛书的最突出的亮点。

二、寻找到培养核心素养、落实立德树人教育目标的落脚点

核心素养是知识、技能和态度等的综合表现。它是知识、能力、态度或价值观等方面的融合，既包括问题解决、探究能力、批判性思维等“认知性素养”，也包括自我管理、组织能力、人际交往等“非认知性素养”。而这些育人目标的落实，不是仅仅靠教育者在课堂上认真地教就可以完成的。作为后天习得的能够适应终身发展和社会发展需要的必备品格和关键能力，它最需要的是学习者要在社会生活的实践体验中不断认知与理解、感悟与践行。

《立德树人学科主题活动指南丛书》正是从引导学生开展丰富多彩的综合性活动入手，通过设计学生喜闻乐见的实践活动，让学生在活动中去关注社会、体验社会。通过引导学生开展合作学习、探究学习、体验学习、实践学习等开放性学习活动，让学生在生活和实践中获得积极体验和丰富经验，提高学生对自然、社会和自我之内在联系的整体认识，发展科学精神、创新意识与实践能力，培养学生强烈的社会责任感与良好的个性品质，最终形成学生各阶段必备的关键能力与必备品格。

丛书中每一个主题都是基于学生的直接经验，密切联系生产生活实际，注重对知识技能的综合运用，体现了经验和生活对于学生核心素养的培养，学科主题活动将研究性学习、社区服务与社会实践、劳动与技术教育、信息技术教育等方面有机地融于社会实践当中，对于培养学生终生发展和适应社会发展所需要的、不可或缺的共同素养具有极其重要的作用。对于改变以往落实核心素养过程中过于重书本和接受、轻实践和创新的局限性，具有非常重要的现实意义；对于加强核心素养与生活、核心素养与实践的联系，切实转变学生的学习方式，提供一个非常好的活动范本。

三、活化了培养核心素养、落实立德树人教育目标的新形式

本套丛书紧紧围绕学生发展核心素养的六大要素，充分发挥人文学科的独特育人优势，有机地将政治、历史、地理学科可以落实核心素养的教育内容、设计成形式多样、学生喜闻乐见的主题活动。

丛书结合学生年龄特点分小学卷、初中卷、高中卷，以中国学生发展核心素养的六大核心素养作为每册书的六大活动专题，每个专题下再根据各学段的实际需要设计若干个主题实践活动。每个活动都以“情境 + 活动 + 资源”的方式呈现。“情境”是现实生活中真实问题情境；“活动”是可操作、主题鲜明、形式多样的由浅入深、递

进式的活动设计，如模拟实验、户外考察、社会调查、辩论赛、小制作、小发明等；“资源”是与“活动”密切相关的、开阔学生视野的小知识、小材料、小故事、小常识等。每个主题活动立足学科整合，努力创设适宜学生探究与实践的学习情境、学习内容、学习方式、学习资源，引导学生以自主学习、合作学习、探究性学习为主要学习方式。

整套丛书主题新颖、内容丰富；文字优美、夹叙夹思；版面活泼、图文并茂。每个活动板块之间衔接承上启下，环环相扣。丛书紧扣核心素养六大主题，选取的内容与社会生活相关、与时代发展同步，纵横古今，贯通中西。每个主题都包括四个部分，第一部分是创设情境，贴近学生知识水平、生活实际和社会现实；第二部分是活动指南，提供活动建议，帮助学生明晰本专题活动的意义和目的；第三部分是活动设计，每个活动设计都有 1～2 个特别提示，强调本活动对培养学生发展核心素养的作用，提醒学生要在活动中注重“某些素养”“某些能力”的养成；第四部分是资源链接，附有一些与“活动”密切相关的小材料、小故事、小常识，供学生阅读，拓展学生视野，为学生开展活动知识支撑。四个部分内容层层递进，环环相扣，为学生有效开展综合实践研究、培养核心素养提供了有力的支撑。

总之，《立德树人学科主题活动指南丛书》立足实践，关注生活。特别注重引导学生在实践中学习、在生活中实践，体现了“知是行之始，行是知之成”的知行合一教育思想。本书既为一线老师提供了具有可操作性的实际案例，也为解决教育的重难点问题找到有效突破口。

本套丛书作为依托学科综合性活动来落实立德树人教育根本任务的实践探索，凝聚了龙江教育研究者和一线教师的心血与智慧，无论是对于全面深化教育改革，还是落实立德树人、培养学生核心素养，都将产生极为重要的推动作用，展现了黑龙江省教育学院教研员们对于深入落实立德树人教育目标的坚定决心与快速行动，相信本套丛书的出版一定能对广大一线教师、教育教学研究人员及中小学生在培养核心素养、落实立德树人教育目标方面具有指导意义和参考价值。正所谓“纸上得来终觉浅，绝知此事要躬行”。

庄　严

2018 年 6 月于哈尔滨

前言

培养什么人，如何培养人，历来是我们党和国家教育的根本问题。党的十九大再次把立德树人作为教育的根本任务，教育要培养德智体美全面发展的社会主义建设者和接班人。《教育部关于全面深化课程改革落实立德树人根本任务的意见》教基二[2014]4号的文件明确要求：要统筹各学科、统筹各学段、统筹教育教学的核心环节、统筹各方面优势力量、统筹校内外阵地，充分发挥人文学科的独特育人优势，“开展跨学科主题教育教学活动，将相关学科的教育内容有机整合，提高学生综合分析问题、解决问题能力。”

为落实国家对基础教育提出的立德树人的根本任务，回答培养什么人、怎样培养人的问题，黑龙江省教育学院 于2016年5月成立了由庄严院长和省教育厅基础教育一处廉世民处长任组长的立德树人教育研究课题组，开展关于落实立德树人根本任务的教育行动策略系列研究。《立德树人学科主题活动指南丛书》（小学卷、初中卷、高中卷）是课题组的系列研究成果之一。本成果旨在发挥政、史、地三个人文学科的独特育人优势，围绕学生发展核心素养，通过主题鲜明、形式多样的学科及跨学科主题教育教学活动，为落实立德树人根本任务提供有效载体、路径和突破口，提高学生综合分析问题和解决问题能力，增强学生的社会责任感，促进学生全面发展。

《立德树人学科主题活动指南丛书》（高中卷）的体例框架是以中国学生发展核心素养的六大核心素养作为六大活动专题，每个专题下有四个主题活动，地理、历史、政治每学科各一个主题，第四个主题则为三科综合的主题活动，共计24个主题活动。这种兼顾学科与综合的设计模式，使核心素养的习得与养成更具有整体性、综合性和系统性，有利于学生核心素养的融合统一。本书在选题和内容选材时力求在政、史、地三个学科的2017新版“普通高中课程标准”中找到知识落点，因此本书可用于政、史、地三个学科的课堂教学相关内容的活动设计，也可用于跨学科的综合实践活动课中的研究性学习。

《立德树人学科主题活动指南丛书》（高中卷）的编写团队由政、史、地三个学科的教研员和教师组成。主编：黄勤雁；副主编：赵玉英、李晓慧；主编和副主编分别是地理、历史、政治的学科召集人和统稿人。具体分工如下：地理团队黄勤雁（主题16、24）、宋玉娥（主题1、13、17）、刘桂艳（主题5、9、21）；历史团队赵玉英（主题4、主题8）、赵化瑞（6、14、18）、于果（主题2、10、22）；政治团队李晓慧（主题12、主题20）、刘付学（主题7、11、23）、董丽君（主题3、15、19），黄勤雁负责全书的策划、组织和统稿工作。

本书在完成过程中参阅学习了大量国内外专家、学者、同仁的研究成果及相关案例，在文中引用中进行了详细标注，但难免有遗漏之处，还请谅解，并在此对您一并表示致谢！同时对黑龙江人民出版社对本书出版的大力支持，表示真心的谢意！

同时由于编写组人员的时间、精力及编写水平所限，难免出现这样或那样的问题，恳请广大教师及同仁在使用过程中多提宝贵意见，我们将认真听取并及时修正。谢谢您的支持！

本书编辑组

2018年5月

目录

核心素养一　积淀人文底蕴

主题1　“一带一路”从历史走向未来

两千多年来，张骞两使西域，郑和七下西洋，玄奘西行印度五万里，马可·波罗游历中国17年。东西方的先民们，驾着骆驼马匹，乘着木船风帆，穿过死亡之海塔克拉玛干沙漠，越过雪域冰山帕米尔高原，驶过浩瀚无边的印度洋，打通了联通欧亚的丝绸之路，开辟了连接东南亚、印度次大陆以及南太平洋的海上丝路，促进了沿线各国的物产流通、技术交流、人民往来和文化传播。今天，随着习近平主席“一带一路”倡议的提出和实施，走向人类命运共同体的重要路径“一带一路”正从历史走来，向民族复兴、全球发展的未来走去……

国家测绘地理信息局GS（2016）1765

活动指南

人文底蕴是本专题活动重点关注的学生发展核心素养。在本专题中，我们通过对图文资料的分析、小组合作探究和旅游线路设计等活动走进“一带一路”的两大核心区、六大经济走廊，了解“一带一路”涉及的城市、交通区位等人文地理知识，学会理解和掌握分析区位的一般方法。通过建设意义的分析，深切体会“一带一路”是关乎人的生存、发展和幸福之路，是从历史走向未来的合作共赢之路，丰富自己在人文领域的基本知识和成果积累。通过“一带一路”民俗文化活动，我们能感受到沿线各国的不同地域文化特点，能理解和尊重文化艺术的多样性，体会习近平主席说的“历史告诉我们，文明在开放中发展，民族在融合中共存”，理解“一带一路”是从中华文明历史深处走来的，是一种文化的传承和延伸。

走进“一带一路”的两大核心区

国家测绘地理信息局 8040311353

新疆处于古丝绸之路的重要位置，承担着丝绸之路发展的重要使命。新疆新时期努力打造丝绸之路经济带核心区，建设“五中心三基地一通道”，即交通枢纽中心、商贸物流中心、金融中心、文化科教中心和医疗服务中心，建设成国家大型油气生产加工和储备基地、大型煤炭煤电煤化工基地、大型风电基地和国家能源资源陆上大通道。

福建是“海上丝绸之路”的主要发源地和起始点，并被中央定位为“21 世纪海上丝绸之路核心区”。目前福建正在制订“海丝”核心区的实施意见，福建应通过“一个枢纽、六个平台和三个基地”建设，发挥泉州、福州、厦门、平潭“一区三点”龙头引领作用，漳州、莆田、宁德、三明、龙岩、南平“三港三地”腹地支撑作用，以陆上、海上、海外“三个福建”为载体，统筹经贸发展。

活动一 福建——21 世纪海上丝绸之路核心区

“一带一路”建设，以政策沟通、设施联通、贸易畅通、资金融通、民心相通等“五通”为主要内容。从现实看，“五通”同时具备的省份极少，即具有单项优势的省份多，具有整体实力的省份少。福建作为我国对外开放的前沿省份，“海丝”资源丰富，是少有的“五通”俱全的省份。

请你从“五通”入手，结合图文资料和右图中关键词，分析福建具有担当 21 世纪海上丝绸之路核心区的独特条件和综合优势。

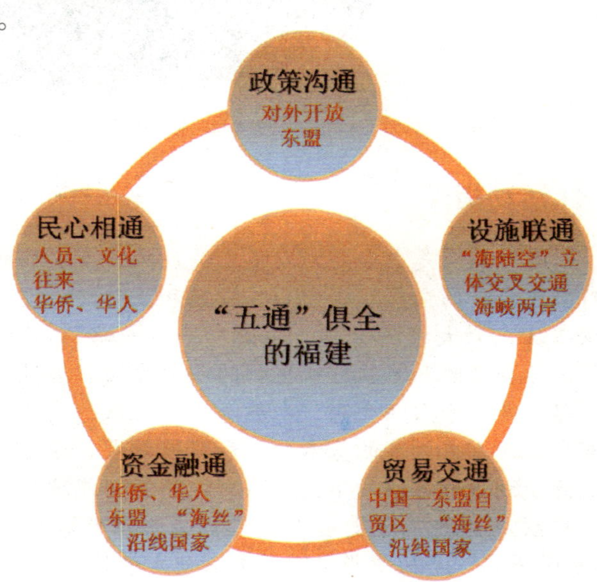

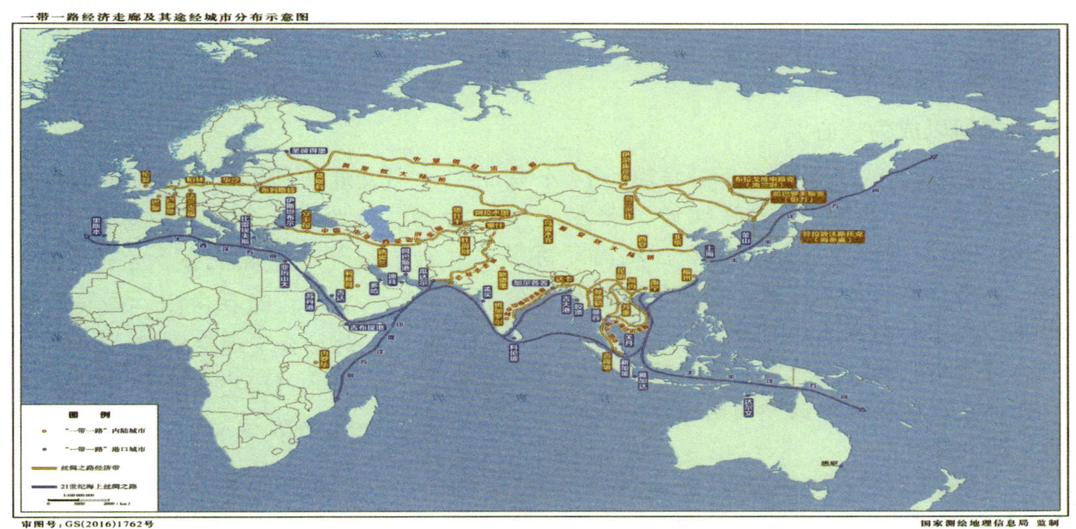

国家测绘地理信息局 GS（2016）1762

活动二　新疆——丝绸之路经济带核心区

新疆何以成为核心区？其独特区位优势有哪些？你能说一说新疆建设“五中心三基地一通道”的区位条件吗？

国家测绘地理信息局 GS（2016）2886

基础交通方面，新疆已初步形成以乌鲁木齐为中心，以铁路为主骨架，公路为骨干，民航和油气管道相配合，东连甘肃、青海，通往内陆，南接西藏，西出中西亚，北通蒙古国、俄罗斯的综合交通运输网络。

自然资源上，有石油、天然气、煤、铁、铜、金、铬、镍以及稀有金属等矿产资源 138 种，且种类全、储量大、开发前景好，和周边国家互补性强。

◇活动提示

你可以结合图示资料和以下问题得出上述问题的答案。

- 新疆的邻国有哪些？口岸有多少？从地缘区位上有哪些优势？
- 新疆有哪些丰富的矿产资源？和我国东部以及周边国家互补性如何？
- 新疆风能资源丰富，你能从地形、气候等角度分析其成因吗？
- 新疆的自然景观和民俗风情旅游资源丰富，你知道形成原因吗？
- 新疆的交通布局有什么特点？辐射范围有多大？可连接哪些区域？新疆有哪些周边国家稀缺的农产品？试分析农业发展的优势区位条件。
- 新疆在古丝绸之路和丝绸之路经济带的地理位置的重要性。
- 新疆作为东西方多元文化的交汇点，你能从民族、宗教、服饰、饮食、习俗等方面说出其得天独厚的人文优势吗？

……

资料链接

▶新疆何以成为核心？

【地缘中心】与中亚8国接壤，17个陆路开放口岸：共22个通航机场（含在建）；“四位一体”安全交通运输网和区域国际商贸中心、出口商品加工基地，物流通道辐射整个中亚、西亚和南亚。

【战略机遇】面对国家大战略历史机遇，连接国内国际的两大市场、两大资源。

【资源丰富】金属矿产资源138种，种类全、储量大，与邻国互补强；国家A级景区223个，AAAAA级7个、AAAA级50个、AAA级82个，景观独特，民族风情浓厚；农副产品高产，“瓜果之乡”美名远扬。

【交通便利】形成以乌鲁木齐为中心，铁路为主骨架，公路为骨干，民航和油气管道相配合，东连甘肃、青海，通往内陆，南接西藏的综合交通运输网。

【历史传统】处于古丝绸之路核心位置，使命使然。

【人文相连】境内维、哈等少数民族跨界而居，双方血缘相亲，语言相通，风俗相近，政治意愿强烈，民族、宗教、文化认同，传统友谊源远流长。

▶“一带一路”对普通人生活的影响

“一带一路”倡议和咱老百姓生活息息相关，主要体现在以下几个方面：

交通：以后说不定能坐着高铁或者走高速公路去欧洲，饱览亚欧大陆的美丽景色。
国际航班航线少将成往事，不仅可选择的航班多了，机票也可能更便宜。

商贸：一带一路沿线国家的进口商品价格会更便宜，品种会更丰富。
海淘更规范、更方便、更安心，能买到更有特色的商品。
与沿线国家做生意手续更简单，交税更少，赚钱机会更多。

旅游：中国护照更给力，去沿线国家更方便，有望说走就走。周末去东南亚度假将不是梦。
国际旅游产品档次选择更多元，线路也更加全面。

教育：留学选择更多元，世界名校在向您招手。
就业创业不再难，国内没机会，还可以去国外闯闯，闯之前，记得先培训。

文化：各国好片大片将陆续来袭，文艺青年们有福了。
丝路各国文化节会让您应接不暇，敞开胸怀去迎接多元文化的熏陶吧！

走进“一带一路”的六大经济走廊

中国提出的“一带一路”倡议得到沿线国家积极响应，已成为兼顾各方利益、反映各方诉求的共同愿望。中国正与“一带一路”沿线国家一道，积极规划中蒙俄、新亚欧大陆桥、中国—中亚—西亚、中国—中南半岛、中巴、孟中印缅六大经济走廊建设。交通是古代“丝绸之路”的核心话题，六大经济走廊的建设，其物理结构也是由铁路、公路、航线以及车站、货站、机场、港口、码头、海关、口岸等交通基础设施构成的。

活动三 中巴经济走廊之中巴铁路

中巴经济走廊起点在我国新疆喀什，终点在巴基斯坦瓜达尔港，全长 3 000 千米，贯通南北丝路关键枢纽，北接“丝路经济带”，南连“21 世纪海丝之路”，是一条包括公路、铁路、油气和光缆通道在内的贸易走廊。中巴铁路是中巴经济走廊交通基础设施领域重点建设项目，对实施“一带一路”倡议至关重要。

请你运用所学知识并结合图示资料分析、解决下列问题！如果自己完成困难，自愿组成学习小组试一试！

1 ● 你能说出从西亚波斯湾及其沿岸地区进口石油的我国海上运输路线吗？从运输距离、陆运海运的优缺点和保障能源安全角度分析中巴铁路建成对我国有什么意义？

2 ● 如果你是修建中巴铁路的工程师，你觉得修建难度比较大的主要原因是什么？（小提示：从地形、地质、气候、自然灾害等自然环境要素角度分析。）

3 ● 中巴铁路修建将给新疆喀什和新疆的发展带来哪些有利的影响？

活动四 远方的包裹——聚焦“义新欧”

新亚欧大陆桥经济走廊建设以中欧班列等现代化国际物流体系为依托。2017 年 1 月，当满载中国货物的中欧班列由浙江义乌始发，经过新疆，最终停靠在伦敦巴金火车站站台时，英国广播公司在报道中惊呼：“真是了不起，中国用现代科技重新打通了古代的丝绸之路！”仅隔不足 3 个月，当中欧班列满载货物，从伦敦驶向义乌之际，有英国媒体将中欧班列喻为一列非同寻常的“丝绸列车”。

● 中欧班列在义乌和英国之间往返，请你猜一猜往返的火车上各装满了哪些货物呢？你的判断依据是什么？

● 如果没有这趟班列，你能说一说中国义乌和英国之间进行贸易的海上航线吗？

● 与海上航线相比，中欧班列的优势是什么？

活动拓展

● 早上七点，来自中国电商网站的采购员来到泰国曼谷郊区的一家工厂，确认一批发往中国的货物。包裹已准备妥当，检查后将送往曼谷港，你能猜出来包裹里可能是什么吗？你的判断依据是什么呢？

● 查阅资料，说一说在六大经济走廊的建设中，已有、在建和规划建设的交通线路有哪些？

资料链接

▶ "一带一路"六大经济走廊示意图

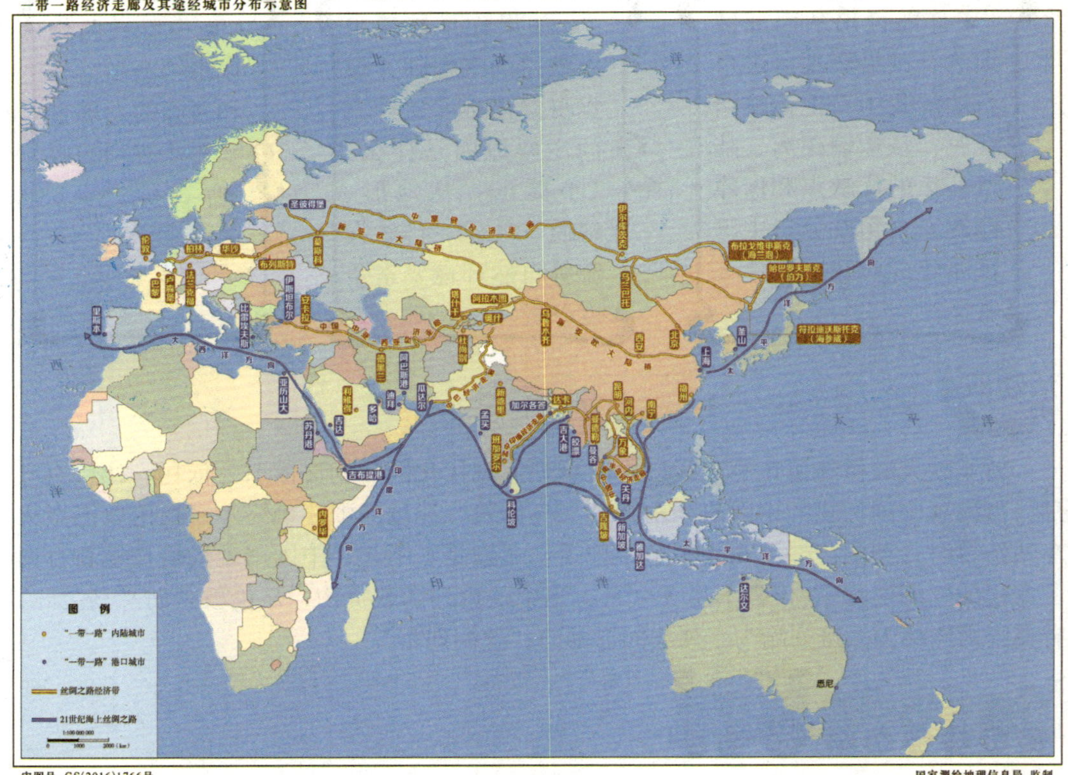

走进"一带一路"沿线的民俗文化

文化交流是"一带一路"的灵魂。"一带一路"不仅是一条经济带，更是一条众多民族相处、多种宗教交织、不同文明交融的文化带。

活动五　“搭乘”货轮去旅行

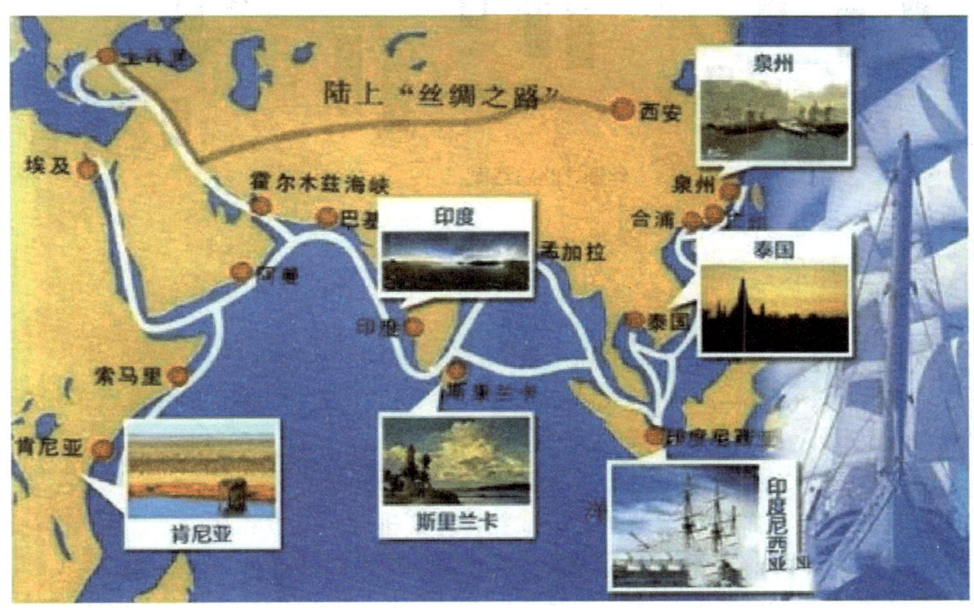

有一艘海轮要从泉州运送货物到阿曼，假设你就在这艘货轮上，结合下图思考问题 1 至问题 4。

◇问题 1

货轮要出发了，为了节约燃料，你建议货轮什么季节出发？并说明你的理由。

◇问题 2

你在航行沿途会观察到哪些不同的地域文化（小提示：可以从服饰、饮食、宗教建筑等方面描述）？哪个旅游地你会最推荐朋友去？什么季节去？需要准备哪些物品？并说出你的理由。

◇问题 3

货轮航行途经印度尼西亚，该国地震多发，请你分析其原因。

◇问题 4

每年 7 月，索马里海域流经的洋流为寒流并且鱼群较多，你知道原因吗？

活动六　中哈吉跨国申遗成功

2014 年 6 月 22 日，第 38 届世界遗产大会宣布，我国和哈萨克斯坦、吉尔吉斯斯坦联合申报的跨国项目丝绸之路：“长安—天山廊道”路网通过审议，正式列入《世界遗产名录》，成为首例跨国合作、成功申遗的项目。项目横跨亚欧大陆,一共 33 个申遗点，申遗部分 22 个遗产点在我国，包括各帝国都城、宫殿群、佛教石窟寺等。

- 请你说一说“丝绸之路”申遗成功对沿线地区发展的积极影响。
- 请你为“陆上丝绸之路”经济带的可持续发展提出合理化建议。

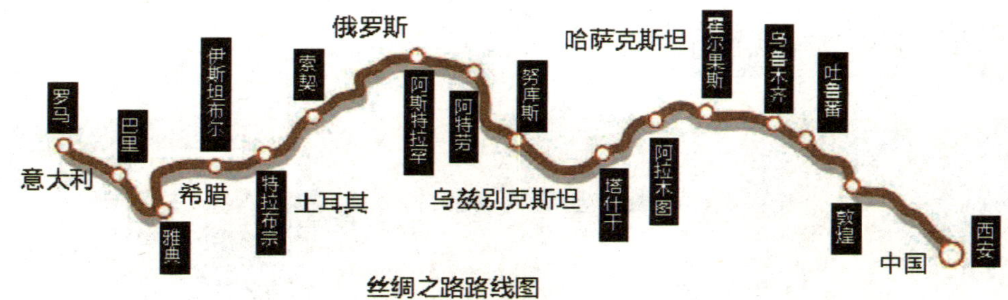

丝绸之路路线图

活动拓展

● 让我们利用丝绸之路上的遗产点来设计一条旅游线路吧！

小提示：一条成功的旅游线路必须有特色、有主题，要将有内在联系的旅游景区串联起来。一般需要完成以下几个方面的准备：

1. 利用多种途径收集旅游信息资料。
2. 能根据旅游需要确定旅游主题，并合理安排旅游景点和线路。
3. 能说明地形、气候、人文等条件与旅游安全的关系。
4. 了解不安全因素对旅游的影响，以及旅游景区采取的主要安全防范措施。

资料链接

▶中国公布的 22 处丝绸之路遗产点

河南省有 4 处：汉魏洛阳城遗址、隋唐洛阳城定鼎门遗址、新安汉函谷关遗址、崤函古道石壕段遗址；

陕西省有 7 处：汉长安城未央宫遗址、张骞墓、唐长安城大明宫遗址、大雁塔、小雁塔、兴教寺塔、彬县大佛寺石窟；

甘肃省有 5 处：玉门关遗址、悬泉置遗址、麦积山石窟、炳灵寺石窟、锁阳城遗址；

新疆维吾尔自治区有 6 处：如下图所示。

主题 2　文明拼图——探寻古代文明

大约两万多年前，开始有了人类的文明。文明不是一个会讲故事的老人，但是它把语言隐藏在了城市、建筑、文字、传说、技术、法律、医学、宗教信仰、艺术创作之中。因为年代的久远、史料的局限，古代文明对我们而言像是一些零散的碎片。许多历史学家与考古学家，毕生致力于解读文明的语言，正是他们的贡献让我们能够拼凑出古代文明的样貌，追溯人类文明的起源。同学们，让我们一起来追寻历史学与考古学发展的脚步，开启一场探索与发现之旅，破译文明的密码，揭开古代文明神秘的面纱，完成属于我们自己的“文明拼图”吧！

活动指南

人文底蕴是本专题所着力体现的人文素养。在本专题的活动中，我们将运用人文思想中所蕴含的实践方法，挖掘古代文明的价值，了解人类文明发展与创造的起源。一方面在对人类早期不同地域文明发展历程的探究中，增长我们的人文知识。在对城市、建筑、文字、传说、技术、法律、宗教信仰等不同领域的研究中，构建我们对一种文明特征的认识，提升艺术鉴赏能力，培养健康的审美取向。另一方面在探究各种文明特征及其历史成因的过程中，形成国际理解，尊重世界多元文化的差异性，积极参与跨文化交流；珍视中华文明特质，树立文化自信，弘扬民族文化的优秀成果。

美索不达米亚文明

美索不达米亚是古希腊对两河流域的称谓，意为“两条河流之间的土地”，这里是世界古代文明中心之一。然而，由于战争和气候的变迁，往日的辉煌渐渐为沙尘掩埋，渐渐被人们遗忘。直到19世纪中期，随着考古发掘中许多文物的发现，美索不达米亚的楔形文字的破译，尘封了几千年的美索不达米亚古文明被重新认识。人们惊异地发现，这里竟是《圣经·旧约》中描述的伊甸园的原址，如今那无边的荒漠，曾经是一片广阔肥沃的土地，并且有着高度的文明。

活动一

探寻美索不达米亚文明

美索不达米亚文明年代表

前41世纪—前29世纪苏美尔文明时期，楔形文字、轮子和帆船都起源于这个时期

前29世纪—前2334年早期王国，苏美尔文明进入青铜时代

前2334年—前2100年阿卡德王国时期，《乌尔拉姆法典》制定于这个时期

前24世纪—前18世纪亚述早期王国时期

前1894年—前1595年古巴比伦时期，《汉谟拉比法典》产生于这个时期

前1595年—前1178年赫梯帝国时，铁器出现，占领了埃及很多领土

前12世纪—前612年亚述帝国时期，壁画艺术得到了蓬勃的发展

前612年—前539年新巴比伦时期，空中花园和通天塔在这个时期建造

前539年波斯人占领美索不达米亚，独立的美索不达米亚文明终结

思考问题Ⅰ：

说一说美索不达米亚文明对人类的贡献主要有哪些？

思考问题Ⅱ：

作为世界上最早的古代文明，美索不达米亚文明对世界其他文明产生了哪些影响？

活动拓展

河流是人类文明的摇篮。大约从公元前3500年起，在北非的尼罗河流域，西亚的两河流域，南亚的印度河流域，东亚的黄河、长江流域先后出现了一批早期的国家。除大家已经探究过的美索不达米亚文明之外，古埃及、古印度、古中国都涌现了大量影响人类发展进程的文明成就。从中选择一种你感兴趣的古代文明进行深入探究，通过对城市、建筑、文字、法律、宗教等不同领域的研究，归纳概括该文明的主要特征，并分析其历史成因。

资料链接

▶轮子与车

两河流域的苏美尔人最重要的一项发明是轮子，尽管今天看来它再普通不过了。从物理学的角度讲，轮子的发明表明人类懂得了滚动摩擦力比滑动摩擦力小很多。当然，苏美尔人发明轮子的目的，并非为了显示他们的物理学水平比其他民族更高，而是具有很大的社会意义。轮子的出现，使得人类不仅有可能远行，而且可以运输较重的物件，从而建造大规模的城市。但是轮子和车的发明不是一天完成的，而是一个渐进的过程。在轮子传入埃及后，古埃及人改进了它，在木头的车轴上包上了金属，以减轻它和轮毂的摩擦，同时采用了V形辐条，这样整个车子就变得轻便起来，而且可以走得更快。轮子的出现和完善，也是多种文明融合的成果。

——吴军.文明之光[M].北京：人民邮电出版社，2014.

▶谁建造了金字塔

金字塔是古代埃及文明最具代表性的成果。过去一般都认为，金字塔是古埃及的法老拿着鞭子，赶着几十万奴隶建造的，没日没夜地干了几十年，这种说法来自于希罗多德的历史。最近几十年的考古发现，建造金字塔的根本不是奴隶，而是一般的自由民。

1990年，考古学家发现了一处遗址，距离金字塔不远，他们推断，这就是当年建造金字塔的工人的墓地。在这个遗址中，发现了很多证据。比如，有证据证明，很多人在生前都接受了很好的治疗，甚至是很复杂的骨科手术。很明显，如果是奴隶，奴隶主不可能为他们提供那么昂贵的治疗。还有，大量的妇女和儿童的骨头，也在这被发现，这说明当时的工人是和妻子和孩子住在一起的，这明显也不是奴隶的生活方式。

——摘编自《逻辑思维》——《奴隶为什么造不出金字塔》

美洲印第安文明

古时候的亚洲人、欧洲人及非洲人，他们从来没听说过美洲这个地方。因此，哥伦布到达美洲时，以为自己到达了印度。而当欧洲人意识到美洲是一片他们之前所不知道的土地时，他们称自己“发现了美洲”。美洲大陆地域辽阔，物产丰饶。作为古代美洲大陆的居民，印第安人在这块土地上创造了自己别具一格的古代文明，中美洲的玛雅文化、阿兹特克文化和南美洲的印加文化是其中的杰出代表。他们在许多领域的成就远超当时的欧洲。当这两种文明相遇之后，他们各自的命运将会怎样？他们的相遇，对人类文明的发展又将产生怎样的影响呢？让我们一起走进美洲印第安文明的前世今生吧！

活动二

模拟辩论

1550年和1551年，在西班牙召开了两次大型辩论会，辩论的主要对手是第三世界主义者拉斯·卡萨斯和欧洲中心论者塞普尔维达。这两次古典式辩论直指殖民主义思想是否存在合理性。

塞普尔维达的论点有：第一，印第安人犯有偶像崇拜的严重罪行；第二，印第安人智力低下，是天生的野蛮人和奴隶；第三，印第安人互相残杀，用活人祭祀，甚至吃人肉，西班牙人有义务拯救受害者。

如果你是第三世界主义者拉斯·卡萨斯，你将如何反驳塞普尔维达的观点呢？请以美洲文明发展的史实，逐条反驳塞普尔维达的观点。

温馨提示

例如：可以用美洲“玛雅文明”的文字、技术、天文、城市、宗教等领域的发展为例证，直指殖民主义理论核心问题：世界上有没有劣等民族？先进民族有没有理由对落后民族开战并奴役他们？不同文明之间应以什么方式进行交流……

你知道吗？

在我们的餐桌上许多的农作物都是印第安人最先培植的，其中包括玉米、马铃薯、西红柿、可可在内的40多种农作物，如果没有印第安文明的成果，我们的餐桌会多么单调啊!美洲文明的代表玛雅文明，出现了精确的太阳历，并掌握了能准确地推算日食周期的方法和月亮运行的规律。在数学方面玛雅人发明和使用了“0”的概念，比欧洲人早800余年；并根据人的手指脚趾数创造了二十进位法……

研究性学习

15、16 世纪以来人们通常使用“哥伦布发现美洲”的提法，“发现”的意思是“使所有人和所有民族都并入欧洲文明”。1984 年，部分拉美学者倡议改称“美洲发现——两个文明汇合”。1992 年，联合国教科文组织主张以“两个大陆相遇 500 年”为主题，举行哥伦布航抵美洲纪念活动。许多印第安人后裔却表示强烈不满，他们打出的一条标语上写着：“你们庆祝的是我们的苦难。”请选择完成下面任意一个课题。

◇课题一：
“发现美洲”与“两个文明的汇合”的提法，各自基于怎样的立场？你更赞同哪种观点，请说明理由。

◇课题二：
印第安人的“苦难”是指什么，你是否认同印第安人的抗议，结合新航路开辟、殖民扩张等史实说明理由。

◇课题三：
联合国教科文组织是否应该继续举办“两个大陆相遇 500 年”的纪念活动？提出你的观点，并说明理由。

资料链接

▶墨西哥三文化广场

墨西哥三文化广场包括阿兹特克金字塔大神庙、16 世纪西班牙殖民者修建的教堂和 20 世纪 50 年代建造的墨西哥外交部大厦，分别代表了 1492 年以前的阿兹特克文化、西班牙殖民文化和墨西哥现代文化，具有“面向世界，包容各种文化”的象征意义。

▶寻回失落的玛雅文明

今天中美洲地区仍然生活着 200 万古代玛雅人的后裔，他们一方面努力争取教育和司法权；另一方面，努力进行文化复兴。他们学习象形文字，游历古老的村庄，追溯当地的古老风俗，重拾文明的遗迹，让古老的文明重新焕发活力。

▶新航路的开辟所引发的欧洲与美洲之间的物种交换

玉米 番薯 火鸡 豆荚类 番茄 南瓜 辣椒 花生 烟草 向日葵 → 欧洲

美洲 ← 小麦 包心菜 柠檬 马 橄榄 牛 家鸡 郁金香 麻疹 天花

古希腊与古罗马

光荣属于希腊，伟大属于罗马。古代希腊是欧洲文明的发祥地，是世界古代文明的中心之一，也是海洋文明的代表。古代希腊城邦制度与当时希腊社会经济和文化的发展进步相辅相成，培育了以雅典民主政治为代表的古代政治民主制度，为希腊古典文化在哲学、史学、文学、戏剧和建筑艺术等领域里的繁荣发展奠定了坚实的基础。

古代罗马是继古代希腊之后崛起于地中海地区的另一个古代文明中心。它是通过不断的对外战争，从一个城邦发展成为地跨欧、亚、非三大洲的环地中海大帝国。与这一历史发展过程相呼应，古代罗马国家的政治制度经历了共和国和帝国两个时期，并形成了以“十二铜表法”“公民法”和“万民法”为标志的罗马法律体系。在罗马帝国统治时期，巴勒斯坦地区的犹太人创立了基督教。

活动四

文化之旅

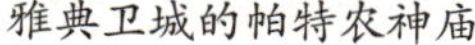

雅典卫城的帕特农神庙

罗马大角斗场

在饱经风霜的历史遗迹前，我们似乎可以听到历史的叹息声。虽然雅典的帕特农神庙庙顶已坍塌，雕像荡然无存，浮雕剥蚀严重，但从巍然屹立的柱廊中，还可以看出神庙当年的丰姿。如今，已成为残垣断壁的大角斗场，却印证着罗马曾经的辉煌。

寻访历史遗迹，可以带给我们书本之外的知识与感悟。如果让你来了解古希腊、古罗马文明的特征，你会选择去什么地方？参观哪些文明遗迹？下面就让我们一起来规划设计“古代希腊、罗马文化之旅”！请在下面这幅欧洲地图上标注出你的路线，并把你的行程介绍给同学们，看一看你的“文化之旅”是否能吸引更多同学同行。

活动五

模拟法庭

德国著名法学家耶林格在《罗马法的精神》一书中说：“罗马曾三次征服世界，第一次是以武力，第二次是以宗教，第三次是以法律。而第三次征服也许是其中最为平和，最为持久的征服。”古代罗马的法律到底以怎样的精神“征服了世界”呢？同学们，让我们一起重回罗马的法庭来体会罗马法的精神吧！

温馨提示 

活动准备：班级同学分为：表演组、法官组、专家组三个小组。

活动步骤：

- 表演组：搜集2～3个罗马法实施过程中的经典案例，排演成历史短剧。
- 法官组：对短剧中出现的各个案件进行审判与裁决。
- 专家组：公布历史上真实的判决结果。并对表演组的表演和法官组的判决做出点评。

三个小组探讨交流：

罗马法中的哪些精神被近代法律所摒弃？哪些精神被近代法律继承发展？

注意事项：

罗马法是一个不断发展调整的体系，所以表演组在进行表演之前，一定要提示其他小组案件发生的时间，原告、被告的身份等历史细节。为“法官”在判决时提供更多的依据。

活动拓展

人类的古代文明各有其优秀的成果，这些成果传播到其他地区，经过因地制宜的改造后，生根发芽，开花结果，改变了人类历史的进程。

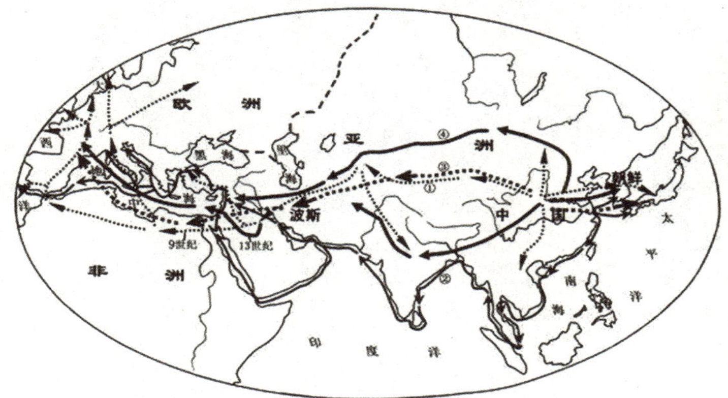

四大发明外传路线图

> 火药把骑士阶层炸得粉碎，指南针打开了世界市场并建立了殖民地，而印刷术则变成新教的工具，总的来说变成科学复兴的手段，变成对精神发展创造必要前提的强大杠杆。
>
> ——马克思

请思考

1.中国的四大发明是在什么时间，以什么样的方式传播到欧洲的？

2.四大发明的传入给欧洲社会带来了怎样的影响呢？

3.你还知道哪些文明传播的历史呢？

资料链接

▶罗马法对后世法律制度的影响

罗马法中所蕴含的人人平等、公正至上的法律观念，具有超越时间、地域与民族的永恒价值，尤其是对欧洲大陆的法律制度影响更为直接。正是在全面继承罗马法的基础上，形成了当今世界两大法系之一的大陆法系，亦称为罗马法系或者民法法系。

罗马法对后世法律的影响，表现在以下三个方面：

1. 罗马法的有关私法体系，被西欧大陆资产阶级民事立法成功地借鉴与发展。《法国民法典》和《德国民法典》就是对罗马法的继承和发展。如1804年制定的《法国民法典》，就继承了《法学阶梯》的人法、物法、诉讼法的体例;而1900年实施的《德国民法典》则是以《学说汇纂》为蓝本的，形成了总则、债法、物法、亲属法、继承法。法、德两国的民法体系，又为瑞士、意大利、丹麦、日本等众多国家直接或间接地加以仿效。

2. 罗马法中许多原则和制度，也被近代以来的法制所采用，如公民在私法范围内权利平等原则、契约自由原则、遗嘱自由原则、“不告不理”、一审终审原则等，权利主体中的法人制度、物权制度、契约制度、陪审制度、律师制度等。

3. 罗马法的立法技术已具有相当的水平，它所确定的概念、术语，措辞确切，结构严谨，立论清晰，言简意赅，学理精深。

主题3 家乡的“文化名片”

美国城市规划大师沙里宁说，城市是一本打开的书，从中我们可以看到它的文化抱负，读出它的文化追求。

哈尔滨是一座古今文化荟萃，中西文化交融，城市风格独特的冰雪之城。曾经拥有中国第一个滑雪场、第一家电影院、第一个交响乐团、第一家啤酒厂、第一列旅游列车等值得骄傲的第一，文化底蕴深厚。经过100多年的积淀，哈尔滨已经呈现出雄浑健朗的文化气度、曼妙多姿的文化生态和声名远扬的文化形象。

正是这座从未有过城墙的城市，经历了改朝换代形成现在的哈尔滨文化。作为哈尔滨人，你敢说对它十分了解吗？你知道它的优势是什么吗？我们应如何应对当今的挑战？现在就让我们一起走进哈尔滨，读一读这本文化大书。

活动指南

人文底蕴是本专题活动所着力体现的核心素养，该素养主要是学生在人文积淀、人文情怀、审美情趣等方面的综合表现。

身为家乡人，应该了解家乡文化；身为家乡未来的建设者，要增强建设家乡的使命感、责任感。

哈尔滨作为冰城之乡、欧陆之城、红色之都，在长期发展中形成了丰富的特色文化。通过本专题活动的开展，一方面我们要进一步了解家乡文化，增加人文积淀，感悟家乡文化艺术的多样性，提升审美情趣；另一方面，通过小调查、课题研究、DIY冰灯、实地参观、做导游等活动，认识家乡文化的优势及其对家乡发展的作用，敢于直面当前家乡文化发展面临的挑战，增强热爱家乡的意识和责任感，为创造出更多更亮的家乡文化名片做出我们的贡献！

冰雪文化

中国“冰雪文化”一词最早出现于20世纪80年代末90年代初，是由中国现代冰雪文化的发祥地——哈尔滨首先提出来的。经过数十载发展，冰雪文化已成为哈尔滨最亮的城市名片，哈尔滨国际冰雪节也与日本札幌雪节、加拿大魁北克冬季狂欢节、挪威滑雪节并称为世界四大冰雪节。

活动一 小调查：冰雪文化知多少

哈尔滨人喜爱冰雪，更热衷于文化。在冰天雪地的自然环境中，哈尔滨人注意从文化角度审视冰雪资源，在不断探讨挖掘其历史渊源、总结积累经验的基础上，创造了独具特色的冰雪文化。每年冰雪节，哈尔滨人在充分展示其精美的冰雪艺术品的同时，也为冰雪文化注入了新的内涵。

◇**活动要求**：根据自己的实际情况填写表格。

你知道或参与过哪些冰雪文化活动？在哪里参加的？	你最喜欢哪种冰雪文化？原因何在？	你是否有擅长的冰雪技能或作品？能否展示？	你知道哈尔滨冰雪节吗？办过几届？你能说出冰雪节的主题吗？从主题中你感悟到什么？	你认为哈尔滨现有的冰雪文化中是否有缺失？如有，在哪方面？	你在外地的亲朋好友是否来到哈尔滨感悟过冰雪文化？

◇**统计结果**：通过上面表格的信息，对冰雪文化进行分类，然后制作一个柱状图，比较一下在调查者中最喜欢哪种冰雪文化？哈尔滨的冰雪文化在哪方面有待拓展？

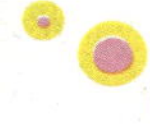

温馨提示

此活动旨在开阔视野，拓展思维，感悟冰雪文化艺术的多样性，提升审美情趣。

活动二 哈尔滨发展冰雪文化的优势

自然条件

哈尔滨市坐落在西伯利亚冷空气长驱直入的松嫩平原的腹地，位于“夏扬三尺浪，冬封四尺冰”的松花江中游，山岭起伏，是我国纬度最高、冬季气温最低、冰雪资源最丰富的大都市，发展冰雪文化具有得天独厚的自然优势。

- 哈尔滨发展冰雪文化的地缘优势何在？
- 气候怎样？
- 地形特点如何？
- 冰雪资源有什么特点？

● 你认为哈尔滨的文化历史发展有什么特点？

● 哈尔滨的少数民族及其民俗文化如何？

● 冰雪体育在哈尔滨的发展经历了怎样的历程？

● 涌现出哪些著名的冰雪运动员？他们对哈尔滨冰雪体育发展起到什么样的作用？

社会因素

哈尔滨历史悠久，古今文化荟萃，中西文化交融。历史上一直都是少数民族的聚居地，以“金源文化”为历史源脉。冰雪体育具有悠久的历史与文化：1930 年中国第一个滑雪场诞生在这里；1985 年，中国第一个以冰雪项目命名的国际性节日在这里举办；2009 年，黑龙江省成功举办了第二十四届世界大学生冬季运动会。黑龙江籍运动员叶乔波、杨阳、王蒙、欧晓鹏等优秀运动员对冰雪体育的发展起到了重要的示范引领作用。

人与自然的关系

过去，哈尔滨每到冬季，街道行人稀少，公园门可罗雀，居民为避风雪严寒，多数足不出户，在家“猫冬”。城市的氛围冷清寂寞，市民的生活单调乏味。

随着经济发展、社会进步以及不断丰富、发展的哈尔滨冰雪文化，冰城在彻底改变城市面貌的同时，也改变了冰城人的思想观念，人们不再厌冰雪、畏冰雪、拒冰雪，而是喜冰雪、恋冰雪、用冰雪。

● 你能用古今事实说明哈尔滨人对待冰雪态度的转变吗？

● 冰雪作为自然资源，你认为应如何处理好人与自然的关系？

活动三　哈尔滨冰雪文化的力量有多大

自 1963 年哈尔滨市第一届冰灯游园会开始，哈尔滨的冰雪旅游文化产业发展已经走过 50 多个年头。如今，冰雪旅游产业已占据哈尔滨旅游经济的半壁江山。2017 年举办的第 33 届冰雪节，哈尔滨共接待游客 1 849.4 万人次，同比增长 12.2%；收入 286.7 亿元人民币，同比增长 15.7%，在中国十大最具影响力冰雪旅游节中排名第一。

哈尔滨冰雪文化影响人

哈尔滨冰雪文化怎样影响人？有什么特点？影响人的哪些方面？举例说明哈尔滨优秀冰雪文化对人产生怎样的作用？

冰雪文化影响哈尔滨经济

冰雪文化产业对哈尔滨经济带来哪些影响？冰雪文化搭台，经济贸易唱戏。哈尔滨国际冰雪节是如何助推哈尔滨经济发展的？

冰雪文化影响哈尔滨综合实力

哈尔滨冰雪文化产业发展带动哪些其他相关产业的发展？为什么说打造哈尔滨冰雪文化品牌是哈尔滨国际化的客观要求？

在哈尔滨冰雪文化活动不断深入发展的今天，面对日趋激烈的市场竞争，如何更加充分地利用哈尔滨独特的冰雪文化优势，搭起冰雪文化舞台，唱好经济大戏，助推哈尔滨实现冰雪梦？我们知道，我们还要面临更大的机遇与挑战！

活动拓展

根据实际情况，可选择性地开展“冰雪运动会”“冰雪摄影展”“冰雪诗词大会”“DIY 冰灯”。

冰雪大世界

群雕迤逦压天风，遥似银河落九重。
百态千姿生冷艳，惊疑误入广寒宫。
桂殿琼楼接远空，造型百态各玲珑。
霓灯直欲迷人眼，身在瑶台第几重？
拔地银雕起一惊，气吞山岳向天横。
霜眉如簇人如水，搅热赏冬冰雪情。

资料链接

►感悟冰雪文化的多样性

1. 冰雪体育：滑冰、滑雪、冬泳、冰爬犁、冰滑梯、滚雪桶、堆雪人、打雪仗等。
2. 冰雪文学：冰雪笔会、冰雪诗词大会等。
3. 冰雪饮食：冰棍、冰糖葫芦、雪糕、冰火锅等。
4. 冰雪旅游、冰雪艺术、冰雪科技：冰雪大世界、太阳岛雪雕艺术博览会、冰灯艺术博览会等。
5. 冰雪经贸：冰雪节经济贸易洽谈会、经济发展高峰论坛会等。

此外，还有冰雪秧歌、冰上杂技、冰雪摄影展、冰球比赛、冬钓赛等。

►哈尔滨国际冰雪节

1985 年 1 月 5 日创办，是中国第一个以冰雪活动为内容的国际性节日，是哈尔滨人民的精神坐标和集体记忆。将自然资源与艺术新异结合，既本质地揭示了自然世界的奥秘，又个性地张扬了艺术情韵的真谛。

哈尔滨国际冰雪节设立伊始，就以全球化眼光进行谋划，以市场化模式进行运作，力求在发展冰雪文化产业上最大限度地参与国内国际市场分工。目前哈尔滨国际冰雪节已经得到国内外、境内外的密切关注和认可，每年冰雪节期间，许多国家和地区以及国内几乎所有省（区）、市都组团参加冰雪洽谈会，一些国际政要、跨国公司和国际组织领导以及众多海内外游客接踵而至，洽谈商务，举办论坛，观光旅游。31 年来累计共有 80 多个国家和地区的 100 多万名客商参会参展冰洽会，总成交额已达到 2000 亿元人民币。哈尔滨国际冰雪节已成为世界著名的文化名片。

欧陆文化

哈尔滨的欧陆文化承载着城市发展的百年记忆。特定的历史条件使得哈尔滨成为中东铁路的重要交通枢纽，这为哈尔滨欧陆文化的发展提供了历史契机。随着外来人员不断涌入，移民热潮兴起，外来人口的生活习惯、生产方式、思想文化一并带到了哈尔滨，加之哈尔滨素有包容开放的文化传统，异域风情和多元文化便应运而生。在短短二三十年间，哈尔滨出现了模仿欧洲城市的道路交通布局、各种风格迥异的欧式建筑、浪漫优雅的欧式情调生活以及先进发达的西方科学技术等新式文化，使哈尔滨以“东方莫斯科”或“东方小巴黎”而闻名中外。

活动四　哈尔滨欧陆文化探析

有人曾经说过：城市建筑不仅记录着历史，而且美化着现代，更为未来留下文明。哈尔滨市这些风格迥异的建筑存在，与哈尔滨的历史发展有着密切的联系。

◇观察右侧和下面两张图片，你知道它们各自属于什么建筑风格吗？你还知道哈尔滨其他风格的建筑吗？它们分别具有哪些显著特征？

◇你能说一说这些建筑折射出哈尔滨怎样的历史吗？

◇城市中的雕塑、路桥也是都市景观的重要组成部分。你知道哈尔滨有哪些可以作为旅游景观的雕塑和路桥吗？如何进行设计才能使它们成为城市旅游景观中独具魅力的景色呢？

◇你能列举出体现哈尔滨欧陆饮食文化的食物吗？比一比，看谁说得多？

◇哈尔滨饮食文化有何特点？体现了东北人怎样的性格特点？

◇你认为这种欧陆饮食文化对哈尔滨城市发展起到什么样的作用？

◇你知道“哈夏音乐会”吗？举办过几届？出现了哪些音乐家？

◇“哈夏音乐会”有什么突出特色？为什么会有这些特色？

◇“哈夏音乐会”对哈尔滨人的生活产生怎样的影响？

资料链接

▶哈尔滨欧陆文化

哈尔滨的建筑体现出中西合璧的特点，既有中式的典雅，又有西式的浪漫。大到教堂、商行，小至别墅、凉亭，包罗万象，千姿百态。仅中央大街街区就涵括了西方建筑史上最有影响力的四大建筑流派，十五、十六世纪的文艺复兴式建筑，十七世纪的巴洛克建筑，十八世纪的折衷主义建筑，十九世纪的新艺术运动建筑。这些风格各异建筑产生的原因与城市自己的发展历史有着密切联系，尤其是1896年沙俄获得中东铁路的修筑权，确定哈尔滨为枢纽和管理中心，在政治、经济、文化等各方面进行侵略。随后，《英俄协定》使得英、日、法、意、美等享有与俄国同等待遇，30多个国家的十几万侨民在哈尔滨开办了数以千计的工商、金融等企业，哈尔滨成为东北最大的商品市场和物资集散地。

哈尔滨的饮食文化具有俄式、东北特色。俄式西餐、秋林红肠、大列巴、格瓦斯、酒糖、马迭儿冰棍、哈啤等都是耳熟能详的食物和饮料。把俄罗斯的饮食文化习惯与哈尔滨人自身饮食文化习惯结合起来，使得哈尔滨饮食也具有“国际范儿”。“哈啤”的诞生和畅销足以见证哈尔滨人对啤酒的热衷，南方人常常用“豪饮”一词来形容哈尔滨人喝啤酒的豪爽。

“哈尔滨之夏音乐会”，自1961年开办至今已有50余年的历史，举办了33届。历届“哈夏”音乐会，都本着突出“国际化、专业化、群众化”的特色，这些都将使“哈夏”音乐会焕发新的生机，增添新的魅力，成为世界的舞台、百姓的节日、音乐的盛典。

红色文化

哈尔滨在中国共产党成立前后一直到全国解放这段时期，留下了极其宝贵的红色历史文化资源，其数量大，种类多，影响深，令人瞩目。可以分为物质资源和非物质资源。红色历史文化物质资源主要有革命遗址类和革命历史纪念场所类。如东北烈士纪念馆、侵华日军第731部队罪证遗址、哈尔滨烈士陵园、东北抗日联军博物馆等。非物质红色历史文化资源包括：在革命斗争中创造出来的革命文学作品；涌现出来的革命英雄人物的英勇事迹；保存下来的革命文献；最重要的就是哈尔滨人民在革命斗争中所形成的追求真理、勇于实践、坚定信念、不怕牺牲、开拓创新、顾全大局的精神，是哈尔滨人民创造的宝贵精神财富。

活动五　参观东北烈士纪念馆

东北烈士纪念馆参观手册

1.参观时间：** 年 ** 月 ** 日。

8：00在校门口集合，8：30—11：00为参观时间，11：10在纪念馆大门口集合返校，整理参观记录。

2.参观准备：请同学们穿校服，带饮用水、参观记录的工具、参观手册。

3.参观作业：要求制作成有封面和目录的作业册，可以用照片或自己画插图。

(1) 纪念馆的地理位置、外观以及你的参观路线。

(2) 东北烈士纪念馆的简单介绍。

(3) 参观分哪几个版块？哪个版块是你最感兴趣的？

(4) 哪个版块最能引起你的触动？哪个版块与家乡的联系最为密切？

(5) 参观时你想问的问题和答案。

(6) 参观后你的参观感受和新的问题。

4.注意事项：

(1) 东北烈士纪念馆是历史纪念地，请大家在纪念馆门前仔细阅读参观注意事项并严格遵守。

(2) 分小组活动，不要走散，注意时间要求。

(3) 如果有问题可以联络：老师的电话：　　　　　学校的电话：

(4) 参观后，请及时整理参观记录，完成作业册，一周后上交。

活动拓展

你知道吗?

哈尔滨有一些街道是以人物的名字命名的,如一曼街、靖宇街、兆麟街、尚志街……这样做既是对革命先烈的一种缅怀,更是对我们的一种警示和激励。

在哈尔滨找一条以人物名字命名的街道,讲讲这位人物的故事,说说他在历史上对家乡做过什么样的贡献?

活动六 我做小导游:欢迎来哈尔滨感受欧陆文化

◇**活动要求:** 自愿报名参加

◇**活动步骤:**

1. 小导游准备解说词(哈尔滨欧陆文化的相关资料);
2. 网上查阅做导游的基本技能,观看优秀导游的相关视频;
3. 自己反复排练;
4. 我做小导游,向游客(同学)介绍哈尔滨的欧陆风情文化;
5. 最后评选出 2 名班级的金牌导游,并颁发奖章(提前由班级负责人订做好)。

你认为哈尔滨还可以开发哪些文化名片?

请你设计一张家乡的文化名片!

资料链接

▶东北烈士纪念馆(伪满洲国哈尔滨警察厅旧址)

全国重点文物保护单位。位于哈尔滨市南岗区一曼街 243 号,建于 1928 年 6 月,1931 年竣工。是一座典型的欧洲古典主义兼巴洛克风格建筑,总建筑面积 1.6 万多平方米,基本陈列面积 6 200 多平方米。1933 年 9 月,伪哈尔滨警察厅占用了这座大楼,这里成为日本侵略者镇压中国人民的罪恶场所。目前,馆藏文物 5 000 余件,图书、档案、文献、照片共 30 000 余件,反映东北抗联斗争生活的文物,包含了抗联军事斗争、密营生活、文化学习、群众支援等各个方面,初步构成了一部史诗般的东北革命文库。

主题4　文明画境中的明珠——城市

人类的历史中诞生了许多文明的奇迹。如坐落在美索不达米亚中心的巴比伦城便被称作是一座充满魔力的城市。从汉谟拉比到尼布甲尼撒再到居鲁士，巴比伦城一直是万人眼中的明珠，即便这个城市曾遭到过无情的遗弃，但它仍静静地屹立在历史的晨曦中，等待文明之光的降临。无独有偶，在人类的文明历程中出现了诸多如同巴比伦的城市。这些城市同巴比伦城一样，承载着人类辉煌的文明，成为人类文明画布上的颗颗明珠，其光辉引导着我们不断地探寻和发现。

活动指南

人文底蕴是本专题所着力体现的人文素养。在本专题的活动中，我们将运用人文思想中所蕴含的实践方法，挖掘古代文明的价值，了解人类文明发展与创造的起源。一方面在对人类早期不同地域文明发展历程的探究中，增长我们的人文知识；在对城市、建筑、文字、传说、技术、法律、宗教信仰等不同领域的研究中，构建我们对一种文明特征的认识，提升艺术鉴赏能力，培养健康的审美取向。另一方面在探究各种文明特征及其历史成因的过程中，形成国际理解，尊重世界多元文化的差异性，积极参与跨文化交流；珍视中华文明特质，树立文化自信，弘扬民族文化的优秀成果。

古代城市的形成

在中国，城市一词出现于战国时期。《韩非子·爱臣》：“是故大臣之禄虽大，不得藉威城市。”古代，城指在都邑四周用作防御的墙垣；市，指生产商品与进行商品交换、商业活动的某些地区。各城市的形成情况不同：或先筑城，后有市；或先有市，后筑城；或城与市同时产生。从总体上看，先有城，后有市。

——赵德馨.中国经济史辞典[M].武汉：湖北辞书出版社.1990：64-65.

活动一 阅读古代中国城市平面图，分析古代中国城市的特点

浩瀚而又有数千年传统的中国古代城市地图是丰富的历史资源库，既是历史时期中国古代城市地理格局、城市空间分布的反映，同时也是人们对于这种格局认识的写照。你了解古代中国城市的特点吗？请阅读下面的古代中国城市平面图，完成下面的探究活动。

1.所谓城市规划就是依据城市的基本形态，框定城市的平面模式，使城市的范围、各种功能区都跃然纸上，限定和指导城市的发展。观察右图，你能说出古代长安城在城市规划上有何特点吗？

2.中国历代古都和许多城市都是经过精心规划而建成的，其中包含了当时人们对于这种格局的认识。古代长安城在城市规划上的特点，体现了中国古代怎样的城市文化？

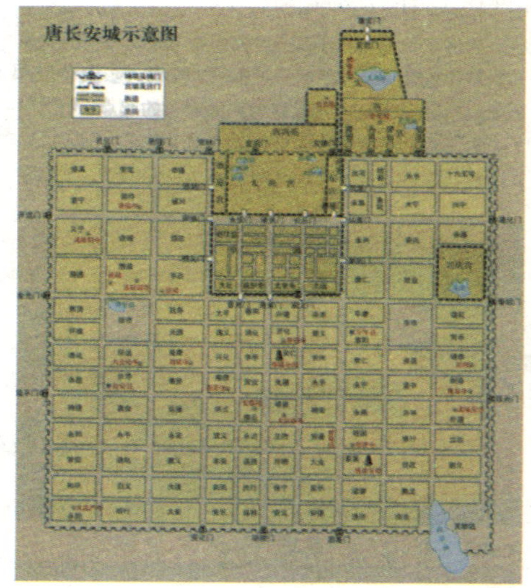

活动拓展

设计并尝试“建造”一座城市模型

模仿唐代长安城或其他古代中国的城市，使用橡皮泥等材料制作简易的城市模型，并检验你所“建造”的城市的交通、排水、防御等相关城市功能。

资料链接

▶巅峰时期的古巴比伦城

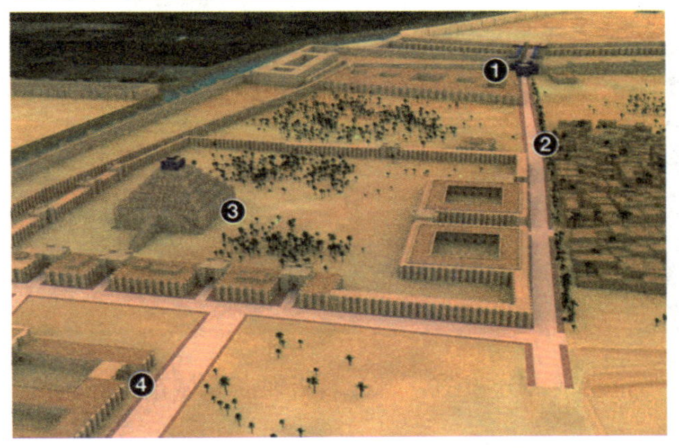

伊什塔尔城门

①伊什塔尔城门。城的正门，上面装饰有蓝色琉璃瓦，交替排列着“怒蛇”和原牛浮雕。
②游行大街。从各宫殿通往神庙。新年时，巴比伦人会抬着马杜克雕像在此路上游行。
③埃特曼安吉塔庙。由尼布甲尼撒二世建成的金字形神塔供奉着巴比伦的主神马杜克。
④埃萨吉拉神庙建筑群。供奉着巴比伦的主神马杜克，以及妻子查尔帕尼图和儿子那卜。

▶中国古代城市的中轴线设计

根据商周时期城市遗址的考古资料，结合《周礼·考工记》的记载，我们可以描述出西周时期城市中轴线设计的基本模式（见下面左图）。城市中轴线结构严谨，主次分明，充分体现了中国古人的宇宙观和对礼制秩序的尊崇。至隋唐，以宫城为核心，伴随大量礼制建筑的中轴线设计还蕴涵着封建统治者糅合儒法的施政理念，寄托着帝王君临天下，南面而治的政治心理（见下面右图）。

西周城市中轴线设计的基本模式

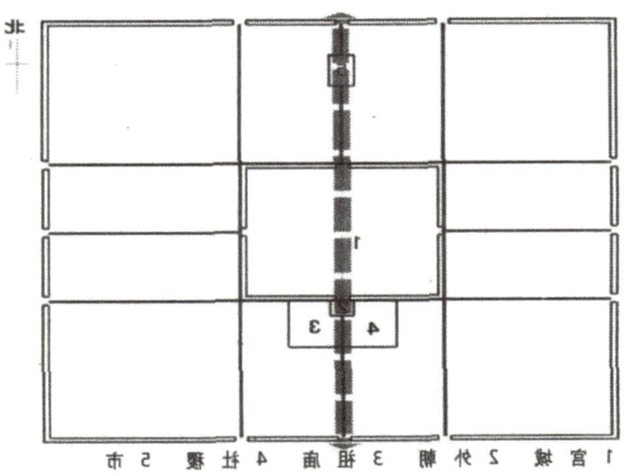

隋唐长安城中轴线设计示意图

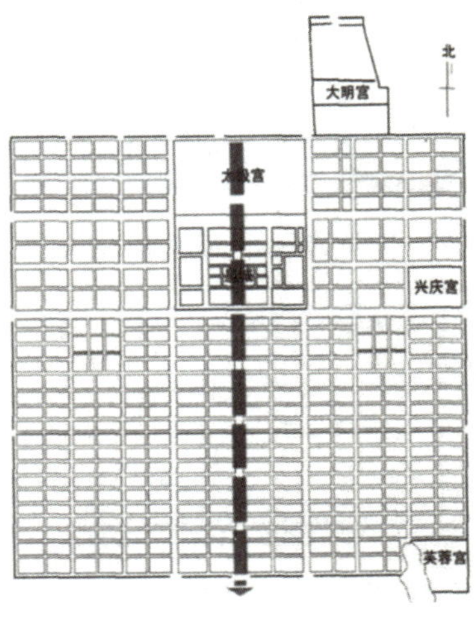

——郑卫等.关于中国古代城市中轴线设计的历史考察[J].建筑师，2008(4):91–96.

活动二 探究古代中国城市的分布

西汉商业城市分布图

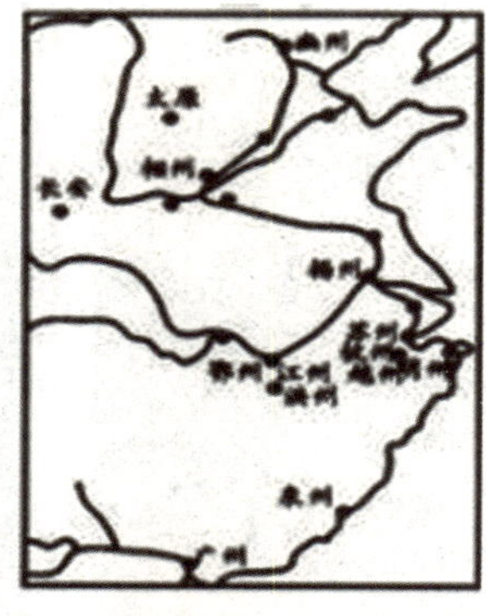

唐朝商业城市分布图

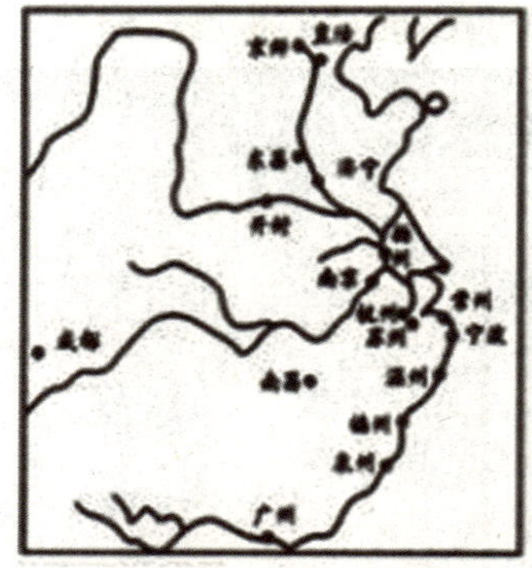

明朝商业城市分布图

阅读上面三幅图，回答问题：

1. 你能说出上面三个朝代的都城吗？请在图中标出它们的位置。
2. 你能比较出三个朝代的商业城市分布有何不同吗？尝试从历史角度，分析三个朝代城市分布发生变化的原因。
3. 请你尝试根据上图概括古代城市的分布规律。
4. 现代城市的分布还受到哪些因素的影响？你能举例说明吗？

近代以来的城市化

城市化也称为城镇化，是指随着一个国家或地区社会生产力的发展、科学技术的进步以及产业结构的调整，由以农业为主的传统乡村型社会向以工业（第二产业）和服务业（第三产业）等非农产业为主的现代城市型社会逐渐转变的历史过程。

活动三 分析城市化的特点

下图表示上两个世纪发达国家和发展中国家城市化进程，回答下面问题：

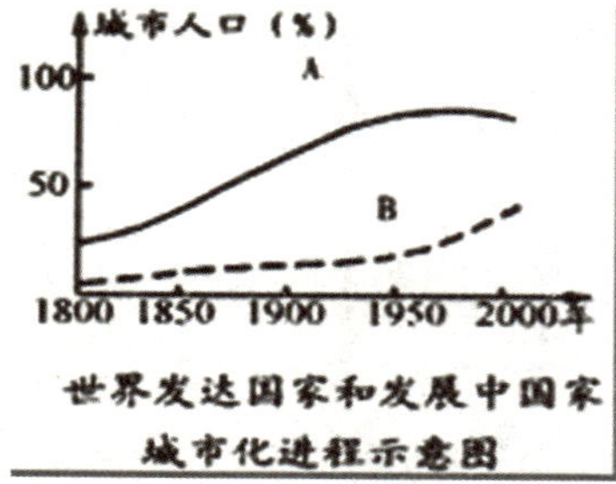

世界发达国家和发展中国家城市化进程示意图

问题 1：图中哪条曲线表示发达国家？哪条曲线表示发展中国家？理由是什么？

问题 2：对比发达国家与发展中国家的城市化进程有何区别？由此推测发达国家和发展中国家城市化进程各有怎样的特点？

活动四 思考城市化带来的问题

城市化是人类进步必然要经历的过程，城市化的进程标志着社会的发展。然而过多的人口涌入城市、过多的土地转化为城市用地，必然会带来一定的问题。

观察珠江三角洲地区的“握手楼”和“城市生活”漫画，回答下列问题：

1. “握手楼”建筑与“城市生活”漫画分别反映出城市化过程中出现的哪些问题？
2. 结合你所在的城市，分析除此之外城市化还带来了哪些问题？
3. 你能说出我们为解决城市化过程中出现的问题已经做出了哪些努力吗？请你为今后城市的发展献计献策。

资料链接

▶城市选址参考条件

自然区位： 地形、气候、河流等。

社会区位： 自然资源、交通、政治、军事、宗教、科技、旅游等。

▶城市化的演进过程

城市化： 一般指人口向城市地区集聚的过程和乡村地区转变为城市地区的过程。

逆城市化： 20世纪70年代以来，发达国家以及一些大城市中心市区郊区人口向外迁移，迁向离城市更远的农村和小城镇，出现了与城市化相反的人口流动的现象。逆城市化不是城市化的衰败，而是城市化扩展的一种新形式，它是建立在城乡差别近于消失、形成一体化的基础上，乡村、小城镇的交通、信息等设施完善，再加上优越的自然风光，吸引了久在城市的居民暂住、定居，从而导致的现象，如美国、西欧的一些发达国家，逆城市化现象明显。

再城市化： 面对经济结构老化，人口减少，老城市积极调整产业结构，发展高新技术产业和第三产业，积极开发市中心衰弱区，以吸引年轻的专业人员回城，出现的再城市化。

▶城市化带来了哪些问题？

环境问题： 生物多样性减少；耕地面积减少，土壤污染，地面下沉；空气污染，加剧热岛效应；下渗减少，地表径流增多；水质恶化；水资源短缺；酸雨等。

社会问题： 交通拥挤，地价上涨，住房紧张，就业困难，社会秩序混乱，社会保障压力增加，城市居民生活质量下降等。

城市朋友圈

党的十九大报告指出："以城市群为主体，构建大中小城市和小城镇协调发展的城镇格局，加快农业转移人口市民化。"

城市群是城市发展到成熟阶段的最高空间组织形式，是指在特定地域范围内，一般以1个以上特大城市为核心，由至少3个以上大城市为构成单元，依托发达的交通通信等基础设施网络所形成的空间组织紧凑、经济联系紧密、并最终实现高度同城化和高度一体化的城市群体。

活动五 建言献策：构建中国特色城镇发展格局

探究一：哈长城市群

你了解我们身边的城市群么？2016年2月23日，国务院批复"哈长城市群"发展规划。哈长城市群规划范围包括黑龙江省哈尔滨市、大庆市、齐齐哈尔市、绥化市、牡丹江市，吉林省长春市、吉林市、四平市、辽源市、松原市、延边朝鲜族自治州。随着哈尔滨到长春高铁的开通，两个城市间只需要1个小时即可到达。

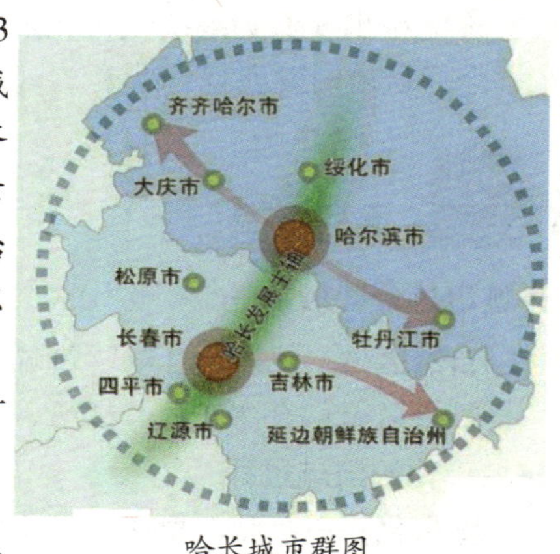

哈长城市群图

1. 你能说出"哈长城市群"对你的生活会产生什么影响吗？
2. 列举城市群发展对区域协调发展的意义有哪些？
3. 请为哈长城市群内部城市在信息工业、现代服务业、文化创意产业以及生态旅游业的合作提出建议？

探究二：京津冀城市群

京津冀城市群

党的十九大报告指出："以疏解北京非首都功能为'牛鼻子'推动京津冀协同发展，高起点规划、高标准建设雄安新区。"

京津冀城市群的概念由首都经济圈发展而来，包括北京、天津两大直辖市以及河北省的保定、唐山、石家庄、廊坊、秦皇岛、张家口、承德、沧州、衡水、邢台、邯郸共13个城市。其中北京、天津、保定、廊坊为中部核心功能区，京津保地区率先联动发展。

京津冀城市群是中国的政治、文化中心，也是中国北方经济的重要核心区。

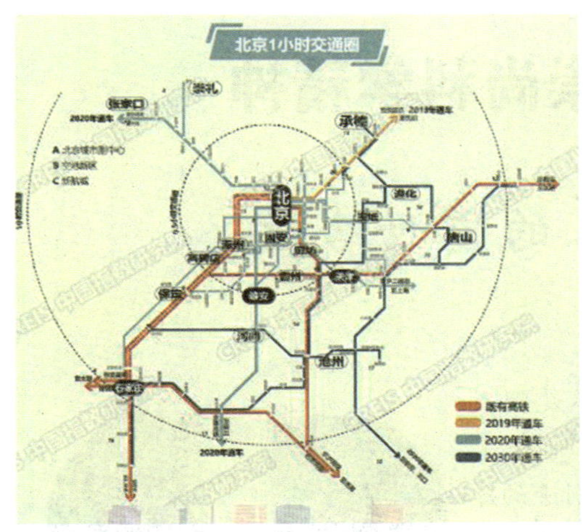

1. 从地理的角度，分析京津冀城市群形成的区位优势。

2. 北京的城市职能有哪些？

3. 高起点规划、高标准建设雄安新区的经济意义有哪些？

4. 你能为京津冀协同发展提出一些合理化建议么？

活动拓展

关于城市群，你知道多少？

世界级城市群

1. 你还能说出几个中国已经形成的城市群吗？请在图中标出其大致位置。
2. 你知道目前全球公认的大型世界级城市群有哪些吗？
3. 从地理、历史、政治、经济等角度，分析城市群形成应该具备的条件有哪些？
4. 城市群对中国经济、世界经济发展有哪些促进作用？

资料链接

▶北京的核心功能

北京的核心功能有四个，即：政治中心、文化中心、国际交往中心、科技创新中心。

▶雄安新区

雄安新区作为北京非首都功能疏解集中承载地，要建设成为高水平社会主义现代化城市、京津冀世界级城市群的重要一极、现代化经济体系的新引擎、推动高质量发展的全国样板。建设绿色生态宜居新城区、创新驱动发展引领区、协调发展示范区、开放发展先行区，努力打造贯彻落实新发展理念的创新发展示范区，建设高水平社会主义现代化城市。到 2035 年，基本建成绿色低碳、信息智能、宜居宜业、具有较强竞争力和影响力、人与自然和谐共生的高水平社会主义现代化城市。到本世纪中叶，全面建成高质量高水平的社会主义现代化城市，成为京津冀世界级城市群的重要一极。

核心素养二　崇尚科学精神

主题5　一滴水的前世今生

“君不见黄河之水天上来，奔流到海不复回。”黄河之水是真的“不复回”吗？

黄河中的每一滴水，它可能是来自晶莹剔透的冰山，也可能是来自变幻莫测的天空……奔流到海之后的它三生三世无限轮回，在各种圈层之中纵横驰骋……

到此，你是否开始羡慕这一滴循环之水？是否好奇它有着怎样的故事经历？好奇它对我们有着怎样的影响？我们是否可以影响它？让它更好地造福人类、避免对人类产生危害呢？

今天，就让我们本着科学的精神，大胆探索，去寻找答案吧！

活动指南

科学精神是本专题内容要着力体现的核心素养。理性的思维、问题解决的能力和勇于探究的精神是科学精神素养的重要内涵。

本专题从水循环入手，通过对水循环的环节、水污染与水利用等问题的研究，增加我们对水循环的过程及其地理意义的理解和认识。一滴水的旅行、水循环模拟实验等游戏活动，可以帮助我们理解人类与水循环关系，有助于我们用理性的思维去认识事物、解决问题，培养我们学以致用、分析和解决问题的能力。节水对照、净化水和淡化水等实验、探寻雨水花园及海绵城市等活动可以帮助我们提高实践能力，培养探究精神，提高我们关注现实环境，解决身边存在问题的意识和能力。

到此，你是否知道了我们学习的目的呢？Let’s Go!

一滴水与我们

当你看到一滴水，你会想到什么呢？是微不足道、水滴石穿，还是它那奔向大海的执着……？你想更多地了解它吗？今天，就让我们追随它的脚步做一次旅行吧！

活动一　一滴水的旅行

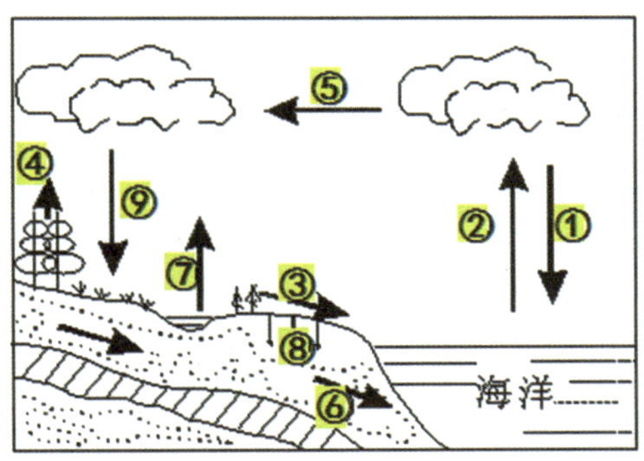

◆**看图回答：**

1. 图中的一滴水从③地出发，还能再回到③地吗？如果能，它经历了哪些环节（用图中数字写出）？
2. 在环节⑧中，人类不利的影响行为有哪些？人类应怎样地干预使其更有利于人类的生产生活？
3. 写出①—⑨环节的名称。思考人类能影响到哪些环节？对哪一环节影响最大？其中有利的影响有哪些？不利的影响又有哪些？

◇**模拟水循环实验**

◆**活动流程：**

1. 在一只平底碗中加水，水位没过碗底即可，在一只小瓶中装满沙子后放入碗内。
2. 用透明塑料盖住碗，用橡皮筋扎住碗口。
3. 用一块石头压住塑料，石头放在小瓶的正上方。
4. 将碗放在阳光下直晒。过一小时后，观察碗、透明塑料和小瓶内沙子的变化。

◆**活动思考：**

1. 这个活动模拟展示了水循环的哪些环节？
2. 在现实生产生活中，人类是如何干预这些环节的？

活动二　课堂小游戏——谁是卧底

◆**活动指导：**

此活动重点培养我们的综合思维能力、应变能力，我们要根据自身的情境，思维缜密、逻辑清晰地分析问题，选择适合的策略。

◆**游戏规则：**

1. 每个人都不可以说谎，要尽量多地运用地理知识。
2. 先发言的同学要给后发言的同学留有余地。
3. 不可以提及题目中的任何一个字。

◆**游戏准备：**

1. 各组派一名代表，抽取题目（水循环的某个环节，只有一个卧底）。

   例如：5 人抽取地表径流（平民），1 人抽取地下径流（卧底）。

2. 讨论 3 分钟，各组成员为本组代表献计献策。

◆**游戏流程：**

1. 第一轮发言：例如：平民 A 发言：这是水循环的一个环节；平民 B 发言：这个环节字很多；卧底 C 发言：此环节不在天空中；平民 D 发言：一共四个字……

2. 投票出局，如果卧底出局，平民胜；如果平民出局，则进行第二轮发言。

3. 第二轮发言：例如：平民 A：它是流动的；平民 B：我国有很多工程建设与它有关；卧底 C：它现在污染很严重；平民 D：前三个我都同意……

◆**游戏结束**

1. 卧底出局，平民胜。　2. 平民只剩 1 人，卧底胜。

资料链接

▶水循环的地理意义

水循环具有非常重要的意义。第一，它维持了全球水量平衡。第二，使淡水资源不断更新。第三，使地球各个圈层之间、海陆之间实现物质迁移与能量交换。第四，它影响全球的气候和生态，并不断塑造着地表形态。

▶降水的三个条件

1. 有充足的水汽；2. 有充足的凝结核；3. 水汽达到饱和与过饱和，即大气降温。

▶人类对地表径流的影响

改变地表植被：森林植被对陆地生态系统水分循环有着重要的调节作用，森林砍伐会增加河川径流量，森林植被覆盖度增加会减少河川径流量。

修建水坝：水坝在控制洪水、灌溉耕地等方面发挥了重要作用。世界上许多国家都非常重视大坝的建设，但建筑水坝的同时存在一些潜在风险，如破坏生态环境、阻挡洄游淡水河产卵的鱼类繁衍地的通道、水电污染等，美国为此掀起拆除大坝的高潮。

▶人工降水与人工减雨

人工降水，指根据自然界降水形成的原理，人为补充某些形成降水的必要条件，促进水滴迅速凝结或增大成雨滴，降落到地面。中国最早的人工降雨试验是在 1958 年，吉林省这年夏季遭受到 60 年未遇的大旱，人工降雨获得了成功。1987 年在扑灭大兴安岭特大森林火灾中，人工降雨发挥了重要作用。如今人工增雨可以减缓或消除雾霾影响。

人工减雨，主要是在影响本地的降水云系的上风方进行一定规模的连续催化作业，设法改变自然云的降水状态或过程。目前，气象部门人工减雨采用的方法主要有提前降水或抑制降水。在 2008 年 8 月 8 日举办的北京奥运会开幕式上，气象部门就把人工减（消）雨作为应急保障措施之一。

节水 & 洁水

虽然地球表面大部分被水覆盖，但是淡水储量仅占全球总水量的 2.53%，而且其中的 68.7%又属于固体冰川。目前，人类可以直接利用的只有浅层地下水、湖泊淡水和河床水，三者总和约占地球总水量的 0.77%，中国人均淡水资源只占世界人均淡水资源的四分之一。

活动三　清澈的水去哪了？

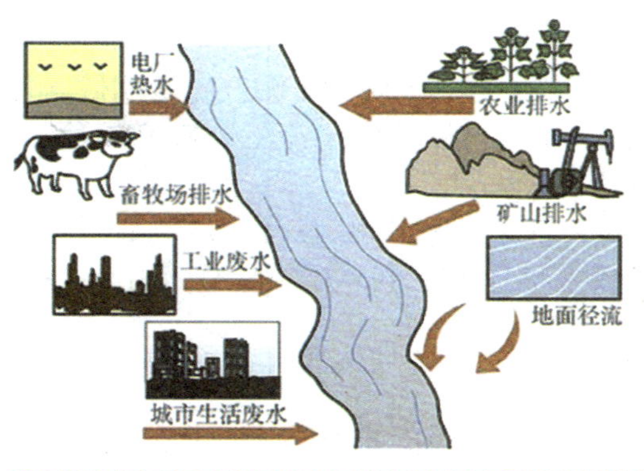

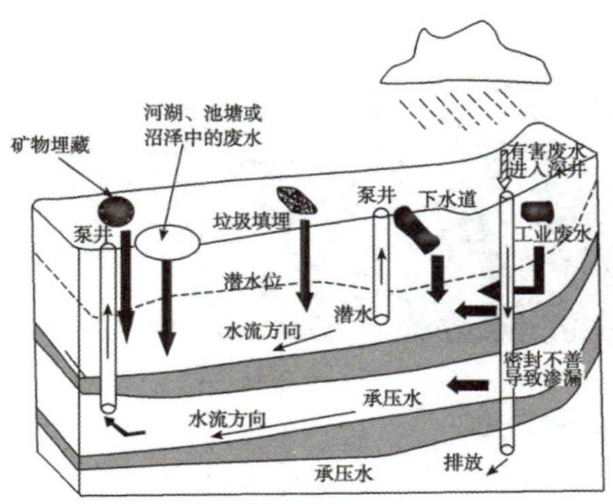

◆请看图回答：

1. 据图分析，造成水污染的原因有哪些？地下水是如何被污染的？
2. 除了水污染之外，人类的哪些做法会导致淡水资源更加缺乏？

活动四　你节约用水了吗？

我国是一个缺水的国家，我们赖以生存的水正日益短缺。目前，全世界还有超过10亿的人口用不上清洁的水，每年有310万人因饮用不洁水而患病死亡。甚至有人提出，如果还不珍惜水资源，最后一滴水将与血液等价！

表1：家庭用水调查表

题目	你和你的家人	有	没有	得分
1	刷牙时、洗手涂香皂时、将碗筷放进橱柜时有没有关上水龙头？			
2	洗漱之后有没有没关紧水龙头的时候？			
3	淘米、洗菜用过的水，有没有用在别的地方（如浇花、冲厕所等）？			
4	你家水龙头有没有漏水？			
5	有没有过量使用肥皂、洗衣粉等？			
6	有没有经常在放热水时，让先放出来的冷水直接流走？			

表2：计分表

题目	1	2	3	4	5	6
有	1	0	1	0	0	0
没有	0	1	0	1	1	1

总结：你得了多少分？你认为你节约用水了吗？你在哪些方面还可以做得更好？

活动五 小实验——水的净化

◆**准备材料：**

1 个卷纸芯、1 块布手帕、宽透明胶带、皮筋、3 个塑料杯、纸、笔、一杯沙子。

◆**教师准备：**

备好 3 个纸杯的水（每杯 4/5 为宜），再分别放入半勺栽花土，然后搅匀，成为 3 杯污水。

◆**实验过程：**

1. 先用宽胶带把卷纸芯的外部封住，防止渗水，再用皮筋把手帕固定在卷纸芯一端，这就是过滤器。

2. 把三只塑料杯贴上标签：分别为“参照杯”、“1/4 杯沙过滤后”、“3/4 杯沙过滤后”。

3. 把过滤器放到贴有“参照杯”标签的杯子上方，通过过滤器倒入一纸杯污水。

4. 在过滤器中加入 1/4 杯沙子，把它放在贴有“1/4 杯沙过滤后”标签的杯子上方，通过该过滤器再倒入一杯污水，让污水完全渗下。

5. 再往过滤器中加入 1/2 杯的沙子，这样过滤器中就有 3/4 杯沙子了，把过滤器放在贴有“3/4 杯沙过滤后”标签的杯子上方。将最后一杯污水倒入过滤器中，让污水完全渗下。

◆**活动思考：**

1. 比较一下这三杯过滤后的水，哪一杯最干净？哪一杯最污浊？查看过滤后相对干净的水很清澈了么？如果再加入明矾（化学式：$KAl(SO_4)_2\cdot 12H_2O$）会有什么变化？如果变化了，尝试解释变化原因。

2. 分析实验结果，沙子在过滤中起到怎样的作用？说明其工作原理。

活动拓展

◇**盐水淡化实验**

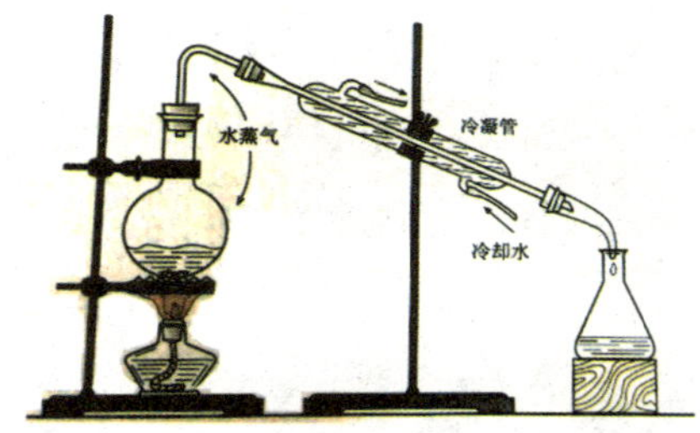

放眼未来，淡水资源只靠节约和净化是不够的，地球上 71%的海洋水是我们强大的后备资源，我们可以对其合理利用。脱盐厂用许多方法从海水中获取淡水。在这个试验中我们可以学习用蒸馏法进行脱盐。

◆**实验材料：**烧瓶 2 个、酒精灯、铝箔、冷凝管、塑料管、橡胶塞。

◆**实验步骤：**

1. 取 100 毫升海水或盐水，倒入大烧瓶中。（如果没有，可以往大烧瓶中倒入 100 毫升水，再加入一勺盐，搅拌至溶解，制成盐水。）

2. 把铝箔蒙在小烧瓶口，并把它的边缘压在小烧瓶口沿。

3. 把塑料管轻轻穿入橡胶塞孔，再把橡胶塞塞到大烧瓶上，塑料管顶部必须在溶液表层之上，把塑料管穿入冷凝管。

4. 冷凝管另一侧连接塑料管穿入蒙在小烧瓶上的铝箔中央，用水冷凝管时，先由冷凝管下口缓缓通入冷水，自上口流出引至水槽中。

5. 把大烧瓶放在酒精灯上加热，使溶液沸腾。观察大小烧瓶中出现的现象。继续给溶液加热，直至有液体在小烧瓶中积聚起来。

6. 熄灭酒精灯，使两个烧瓶冷却，观察大小烧瓶中留下了什么物质？记下你的观察结果。

◆**实验总结：**描述你是怎样通过实验获得淡水的？简述试验中的物理变化过程。

资料链接

▶明矾对水的净化作用

明矾溶于水后电离产生了Al^{3+}，Al^{3+}与水电离产生的OH^-结合生成了氢氧化铝，氢氧化铝胶体粒子带有正电荷，与带负电的泥沙胶粒相遇，彼此电荷被中和。失去了电荷的胶粒，很快就会聚结在一起，粒子越结越大，终于沉入水底。

▶我国水污染有多严重？

中国水污染问题日益严重，由于化工产业废物污染水源，导致半数以上江河湖泊水资源受到严重污染，多地出现“癌症村”。有关部门对118个城市连续监测数据显示，中国约有64%的城市地下水遭受严重污染，33%的地下水受到轻度污染。近年来中国的典型水污染事件，可谓触目惊心。

让每一滴水物尽其用

随着科技的快速发展，人们改造世界的能力逐渐增强，人类对水循环（如地表径流、下渗、地下径流、蒸发、降水等环节）的影响也越发深刻，只有秉着科学的精神，合理规划，才能造福于人类，从而实现人与自然的和谐统一。

活动六　夏天我们一起来“看海”

每年夏天，只要某地一发生暴雨，便会产生内涝，朋友圈里“看海”的照片铺天盖地，这是怎么回事呢？

◆**观察图片：**

当你看到这些图片时，你有何感受，你是否也经历过这种场景？

◆**结合知识：**

分析城市内涝产生的原因有哪些？

活动七 地表水下渗实验

小伙伴们！你们了解地表径流、下渗、地下径流的影响因素吗？你能为防止城市内涝献计献策吗？

步骤一：在塑料盒底部盖上沙子和细砾的混合物。

步骤二：把一长片瓷砖压在混合物上代表道路，再在盘子的沙砾处埋一块带草的土块。

步骤三：垫高塑料盒的一端，使它稍微倾斜。

步骤四：用喷水壶把“雨”降到塑料盒中。

步骤五：观察水是怎样在沙砾混合物、瓷砖及草地上流动的。

步骤六：清除塑料盒中的沙砾，观察下渗情况。

步骤七：记录实验结果，写出实验分析，提出城市地面建设相关建议。

活动拓展一

◇**探寻雨水花园**

雨水花园是一种模仿自然界雨水汇集、渗漏而建设的浅凹绿地，主要用于汇聚并吸收来自屋顶或地面的雨水，并通过植物及各填充层的综合作用使渗漏的雨水得到净化。净化后的雨水不仅可以补给地下水，也可以作为城市景观用水、厕所用水等。

思考讨论：

1. 铺设沙层和砾石层的主要目的是？对下渗雨水净化起主要作用的填充层是？
2. 你认为雨水花园的核心功能是什么？

活动拓展二

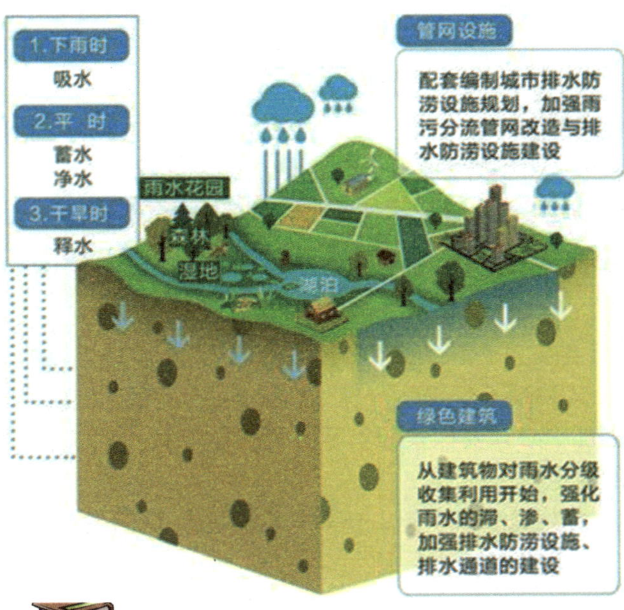

你知道吗？

针对我国目前的城市内涝问题，我们国家提出了建设海绵城市的目标，它既有利于解决城市内涝问题，又能缓解城市在缺水时期用水的问题，可谓是一举两得！

据图分析：

1. 图中哪些设施增加了城市水？
2. 哪些设施可以延缓地表水在城市的停留时间？
3. 你能在图中区分出自然状态下和人类影响之后的水循环过程有什么不同吗？人类对其造成了哪些影响？

资料链接

▶城市内涝

城市内涝是指由于强降水或连续性降水超过城市排水能力致使城市内产生积水灾害的现象。一般造成内涝的客观原因是降雨强度大，范围集中。

城市的某些特定地点的发生率较高，例如立交桥。随着现代城市的建设，城市排水方面也出现许多新问题，过街的地下通道、铁路桥下、公路桥下也存在类似的情况。

▶海绵城市

海绵城市是指城市能够像海绵一样，在适应环境变化和应对自然灾害等方面具有良好的“弹性”，下雨时吸水、蓄水、渗水、净水，需要时将蓄存的水释放并加以利用。在确保城市排水防涝安全的前提下，最大限度地实现雨水在城市区域的积存、渗透和净化。在海绵城市建设过程中，应统筹自然降水、地表水和地下水的系统性，协调给水、排水等水循环利用各环节，并考虑其复杂性和长期性。

主题 6 水与冰——道德与法律

“道德和法律就像一只瓶子里的水和冰的关系，瓶子好比社会，我们把浮在水上方的冰称为法律，水称为道德，冰占瓶子里份额多的社会就是法制社会，水占的份额多就是道德社会。当然，形同虚设的法律除外。”如果上述比喻恰当的话，法治所用的法律本身就是道德，是公德部分；没有硬化的水就是不适合硬化为法律的公德与私德的混合。其公德部分的水有时被硬化为法律的冰，有时又被融化成道德的水。

在社会治理层面上的德治与法治及其关系不仅是一个理论研究问题，而且也关系着国家治理方式的选择，是一个社会管理中必须要探索的实际问题。自国家产生以来，它始终是政府与思想家们关注与探讨的对象。

那么，究竟什么是德治？什么是法治？是法治至上，还是德法并重？更为关键的是，在现代社会发展的今天，德治与法治又将如何结合呢？

活动指南

科学精神是本专题活动所着力体现的核心素养。在本专题的活动中，一方面通过举办德治故事会与编演法治历史剧等活动，让我们初步认识德治与法治的基本特点，合理定位德治与法治的价值，尊重事实和证据，树立实证意识和严谨的求知态度；在撰写“法治与王权”历史小论文，以及“恶法亦法”与“恶法非法”的辩论活动中，我们要运用科学的思维方式认识人类社会的发展是“从专制到民主，从人治到法治”的历史进程，认识“依法治国”是一个长期且艰难的历程，并从中体会人的尊严与价值。另一方面通过四个板块的活动设计，培养我们的问题意识和能独立地思考与判断，能多角度辩证地分析问题的能力，加深对维护社会公平公正的责任意识的理解；体会治国理念向治理实践的转化，认识德治与法治相结合的必要性与艰难性，发扬坚持不懈的探索精神。

“明德慎罚”

“明德慎罚”是中国古代德治思想的基本含义之一，最早见于《尚书·康诰》：“惟乃丕显考文王，克明德慎罚。”所谓“明德”，就是尚德、敬德；所谓“慎罚”，就是刑罚适中，不乱罚无罪，不乱杀无辜。“明德”是“慎罚”的指导思想和保证。强调要积极实施教化，先教后罚，以刑辅德，不专以刑杀立威。“明德慎罚”将道德教化与刑罚措施糅合，奠定了中国古代治国的基本理念。

周公旦

活动一

举办一场“德治”故事会

以“德”治天下是历代王朝及圣贤推崇的一种理想化的治国手段。但要真正把“德治”付诸实践并取得成效，并不是容易的事。那么，你知道古代中国关于德治有哪些小典故吗？搜集起来，讲述给大家听吧！

温馨提示

◇活动步骤一：以小组为单位，尽可能地在正史的人物列传中，选取关于德治的典故。要注意内容的完整性与情节的逻辑性；讲述时要绘声绘色。

◇活动步骤二：各小组将组内选定的典故可交由一名成员讲述，也可排成多人故事剧。

◇活动步骤三：通过各组相互间的典故讲解，了解和初步认识古代中国德治的基本特点。

司马芝宥（yòu，宽恕）工

三国时魏国的司马芝任大理正的时候，有人偷了官府的绢。官吏怀疑是女工干的，就把她逮捕后送进了监狱。司马芝说：“判罪、杀人上的失误，在于苛刻凶残。现在先得到了赃物，然后审问出她的供词，如果经受不住拷打或许会被迫认罪，这样怎么能断案呢？况且减省狱讼，易于服从，是圣人之世的教化方法；不宽赦有罪的人，是平庸之世的治理方法。现在宽免被怀疑偷绢的人，来增长易于服从的社会风气，不是很好吗？”太祖曹操采纳了他的意见。

——[宋] 郑克《折狱龟鉴·卷八·矜谨》

文中司马芝对待案件的做法你赞同吗？谈谈你的想法，并说明理由。结合你的想法，思考中国古代的德治有怎样的特点？

活动拓展

文中孟子的做法反映出怎样的治国理念呢？

柳宗元在《封建论》中所述秦亡的原因客观上说明治理天下需要怎样的方式呢？请结合所学，归纳影响中国古代德治观念的因素。

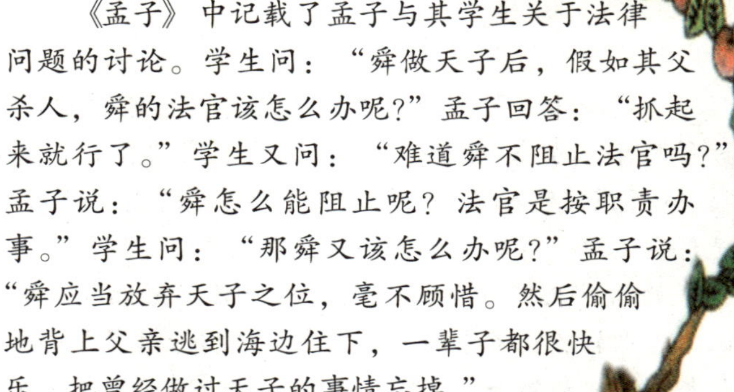

《孟子》中记载了孟子与其学生关于法律问题的讨论。学生问："舜做天子后，假如其父杀人，舜的法官该怎么办呢？"孟子回答："抓起来就行了。"学生又问："难道舜不阻止法官吗？"孟子说："舜怎么能阻止呢？法官是按职责办事。"学生问："那舜又该怎么办呢？"孟子说："舜应当放弃天子之位，毫不顾惜。然后偷偷地背上父亲逃到海边住下，一辈子都很快乐，把曾经做过天子的事情忘掉。"

柳宗元在《封建论》一文中指出，秦朝频繁地征发数以万计的百姓去服役，推行残暴的刑罚，耗尽了国家的财富，于是百姓们联合起来起义。秦朝的败亡，并非实行郡县制的缘故。

资料链接

▶魏晋时期的法律改革

西汉建立后，"约法三章"不再适应现实需要，新的法令条文不断增加，形成《九章律》。汉武帝时，《九章律》之外的"旁章科条"迅速增至359"章"，仅关于死罪的法律条文便有1 000多条，"律令烦多，百有余万言"；具有法律意义的案例汇编越编越多，《春秋》一书所记史事在判案时也用作参考。三国魏初，沿用的"秦汉旧律"竟多达906卷，770余万字，东汉以来马融、郑玄等儒学大师对法律的注释也具有法律效力。

魏晋时对法律进行了重大改革。大量行政法规编辑为"令"，由具体行政部门掌握。改定的新律以刑法为主体，共20篇、620条、27 600字，大大降低官吏判案任意引用法令条文的可能。与汉明显不同的是，新律不少条文突出上下尊卑，同罪而不同罚。

——摘编自张晋藩.中国法制通史[M].北京：法律出版社，1999.

▶"传统德治"与"现代德治"

"传统德治"与"现代德治"既有联系也有区别。无论是"传统德治"还是"现代德治"，都肯定道德在国家治理中具有不可或缺的独特作用，但"传统德治"主张道德优于法律，"刑者德之辅"。而"现代德治"主张道德与法律共治，不是重德轻法，尤其是在对于国家权力以及为政者行为约束方面，二者存在本质的不同。"传统德治"对国家权力制约强调为政者的道德自律而实施仁政，推崇以德治官以及为政者德行的感召力和示范作用；"现代德治"是在肯定法治对政治权力制约的前提下而注重为政者的道德修养与道德垂范作用。更直白地说，"传统德治"是在"人治"框架下运行的，而"现代德治"是在"法治"框架下运行的，二者具有本质区别。

——王淑芹，刘畅.德治与法治：何种关系[J].伦理学研究，2014（5）.

“唯治为法”

“唯治为法”是中国古代法治思想的基本主张之一，出自《韩非子·心度》：“故治民无常，唯治为法。法与时转则治，法与世宜则有功。”韩非子认为：治理人民没有一成不变的规定，只有“法”是治理国家的法宝，并且“法”也不是一成不变的，而是随着时代的发展和进步，“法”也随之变化，才能治理好国家。法既然是“必然之道”，所以必须使天下人知晓，即“法者编著之图籍，设之于官府而布之于百姓者也”。

韩非子

活动二

提炼“子产铸刑鼎”的主题，编演一部法治题材的小型历史剧。

编演一部“法治”历史剧

电视剧《大秦帝国》讲述了战国时代的秦国变法图强，东出与六国争霸，进而一统天下，以及最后走向灭亡的过程。这是一部以秦国为主要视点来展现战国时代波澜壮阔的史诗剧。同时，也因全剧凸显了“法治”二字，使其成为中国历史剧中的另类之作。剧中“法治”好比一块磁铁从桌上划过，所有历史事件便如桌上的铁钉一般吸附上来，其表现手法独树一帜，观点明确，解析精辟，令人称道。那么，你喜欢这样的历史剧吗？你愿意与大家一起来编演一部法治题材的历史剧吗？

子产铸刑鼎

公元前536年（郑简公三十年）三月，郑国执政子产命令把惩治罪犯的刑律铸在鼎上，公布于众，令国民周知。这成为中国政治史和法制史的一件大事。

子产这个做法，遭到很多贵族的反对。当时晋国大臣叔向专门为此给子产写了一封措辞严厉的信。信中说，本来民众怀着恐惧之心，不敢随便乱来。你把法律公布了，民众就会钻法律的空子，争相琢磨怎么做坏事而不至于被制裁，这样就不怕长官了，反而导致犯法的事情越来越多，腐败贿赂到处泛滥，郑国也会因此而完蛋。子产顶着晋国的压力，表示要“救世”而坚定不移地公布法律。而晋国在子产“铸刑鼎”20多年后，也把刑法铸在鼎上，向社会公布了。（改编自《左传·昭公六年》）

温馨提示

◇活动步骤一：
认真阅读“子产铸刑鼎”一文，准确把握典故的主题；结合提炼出的主题查阅相关的资料，积累剧本素材。

◇活动步骤二：
编写既尊重事实和证据，又进行合理艺术化且逻辑清晰的剧本；针对活动成员，结合剧本分配好角色。

◇活动步骤三：
进行剧情的表演。要有艺术表达的兴趣和意识，要注意人物内心世界的表达，更要实现内容的完整性。

资料链接

▶古希腊古罗马的法治趣事

1. 古代雅典法律规定：如果公民试图自杀，必须事先提出申请，以获得批准；未经允许的自杀被视为犯罪行为。

2. 公元前 340 年，雅典一下层女子因亵渎神灵被控犯罪，按法律当处死。辩护人用动情的言辞质问：“难道你们忍心让这位阿芙洛狄特（古希腊美丽女神）的弟子香消玉殒吗?”这打动了陪审团，经投票，陪审法庭判其无罪。

3. 古罗马法学家盖尤斯记述过一个案例：有人砍伐了邻居家的葡萄树，被告上法庭，原告虽提供了确凿证据，却输掉了官司。原因是原告在法庭辩论中把“葡萄树”说成了“葡萄”，而《十二铜表法》只规定了非法砍伐他人“树木”应处以罚金。

4. 公元前 123 年的罗马《索贿罪法》规定，主持审理贪污受贿案件的裁判官应按照法定程序，从拥有一定财产的居民中挑选 50 名陪审员，组成陪审团参与审判。

法治与王权

12 世纪末到 13 世纪是英国法治发展的重要阶段，一连串重要的宪政事件是这一时期英国政治的主旋律。

最为重要的当然是 1215 年失地王约翰签署《大宪章》，英国国王的王座上自此悬了一把“达摩克利斯之剑”。

虽然后来对《大宪章》做了修改，但后继的亨利三世与爱德华一世都不得不承认《大宪章》的效力。

——何勤华，王帅.法治与王权的博弈：布雷克顿的实践[J].政治与法律，2014（12）.

签署《大宪章》

活动三

阅读素材，撰写一篇历史小论文

《大宪章》后，英国逐渐确立了大事要经过议会的政治制度，王权受到了限制。至此，我们似乎看到了王权与法治的和谐关系，英国也因此步入了近代法治社会。但是真实的历史是如同我们所想象的情景那样的完美吗？如果不是的话，你有勇气变身历史学者去探求真相吗？请勇敢地去尝试吧！探求真相后，再把你的成果撰写成一篇历史小论文与大家一起来分享吧！

温馨提示

◇ 研究目的：了解近代英国民主法治的发展历程，理解英国民主法治社会形成的基本特点，认识人类社会“从专制到民主，从人治到法治”的历史进程。

◇ 论文指导 1：围绕“1688年后的英国法治与王权”，主题新颖，有深入探讨的价值，有发挥创见的余地。

◇ 论文指导 2：论点明确，论据充分真实，论证科学准确，逻辑严密，结论正确；论从史出，史论结合。

◇ 论文指导 3：表述清晰、准确，语言流畅，合乎习惯用法，富于感染力。

活动拓展

“三尺法”

杜周是西汉时有名的酷吏，为人持重少言、内心阴刻。皆任廷尉、御史大夫。汉武帝对他颇为欣赏。什么原因呢？一是因为他逐捕深治，二是他治狱专以皇帝旨意为准。皇帝所讨厌的人构讼，他就枉法而陷之；皇帝欲开释的人，他就网开一面，找借口释放。有人就此责问他：“君为天下决平，不循三尺法，专以人主意旨为狱，狱者固如是乎？”所谓三尺法指的是写在三尺长竹简上的法律条文。对这样的责问，杜周一笑置之，振振有词地说：“三尺法，安出哉？前主所是著为律，后主所是疏为令，当时为是，何古之法乎？”杜周的回答道出了封建社会十分普遍的执法心态和现象。

——摘编自《汉书·卷60·杜周传》

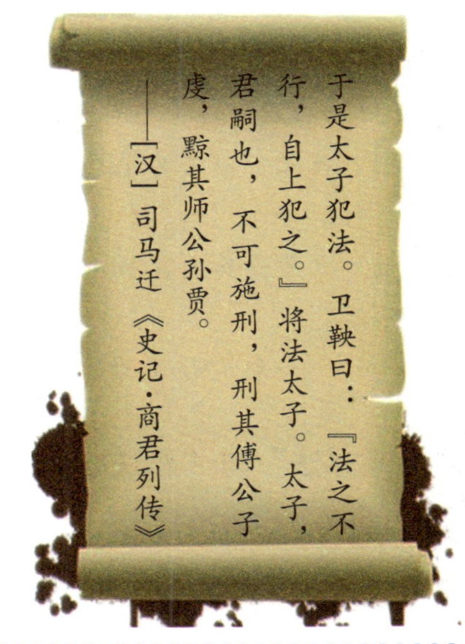
于是太子犯法。卫鞅曰：『法之不行，自上犯之。』将法太子。太子，君嗣也，不可施刑，刑其傅公子虔，黥其师公孙贾。

——[汉]司马迁《史记·商君列传》

杜周揭示了法治进程中存在着怎样的现实问题？其原因是什么？结合所学知识，思考有哪些因素影响着中国的法治进程？

资料链接

▶古代中国人“厌讼”的经济原因

宋代范弁《诫讼诗》云：“些小言词莫若休,不须经县与经州。衙头府底赔杯酒,赢得猫儿卖了牛。”明代著名小说家凌濛初《二刻拍案惊奇》卷10转引此诗后解释说：“这首诗乃是宋贤范弁所作，劝人休要争讼的话。大凡人家些小事情,自家收拾了，便不见得费甚气力。若是一个不伏气,到了官时,衙门中没一个肯不要赚钱的，不要说后边输了,就是赢得来,算一算费用过的财物，已自合不来了。”这一方面反映了中国古代司法构造的某种缺陷；另一方面,则深刻地体现了中国人的“厌讼”是对经济利益的计较,也即投入与产出不相适应，投入大于产出。

——徐忠明.从明清小说看中国人的诉讼观念[J].中山大学学报，1996（4）.

▶“风能进，雨能进，国王不能进”

“即使是最穷的人，在他的小屋里也敢于对抗国王的权威。屋子可能很破旧，屋顶可能摇摇欲坠；风可以吹进这所房子，雨可以打进这所房子，但是国王不能踏进这所房子，他的千军万马也不敢跨过这间破房子的门槛。”

英国的前首相威廉·皮特的这番话道出了一个基本常识，那就是公权力和私权力有明确的界限，必须恪守“井水不犯河水”的原则。公权力进入私领域有一个原则，那就是“非请莫入”。“风能进，雨能进，国王不能进”也因此成为被广为引用的名言。

▶“以法治国”与“依法治国”

“‘以法治国’的意思是‘以法为工具和手段来治理国家’（rule by law）；‘依法治国’的本意是‘以法为根据和准则来治理国家’（rule of law）。一个‘以’字和一个‘依’字，一个‘by’和一个‘of’，一个‘工具’和一个‘根据’，这里虽然只是一字（词）之差，其内容和意义却有天壤之别：前者往往属于人治，后者才是真正意义上的法治。”

——余学明.法治的哲学之维（第1辑）[M].北京：当代中国出版社，2012.

“恶法亦法”与“恶法非法”之辩

古希腊学者亚里士多德曾说：“（法治应是）已成立的法律获得普遍的服从，而大家所服从的法律又应该本身是制定得良好的法律。”而后世的英国法学家、分析法学派的创始人约翰·奥斯汀（1790—1859），却认为法（实在法）与道德无关，或至少两者不存在必然的联系，法律即使是不道德的或不正义的，但只要是合法地制定的，仍应具有法律效力。

活动四

组织一场关于“恶法”的辩论会

苏格拉底之死

柏拉图的《苏格拉底的申辩》中记载：公元前399年，苏格拉底被雅典陪审法庭以亵渎神明与蛊惑青年的罪名判处死刑。他与他的弟子们都认为判决不公。当弟子们安排苏格拉底逃走时，他却认为，虽然逃走是一种正义，但审判过程符合雅典的法律程序，遵守合法判决也是正义的要求，而且是更大的正义，因为如拒不服从判决，就等于践踏法律，倘若人人都以自己认为的正义为借口而任意践踏法律，社会秩序将混乱不堪，城邦将无法存在。最终他选择在弟子面前饮下毒药，从容赴死。

苏格拉底在对待法律判决时的做法你是否赞同？如果换成你，在当时的环境下，你又会做出怎样的处理或选择呢？以“伏恶法以维护法律权威，是真正的法治”与“不合于正义的法律，无服从的义务”为辩论双方的基本观点，组织一场辩论赛吧！

温馨提示 

◇ 活动导航：可从法的本质、德与法的关系、德与法的社会功效及不足等方面展开辩论。

“恶法亦法”并非不重视法律的正当性，而是关注如何在技术上防止行政部门滥权及司法专断。

“恶法非法”并非不重视遵法的重要性，而是更忧虑盲目鼓励守法只会导致对失义政府的纵容。

“恶法”之名源于不同利益群体之间的评判冲突。“恶法”能够基本维护一个社会的正常秩序，能够使得一个国家在其强制治理中得以持续运行。

道德是法律的基础，法律之所以为民众所遵守，主要是法律本身合乎道德原则，并且民众相信它的正确性，合理性以及正义性。

“恶法非法”忽视法律存在的现实基础。

“恶法亦法”易产生“形式法治”局限。

◇ 活动小结：合理定位德治与法治的价值，认识德治与法治相结合的必要性。

活动拓展

班级是学校的基层单位，是对学生进行教育教学的主阵地。中学生可塑性强，再加上他们的志趣爱好、性格脾气、学习成绩、家庭背景、发展目标等各方面差异都很大，在这样的群体中，如果没有一个良好的制度来约束，那么这个群体就会如同一盘散沙。为此，就必须确立一种行之有效的班规。也正由于学生间复杂的关系，确立班规的最好方法就是本着“师生共同构建民主性约束机制”的原则，让班规成为学生自己给自己制定的准则。

作为班级的一员，请以“德法结合”为原则为自己的班级制定一份班规。

《×××级　××班文明公约》

一、为培养积极向上的人生观以及确保人身安全，学生在上学期间应保证出勤。未能出勤________________________________。

二、为提高自主学习的意识，抓紧一切可利用的时间，学生应按照各时段的规定按时到达班级。具体要求：________________________；如无合理原因，未能在规定时间进入班级，________________________。

三、……

资料链接

►道德规范与法律规范的区别

康德认为，道德与法律作为规范的“动机原则”加以区别。那种使得一种行为成为义务，而这种义务同时又是动机的立法，便是伦理的立法；如果这种立法在其法规中没有包括动机的原则，因而允许另一种动机，但不是义务自身的观念，这种立法便是法律的立法。至于后一种立法……必须是强制性的，也就是不单纯地是诱导的或规劝的模式。

——［德］康德.法的形而上学原理［M］.沈叔平译，北京：商务印书馆，1991：20.

►现实社会中道德与法律的关系

道德与法律的关系在逻辑上有三种可能：包容、无涉、交叉。自然法学主张包容说，认为二者有着必然联系，法律应当合乎道德，不合道德的法律不应叫做法律，即“恶法非法”。实证主义法学主张无涉说，认为二者没有必然联系，法律就是国家制定的实在法，不道德的法律只要合法制定就是法律，即“恶法亦法”。但实际的情形是，道德和法律各自有着相对独立的规范体系，二者的规定既有相同的部分也有不同的地方。例如，偷盗、抢劫、杀人等犯罪行为是道德和法律共同反对的；有些国家法律规定在公共场所随地吐痰要罚款比人们的道德谴责严厉得多；通奸为许多国家道德所反对而法律却不禁止；帮助弱势群体是道德义务但不是法律义务，等等。

——李寿初.超越“恶法非法”与“恶法亦法”［J］.北师大学报（社科版），2010（1）.

主题 7　人类探索世界和追求真理的旅程

我是谁？

世界从何而来？

这些看似寻常的问题，却是几千年来无数哲人苦苦思索的话题。

这些问题可以始终没有一个确定的答案，但对这些问题的思考与争辩，促进了人类思想的进步。

所以，我们要对世界和自己充满好奇。柏拉图曾在《泰阿泰德篇》中如是说："惊讶，这尤其是哲学家的一种情绪。除此之外，哲学没有别的开端。"

有迷惑和惊异，表明我们对于事物并不理解，于是我们就应该去探索自然、社会和人生的奥秘。由于受到惊讶的驱动，人们开始思考，开始了哲学的活动。是的，只要你能够保有一颗鲜活敏感心灵，那么这个世界就到处充满着使你感到惊讶莫名的东西。

我们要对世界充满好奇，敢于批判质疑、勇于探究，理性看待世界与自我。

活动指南

科学精神是本专题活动所着力体现的核心素养，该素养主要是学生在理性思维、批判质疑、勇于探究等方面的综合表现。

哲学是智慧之学。哲学发展的历史是历代哲学家对现实世界探究、批判、思辨的历史。本专题涉及中国传统哲学、西方传统哲学、马克思主义哲学，一方面我们通过探究、故事演绎等活动，学习中西方古代哲人的智慧，拓展思维，启迪人生；另一方面，通过哲学命题辨析、理论联系实际等活动，体悟理性思维，敢于批判质疑，勇于探究创新，形成正确的世界观、人生观和价值观。思辨启迪智慧，反思推动前行，让我们开始哲学探索之旅吧！

中国哲学智慧

中国古代哲学思想源远流长、博大精深。其独特的思想价值远远走在历史的前沿。

古代中国主要有儒家、道家、法家、墨家等主要的哲学流派，其中尤其以儒、道、墨三家影响深远。中国人的宇宙观方面以《易经》与老庄为代表，伦理社会观是以孔孟之说为代表的儒道相辅相成。

中国古代哲学主要指“春秋百家争鸣”“汉唐儒道三玄”“宋代儒学的发展”“近代中西融合”四个阶段。

中国古代哲学思想中蕴含的哲理，启迪智慧，引人思考，对高中生形成正确的世界观、人生观、价值观大有裨益。

活动一　探索易经奥秘

“仰则观象于天，俯则观法于地”“近取诸身，远取诸物”。这是相传伏羲氏画八卦时所用的方法，它体现中国古代哲人重视对于客观物质现象的观察。八卦是对自然界物质现象的概括，具有朴素唯物主义的特征，在本质上是正确的，同时也具有直观性、猜测性、非科学性。

否极泰来（《周易·否、泰卦》）
谦谦君子（《周易·象传·谦》）
正大光明（《周易·离卦》）
物极必反（《周易·否、泰卦义》）
殊途同归（《周易·系辞下》）
乐天知命（《周易·系辞上》）
洗心革面（《周易·系辞上》）
革故鼎新（《周易·杂卦传》）
防微杜渐（《周易·坤卦》）

思考1. 《易经》蕴涵丰富的哲学道理，请谈谈其“妙”处何在？

思考2. 乾卦是《周易》第一卦。“乾，元亨利贞。天行健，君子以自强不息。”你知道这句话中蕴含的道理是什么吗？

资料链接

▶《周易》卦象：

《周易·说卦传》介绍了一些卦象，是基础卦象。八种卦象分别对应代表了一些事物或行为。

宇宙观上：
乾为天，坤为地，震为雷，巽为风，
坎为水，离为火，艮为山，兑为泽。

家庭观上：
乾父也，坤母也，震长男，巽长女，
坎中男，离中女，艮少男，兑少女。

运动观上：
乾健也，坤顺也，震动也，巽入也，
坎陷也，离丽也，艮止也，兑说也。

身体观上：
乾为首，坤为腹，震为足，巽为股，
坎为耳，离为目，艮为手，兑为口。

活动二　故事演绎——知鱼之乐

知鱼之乐

庄子与惠子游于濠梁之上。
庄子曰：“儵鱼出游从容，是鱼之乐也。”
惠子曰：“子非鱼，安知鱼之乐？”
庄子曰：“子非我，安知我不知鱼之乐？”
惠子曰：“我非子，固不知子矣；子固非鱼也，子之不知鱼之乐全矣！”
庄子曰：“请循其本。子曰‘汝安知鱼乐’云者，既已知吾知之而问我。我知之濠上也。”

活动建议：请将上面的小故事进行白话文改编，讲给班级同学。

思考题：

1. 试着说说，快乐是什么？

2. 你认为“鱼”有没有快乐？

3. 人能否知道“鱼快乐不快乐”？

活动三 讲述我自己的“论语”故事

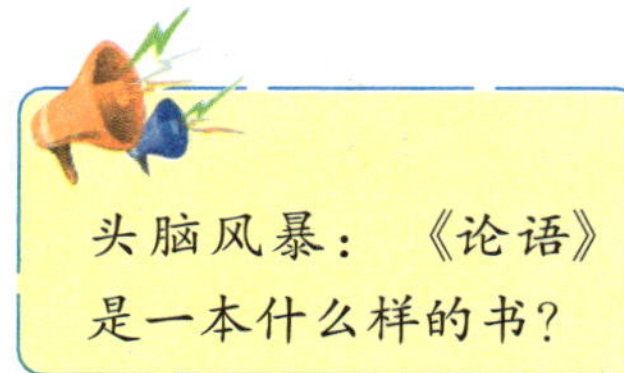

头脑风暴：《论语》是一本什么样的书？

《论语》由孔子弟子及再传弟子编写而成，至汉代成书。主要记录孔子及其弟子的言行，较为集中地反映了孔子的思想，是儒家学派的经典著作之一。以语录体为主，叙事体为辅，集中体现了孔子的政治主张、伦理思想、道德观念及教育原则等。与《大学》《中庸》《孟子》并称“四书”，与《诗》《书》《礼》《易》《春秋》等“五经”，总称“四书五经”。全书共20篇、492章，首创“语录体”。是中国传扬并学习的古代著作之一。

下面是《论语》中的经典语句：

己所不欲，勿施于人。

君子喻于义，小人喻于利。

知之为知之，不知为不知，是知也。

吾日三省吾身。

三思而后行。

敏于事而慎于言。

不患无位，患所以立。

见贤思齐焉。

己欲立而立人，己欲达而达人。

人无远虑，必有近忧。

工欲善其事，必先利其器。

君子忧道，不忧贫。

不迁怒，不贰过。

三人行，必有我师。

君子求诸己，小人求诸人。

思考题：

1. 请你为班级同学讲述一个蕴含《论语》道理的生活小故事。

2. 试着说一说，上面《论语》中的句子分别体现了什么哲学道理？

3. 试着说一说，“己所不欲，勿施于人”在我们的生活中你是怎样应用和实践的？

西方哲学故事

西方哲学具有理性与自由的特点。

西方哲学史是欧洲哲学的历史，从公元前6世纪的古希腊哲学到西方现代哲学的发展史。它可分为4个时期：①公元前6—公元5世纪，称为古希腊哲学；②公元5—15世纪，称为中世纪哲学；③15世纪中—19世纪40年代，称为近代哲学；④19世纪40年代以来，称为现代哲学。

如何让自己变得更有智慧？让我们开启西方哲学探索之旅吧。

活动四 故事演绎——苏格拉底与精神助产术

苏格拉底习惯到热闹的雅典市场上去发表演说和与人辩论问题。他同别人谈话、讨论问题时，往往采取一种与众不同的形式。

Ⅰ这一天，苏格拉底像往常一样，赤脚敞衫，来到市场上。突然，他一把拉住一个过路人说道：“我有一个问题弄不明白，向您请教：人人都说要做一个有道德的人，但道德究竟是什么？”

那人回答：“忠诚老实，不欺骗人。这就是公认的道德行为。”

Ⅱ苏格拉底问：“你说道德就是不能欺骗别人，但和敌人交战的时候，我军将领却千方百计地去欺骗敌人，这能说不道德吗？”

“欺骗敌人是符合道德的，但欺骗自己人就不道德了。”那人说。

Ⅲ“和敌人作战时，我军被包围了，处境困难，为了鼓舞士气，将领就欺骗士兵说，我们的援军到了，大家奋力突围出去。结果成功了。这种欺骗能说是不道德吗？”苏格拉底问道。

那人回答说：“那是战争中无奈才这样做的，我们日常生活中就不能这样。”

Ⅳ苏格拉底停顿了一下问道：“儿子生病了，却又不肯吃药，父亲骗儿子说，这不是药，而是一种好吃的东西。请问这也不道德吗？”

那人只好承认：“这种欺骗是符合道德的。”

Ⅴ苏格拉底又问：“不骗人是道德的，骗人也可以说是道德的。那就是说道德不能用骗不骗人来说明。究竟用什么来说明呢？还是请你告诉我吧！”

那人被弄得无可奈何，只好说：“不知道道德就不能做到道德，知道了道德就是道德。”

Ⅵ苏格拉底听了十分高兴，拉住那人的手说：“您真是一位伟大的哲学家，您告诉了我道德就是关于道德的知识，使我弄明白了一个长期困惑的问题，我衷心地感谢您！”

活动建议：

把故事中的对话进行台词改编。 → 选拔适合扮演苏格拉底和路人的同学。  进行简单排练，以讲台为舞台进行表演。

活动拓展

苏格拉底把这套方法比作“精神助产术”，即通过比喻、启发等手段，用发问与回答的形式，使问题的讨论从具体事例出发，逐步深入，层层驳倒错误意见，最后走向某种确定的知识。

思考：

1. 请你通过一个故事情景，依据“精神助产术”设计出一系列的问题。

2. 试着用“精神助产术”解决一个一直困扰的问题。

3. 试着说说“精神助产术”的现实意义是什么？

活动五 芝诺命题——阿基里斯追不上乌龟

“人能不能追上乌龟呢？”大家听到如此发问一定会觉得太可笑了。不过，古希腊的著名哲学家芝诺确实提出了这类问题，并论证说“阿基里斯追不上乌龟”。

阿基里斯是全希腊跑得最快的人。据说在特洛伊的战将赫克托耳杀死了阿基里斯的朋友帕特洛克勒之后，阿基里斯在为朋友报仇中，以“快腿”的优势刺死了败逃中的赫克托耳。

就是这样一位“快腿”，芝诺却论证他追不上乌龟。芝诺提出，龟先行，阿基里斯在赶上龟以前，必须首先到达龟的出发点，而在他追至这一点时乌龟又爬行了一段路程，于是阿基里斯又必须赶上这段路，而此时龟又向前爬行一段路。这样一直追赶下去，虽然愈追距离愈近，但阿基里斯却始终追不上乌龟。

思考题：

1. 芝诺为什么认为“阿基里斯追不上乌龟”？
2. 你认为阿基里斯能不能追上乌龟？
3. 你认同芝诺的观点么？
4. 无论你支持还是反对芝诺的观点，请你说明理由。

资料链接

▶诡辩论：

诡辩指为明显的谬误或与公认的合理观念相对立的谬见提供论据的似是而非的推理和论断，诡辩所使用的论证手法称作诡辩术，也叫文字游戏。诡辩论思想方法的实质是主观主义和形而上学。

在西方哲学史上，黑格尔可以说是第一个对诡辩论做系统批判的哲学家。他曾经指出："诡辩这个词通常意味着以任意的方式，凭借虚假的根据，或者将一个真的道理否定了，弄得动摇了；或者将一个虚假的道理弄得非常动听，好像真的一样。"黑格尔的这段话，揭露了诡辩论有意颠倒是非、混淆黑白的特点。

马克思主义哲学

马克思主义哲学是关于自然、社会和思维发展一般规律的学说，它坚持唯物论和辩证法的统一，坚持唯物主义自然观和历史观的统一，是科学的世界观和方法论。

活动六　辩论会：人生的价值在于对社会的贡献还是索取

高中阶段是一个人形成自己的世界观、人生观、价值观的关键时期。人生的意义是什么？我们应该如何去实现其价值。真理越辩越明，让我们开启一场关于人生价值的辩论吧！

正方：人生的价值在于对社会的贡献。

反方：人生的价值在于个人的索取。

思考：

1. 你赞同上面哪种观点？
2. 请说明你持有观点的理由。
3. 说一说，你的人生梦想是什么？

活动七　说一说党的十九大报告中的马克思主义哲学

中国共产党第十九次全国代表大会，是在全面建成小康社会决胜阶段、中国特色社会主义进入新时代的关键时期召开的一次十分重要的大会。习近平所作的十九大报告大气磅礴、内涵丰富，3 万多字的报告纵观历史、展望未来，浓缩了 5 年来中国共产党治国理政的经验与启示，描绘了从现在到 2020 年乃至 21 世纪中叶的宏伟蓝图。下面是报告中提出的一些新思想、新论断、新提法、新举措。

1. 中国特色社会主义进入新时代。进入新时代，实现伟大梦想，必须进行伟大斗争、建设伟大工程、推进伟大事业。

2. 新时代中国特色社会主义思想，是对党的十八大以来习近平同志治国理政新理念新思想新战略的高度概括，是党和人民实践经验和集体智慧的结晶。新时代中国特色社会主义思想是全党全国人民的行动指南和思想武器。

3. 我国社会主要矛盾已经转化为人民日益增长的美好生活需要和不平衡不充分的发展之间的矛盾。

4. 人与自然是生命共同体，人类必须尊重自然、顺应自然、保护自然。

5. 坚持以人民为中心。必须坚持人民主体地位，坚持立党为公、执政为民，践行全心全意为人民服务的根本宗旨，把党的群众路线贯彻到治国理政全部活动之中，把人民对美好生活的向往作为奋斗目标，依靠人民创造历史伟业。

6. 农业农村农民问题是关系国计民生的根本性问题，必须始终把解决好“三农”问题作为全党工作重中之重。

思考：尝试分析上面的十九大报告论断中所蕴涵的马克思主义哲学道理是什么？

资料链接

▶马克思其人

马克思，全名卡尔·海因里希·马克思（德语：Karl Heinrich Marx，1818 年 5 月 5 日至 1883 年 3 月 14 日），马克思主义的创始人之一，第一国际的组织者和领导者，被称为全世界无产阶级和劳动人民的伟大导师，无产阶级的精神领袖，国际共产主义运动的先驱。

马克思是德国伟大的思想家、政治家、哲学家、经济学家、革命家和社会学家。主要著作有《资本论》《共产党宣言》等。马克思创立的广为人知的哲学思想为历史唯物主义，其最大的愿望是对于个人的全面而自由的发展。马克思主义是吸收了几千年来人类思想和文化发展中的优秀成果，尤其是在批判地继承、吸收德国古典哲学、英国古典政治经济学和法国、英国的空想社会主义合理成分的基础上，在深刻分析资本主义社会的发展趋势和科学总结工人阶级斗争实践的基础上，创立并发展起来的。它以实践的观点为基础，合理地解决了思维与存在的关系问题，从而实现了唯物论和辩证法的统一以及唯物主义认识论和本体论的统一。

主题 8　尊重规律　理性决策

苏联国家领导人赫鲁晓夫有一个外号——“古古鲁沙”，即俄文“玉米棒子”。这主要源于赫鲁晓夫在20世纪五六十年代在苏联掀起的“玉米运动”。农业问题一直是苏联国民经济发展的薄弱环节。赫鲁晓夫认为玉米的扩种既可以大幅度提高国家的粮食产量，又可以为畜牧业发展提供充足的饲料。因此，在赫鲁晓夫的要求下，苏联的玉米播种面积从1953年的350万公顷，增加到1962年的2 710万公顷。

然而，这些玉米田的收获却不尽如人意，不仅没有解决苏联的粮食和饲料问题，反而让赫鲁晓夫成了笑柄。为什么赫鲁晓夫以及苏联全力推行的“玉米运动”会以失败告终呢？耕耘国家发展的沃土，耕耘自己的学业与事业，我们不仅需要付出耕耘的辛勤，还需要耕耘的智慧，理性决策，“因地制宜”“因时制宜”，尊重规律，才能有丰厚的收获。

活动指南

科学精神是本专题活动所着力体现的核心素养，具体包括理性思维、批判质疑、勇于探究等基本要点。

在本专题的活动中，我们将共同了解苏联经济体制改革的相关史实、影响农业发展的区位因素，以及如何理性质疑政府的决策行为。

我们将共同来到模拟法庭，通过对赫鲁晓夫的审判，思考苏联“玉米运动”失败的原因，培养我们尊重事实和证据、严谨求实的科学态度。通过参与农业主导区位因素知识竞赛，感悟农业的发展要因地制宜，所有事物的发展都有其客观规律，我们要对客观规律与科学原理予以尊重，运用科学的思维认识事物、解决问题、指导行为。在“假如我是决策者”与“模拟听证会”的活动过程中，大胆质疑，培养自己的问题意识，独立思考，积极寻求有效解决问题的方法，培养自己的批判性思维和勇于探究的品质。只有具备科学精神，才能让我们以批判思维去看待事物的发展，依据规律，理性决策。

赫鲁晓夫的“玉米记”

1949年，在乌克兰采用“方形穴播法”，扩种了200万公顷玉米，大获丰收。

1950—1952年，在莫斯科自家菜园进行了两次试验，都取得了成功。

1953年，在莫斯科周边的农庄试种玉米，使该农庄成了“全国最先进和最赢利”的农庄之一。提出在全国推广玉米种植，到1960年达到2 800万顷的目标。

1954年，中央全会上，赫鲁晓夫再次呼吁：“能够开辟富裕道路的不是草田轮作制,而是玉米。……我现在主张,将来也要主张,现在争取,将来也要争取扩大玉米的播种面积。”

1955年中央全会上作了《关于增加畜牧产品的生产》的报告，报告强调：“增加谷物生产的最大潜力就是扩大我国的玉米播种面积。”全会通过了相应的决议,决议指出：“玉米是最高产的作物，应该在我国所有地区广泛推广。”

1959年赫鲁晓夫访美，目睹了北美洲的辽阔大平原一望无际的玉米丰收景象，更加坚定了在苏联大力推广玉米种植的想法。

……

“玉米运动”并未解决苏联的农业问题，反而造成了全国牧草场十年间减少了1/3，干草收获量从1953年的6 400万吨锐减至1962年的4 700万吨，以致造成饲料空前紧张的局面。

1963年，赫鲁晓夫本人也不得不承认“玉米运动”的失败

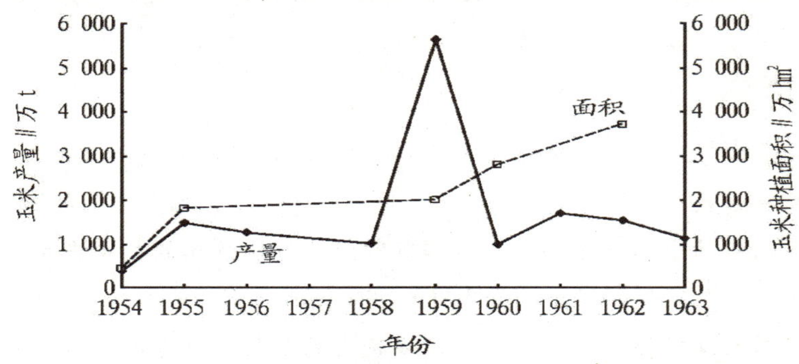

1954—1963年苏联玉米种植面积和玉米产量统计

赵荣 常华进 《苏联农业改革之玉米运动》，《安徽农业科学》（2013，41卷32期）

活动一 模拟法庭

赫鲁晓夫大力推行“玉米运动”，给苏联的农业发展带来不良后果。苏联历史清算委员会想就此对赫鲁晓夫提起诉讼：

如果你是控诉方，你认为赫鲁晓夫犯了哪些错误？应以何种名义对其起诉呢？

如果赫鲁晓夫聘请你为辩护律师，你将如何为赫鲁晓夫辩护呢？

活动指导

●控、辩双方进行相关资料的查阅，既要保证资料充分，又要注重客观与公正。
●控、辩双方可对对方的资料提出质疑，也可以对对方的逻辑思维进行反驳。
●对于对方提出的质疑，不可回避，要逐一予以回应，注意辩论过程中的针对性。

控诉方

赫鲁晓夫无视自然地理条件的限制，盲目推行大规模的“玉米运动”，给苏联的农业发展造成巨大损失，在国际上与美国争夺世界霸权，忽视了保障广大苏联民众的生活水平……所以要为苏联农业发展的困顿负责。

辩护方

赫鲁晓夫执政时期，苏联农业问题严峻；苏联经济的发展难以突破斯大林模式的影响；国际上，两极格局对峙的形式；“玉米运动”的推广是历史与现实、国内与国际等因素共同作用的结果，不该由个人承担法律责任……

对于玉米运动的失败，赫鲁晓夫也曾有为自己展开辩护：

“不幸的是，在我们苏联生活方式下，有时候会发生这样的情况，即人们在执行一个有很高职位的人的建议时过于起劲，以致把一个新开展起来的改进措施搞过了头。在许多地区种植玉米的工作中正是发生了这样的事。当我开始为种植玉米开展宣传运动时，我真诚地相信——并且我仍然相信——这是做得对的。但有些干部想迎合我，他们不首先为农民作好适当的准备，就坚持大面积种植玉米。结果，农民根本不懂得如何正确地种植和收割玉米。最后，人们对玉米可以作为青贮作物产生了怀疑，而我作为第一个推广种植玉米的倡议人的声誉也受到了损害。”

——王斯德《新编苏联史》（1917—1985），上海人民出版社 1990 年版

资料链接

▶斯大林模式

斯大林模式是苏联工业化和经济发展过程中所采用的、并且延续约 70 余年的一种经济体制。斯大林模式是一种高度集中的政治、经济体制。即通过国家权力，全面干预和管理国民经济各部门，通过指令性计划集中进行资源配置，进行社会生产活动。具体表现为经济运行排斥市场和价值规律；政府通过计划确定全社会的产、供、销和企业的人、财、物等。斯大林模式使苏联在 20 世纪 30 年代迅速实现国家工业化，改变落后的面貌。但体制弊端在 50 年代不断暴露。赫鲁晓夫、勃列日涅夫、戈尔巴乔夫等领导人都曾经尝试改革，但都未能摆脱体制束缚。

▶农业集体化运动

农业集体化运动是指苏联把小农经济联合为集体农庄的过程。1929 年底，苏维埃政权从限制富农的政策改行消灭富农阶级的政策，农业集体化步伐进一步加快。1930 年初，集体农庄运动发展成为全盘集体化。到 1934 年，全国约有 3/4 的农户加入了集体农庄，集体农庄的耕地占全部耕地面积的 90%。农业集体化在全国范围内基本完成。计划管理、集体劳动和经营的集体农庄制度成为苏联农业的基本制度。

发展农业生产要因地制宜

活动二 推断玉米的生长习性

赫鲁晓夫在乌克兰种植玉米获得成功，参观丰收的美国玉米带更坚定了他推广玉米种植的想法，而在俄罗斯大面积种植时却以失败告终。这是为什么呢？

阅读图文资料，并结合下面给出的三个区域的自然环境特点，分析解答相关问题。

你知道吗？

吉林玉米带位于北纬40°~42°、东经125°~128°之间，与同纬度的美国玉米带、乌克兰玉米带并称为世界三大黄金玉米带。黄金玉米带，即最适合玉米生长的黄金地带。

乌克兰

乌克兰大部分地区属东欧平原，黑土广布，主要为温带大陆性气候，1月平均气温-7.4℃,7月平均气温19.6℃。年降水量东南部为300毫米，西北部为600~700毫米，多集中在6、7月份。

美国

美国的玉米带，位于北美五大湖以南的平原地区，这里地势平坦、土壤肥沃，无霜期长，长达160~200天，年降水量达500~600毫米。春夏气温高。

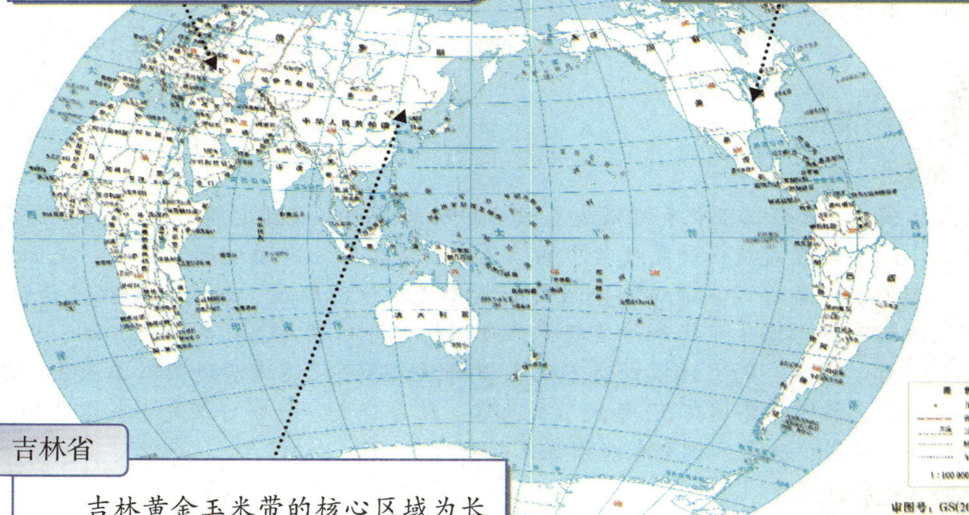

吉林省

吉林黄金玉米带的核心区域为长春平原，这里年平均降水量400~800毫米；冬季均温在-11℃以下，夏季均温在23℃以上，全年无霜期为100~160天；肥沃的黑土广布。

- 你能说出适合玉米生长的世界三大黄金玉米带自然条件的共同优势吗？
- 根据三大黄金玉米带的分布位置和自然条件，你能推断出玉米的生长习性吗？
- 你能说出赫鲁晓夫在苏联大面积推广种植玉米失败的自然地理原因吗？

活动三　农业主导区位因素知识抢答赛

作为社会经济活动的农业生产既与自然条件密切相关，又要受到生产力水平和社会经济规律的制约。所以影响农业生产的区位因素很多，但对于具体的某种农业生产来说，往往一个或几个因素是最重要的，称为主导因素。

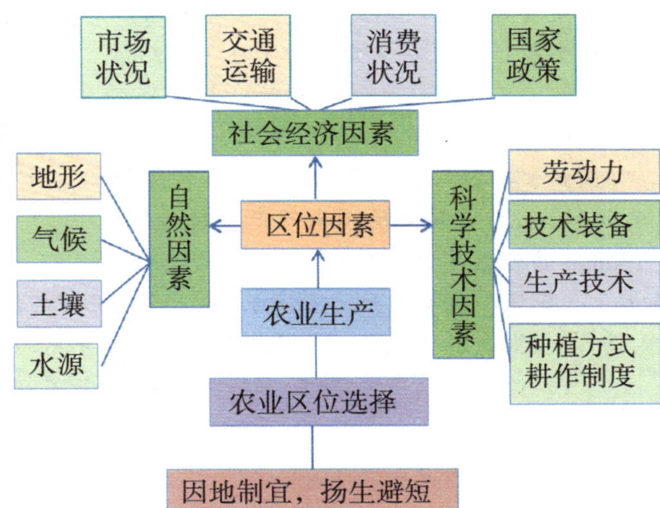

上图为影响农业区位因素示意图，请同学们根据此图，快速抢答：下面三组题中农业生产活动主要受哪种主导区位因素影响，并说出原因。

- 题组一：影响下列农业生产活动的主要自然因素是什么？请抢答！

①古巴大规模种植甘蔗。　②吐鲁番盆地生长长绒棉和葡萄。
③天山地区的冬夏牧场。　④横断山区种植的农作物品种随海拔高度而变化。
⑤我国的“明前龙井”茶在日本精心栽培，却始终种不好。

- 题组二：影响下列农业生产活动的主要技术因素是什么？请抢答！

①杂交水稻使水稻单产大幅度提高。②美国一个大型农场只需要少量农业工人。
③以色列干旱地区农业生产生机勃勃。
④我国高产“海水稻”试种成功，盐碱地将成米粮仓。

● 题组三：影响下列农业生产现象的主要社会经济因素是什么？请抢答！

①产自阿根廷的牛肉，出现在欧洲人的餐桌上。

②产自荷兰的鲜花，装扮着日本人的高级酒店。

③上海郊区的乳牛场，饲养着来自丹麦的奶牛。

④产自我国华南的热带水果，大规模进入北方市场。

⑤1996 年，我国北方苹果大量滞销，导致苹果销售价格大幅度下跌。

资料链接

▶玉米的生长习性

玉米是喜温作物，全生育期要求较高的温度。世界玉米产区多数集中在 7 月份等温线为 21~27℃，无霜期为 120~180 天的范围内。玉米是短日照植物，在短日照（8~10 小时）条件下可以开花结实。

玉米的植株高，叶面积大，因此需水量也较多。玉米生长期间最适降水量为 410~640mm，干旱影响玉米的产量和品质。一般认为夏季低于 150mm 的地区不适于种植玉米，而降水过多，影响光照，增加病害、倒伏和杂草危害，也影响玉米产量和品质的提高。

玉米对土壤要求不十分严格。土质疏松，土质深厚，有机质丰富的土壤，更有利于玉米的生长。

▶农业生产的特点

● 地域性——要求我们进行农业生产时要“因地制宜”。

这是因为：

（1）农业生产的对象——动、植物的生长发育需要不同的光、热、水、土及地形等自然条件；

（2）世界各地的自然条件、经济技术条件和国家政策差别很大。

［举例］我国粮食作物的种植南方以水稻为主，北方以小麦为主；

我国糖料作物南方种植甘蔗，北方种植甜菜；

我国“橘生淮南为橘、橘生淮北为枳”。

● 季节性和周期性——要求我们进行农业生产时要“不违农时”。

这是因为：

（1）动、植物的生长、发育具有一定的规律；

（2）影响动植物生长、发育的自然因素随季节而变化，并有一定的周期。

［举例］我国农谚“白露早、寒露迟，秋分种麦正当时”；

“人误地一时,地误人一年”；

“头伏萝卜二伏菜（白菜），三伏里面种辣菜（雪里蕻）”。

理性质疑政府决策

作为决策机关，应该做到审慎行使权力，科学决策、民主决策、依法决策。然而，现实生活中，政府决策失误的案例时有发生：修建的城市标志性建筑短短几年就要重建，投资几亿元的客运站成了摆设，强行推广某种农作物种植而导致农民损失惨重……由此造成了资源和资金的极大浪费，严重影响了经济的可持续发展。

活动四　角色转换：假如我是决策者

案　例

某市在1996年至2006年的10年间，耗资1.4亿元，先后建了3个长途汽车站。而今，2个基本闲置，另一个利用率不到50%。究竟原因何在？

1996年开建，1998年竣工的老客运站，占地面积8 000平方米，分裙楼和12层高楼两部分，裙楼候车、售票，高楼集餐饮、住宿、娱乐服务为一体，日客运容量可达4万人次，而该市日均客流量只有2万人次。

2003年，投资500万元的第二个长途客运站又开始建设了，而且是在各种报批手续不全、没有公开招投标的情况下，“先上车，后买票”。该客运站使用不到一年的时间就关闭了。

2004年又开始了新的客运总站的建设，占地69 000平方米，总投资超过8 000万元。令人哭笑不得的是，新建的客运总站竟然离当地市区很远，离火车站5公里。

假如我是决策者，思考并回答

问题一：作为决策者，在修建长途汽车站时，应该听取哪些方面的意见？做哪些前期工作？

问题二：在长途汽车站的修建、选址等方面应注意哪些问题？

问题三：结合所学政治生活与哲学的相关知识，分析该市政府决策失误的原因何在？

问题四：结合以上案例说明政府决策失误可能带来哪些危害？

活动五 模拟听证会：政府如何科学、民主、依法决策

某市新建地铁，关于地铁如何定价，现召开听证会，模拟听证会现场。

听证会主持人、当地价格主管部门发言：

◇地铁票价事关广大群众的切身利益，根据价格法的有关规定，我们举行听证会，对地铁公司提出的价格方案进行听证。

听证会申请人、地铁公司代表介绍定价方案：

◇考虑当地居民收入、预计地铁需求、修建地铁成本等多方面因素，拟定地铁票价为：1—10（包括10）站，2元/张；11—16（包括16）站，3元/张；17站以上，4元/张。

消费者代表对方案的合理性、可行性和公平性提出了质询：

◇地铁作为公共交通，应该考虑到社会不同团体的利益，地铁票价不能“一刀切”，应该对老人、儿童、学生等给予适当优惠。此外，应实行错峰票价，即早、晚高峰期适当提高票价，非高峰期适当降低票价。

专家学者代表也发表了自己的意见：

◇地铁应实行差别化定价，充分发挥价格对需求的引导作用。

人大代表的意见：

◇地铁作为公共交通，应该考虑最广大人民的利益诉求。尤其是对残疾人、低保户等困难群众，给予优惠甚至免票。

◎参加听证会的人主要来自哪几个方面？
◎你认为来自各方面意见的差异主要是什么？共同点是什么？
◎假如你是决策者，应如何指导地铁公司修改完善定价方案？
◎你认为地铁票价还需要考虑哪些因素？
◎综合以上各方面意见，试着拟定一份《某市地铁定价方案》。

资料链接

▶科学决策、民主决策、依法决策

在科学决策方面，不断完善决策信息和智力支持系统，提高决策的科学性；

在民主决策方面，增强决策透明度和公众参与度，使决策能够更好地反映民意、集中民智；

在依法决策方面，坚持决策内容符合法律的规定和要求，决策过程符合法定程序。

核心素养三　努力学会学习

地理“图”攻略

地图是地理学的第二语言，地图中蕴藏和浓缩了大量地理信息，是传递地理信息的载体，其应用具有广泛性和不可替代性。从地理学的发展史来看，是先有地图后有系统的理论知识。因此，若要学好地理，首先要学会从地图中获取和解读有用信息，提高读图、析图、解图和作图等能力。

如果你想知道这些、掌握这些、探究应用这些，就让我们一起进入本专题共同学习吧！

活动指南

学会学习是本专题所要着力体现的核心素养。乐学善学、勤于反思、信息意识是其重要内涵。

本专题从读图与作图的方法入手，着力培养我们的读图能力和用图能力。通过对坐标图、结构图和等值线图的案例分析、方法指导与应用，一方面培养我们全面立体、多角度看待地理问题的能力，让我们学会运用地理的语言分析和解决问题的方法；另一方面有助于我们勤于反思，不断地总结读图解图策略，更好地指导我们的实践。动手绘制地形剖面图和用计算机制图有利于我们在更好地掌握等值线知识的同时，提高现代信息技术的应用能力、计算机办公软件的操作水平，强化信息素养。

不同的地理图表有着不同的判别方法，我们要因图制宜，注重规律和方法的探寻与总结，从而达到学会学习的目的！加油吧！

读图能力提升

读图是获取和解读地理信息的第一步，是调动和运用地理知识来解决问题的前提，因此认真读图是正确解决地理问题的开端，一定要准确、耐心和谨慎。

坐标图的种类很多，如曲线图、柱状图、折线图、散点统计图等。判读有其共性：

1. 坐标图上的点、线（曲线、折线）、柱等既表示地理事物的数量，又反映地理事物的变化趋势。在解题时既需要定量认识，又需要定性分析。

2. 解读坐标图时，如与相关地理图像对照使用，可以更深刻地揭示地理事物的形成原因，更深刻地认识图像所蕴含的地理规律。

3. 地理要素是相互联系、相互渗透、相互影响的，要重视对图像内容的综合分析。

案例 1：阅读图文资料，评价图示地区发展葡萄种植的气候条件。

材料 1：

葡萄生长时所需最低气温约 12℃~15℃，最低地温约为 10℃~13℃，花期最适温度为 20℃左右，果实膨大期最适温度为 20℃~30℃，如日夜温差大，着色及糖度较好。

葡萄对水分要求较高，在生长初期或营养生长期时需水量较多，生长后期或结果期，根部较为衰弱需水较少。葡萄忌雨水及露水，雨多年份易造成日照不足。

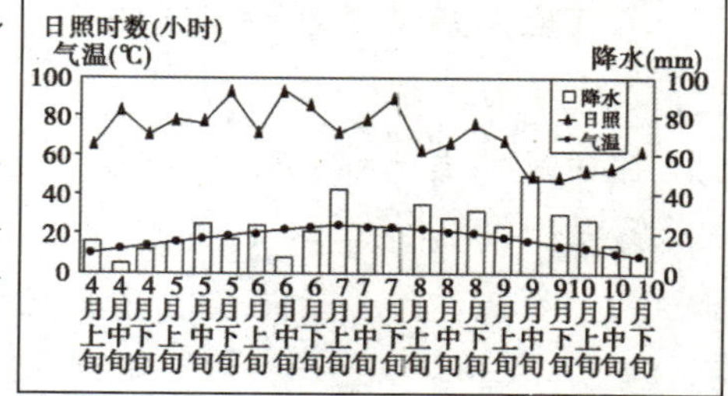

材料 2：右图为渭北红地球葡萄产区气候资料

◆方法引导：

（1）读图名，总体感知。（2）读图例，对比差异。（3）读坐标，明确方向（看清横、纵坐标所示要素和图注内容；读出各要素在横纵坐标中的数值；关注极值）。（4）读数据，重视变化（注意图中地理事物多少，根据数值的强弱、增减变化情况进行分析）。（5）读整体特征或变化趋势（对信息进行初步加工，区分出发展的不同阶段、增减趋势和程度，总结变化规律）。

◆方法应用：

（1）读图名。图名是渭北地区红地球葡萄产区气候资料图，题干问题是评价气候条件，问题与图示内容刚好吻合。

（2）读图例和读坐标。横坐标表示 4—10 月的时间分布，纵坐标表示该时段气温、日照、降水数值及变化。

（3）读数据。该区 4—10 月平均降水量约为 60mm，4 月中旬最少，约为 5mm，9 月中旬最多，约为 50mm；气温约 8 ~ 23℃，7 月上旬最高，约 23℃，10 月下旬最低，约 8℃；每天日照时间约 5 ~ 9 小时，5 月中旬、6 月下旬最长，约 9 小时，9 月中下旬最短，约 5 小时。

（4）读整体特征或变化趋势。该地区的气温夏季高、春秋季温和，光照充足，比较湿润。

（5）整合信息。结合材料 1 葡萄生长习性，评价该地区发展葡萄种植的气候条件。

◇**平面正三角形坐标图的判读**

案例 2：阅读①地区产业结构示意图，A、B、C 分别代表第一产业、第二产业和第三产业，描述①地区的产业结构特点。

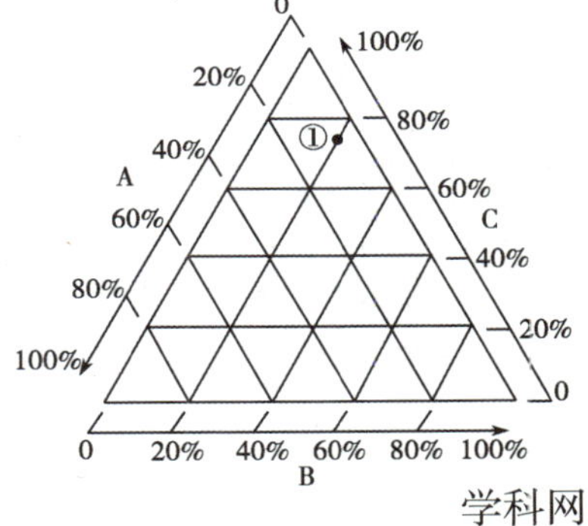

学科网

◆活动提示：

(1) 图中数据为相对数据，即“比重”或“比例”，而非绝对数据。

(2) 此类图的构成要素只有三个，各构成要素所占比重的总和必然是 100%。

(3) 三个要素在数轴上比例由低到高的延伸方向一致（如逆时针）。

◆**方法指导与应用**

(1) 变三轴为两轴：A 轴起点 O 与 C 轴相交，则 A 轴与 C 轴构成一个两轴坐标系，过①点作 C 轴的平行线，其与 A 轴的交点就是该点在 A 轴的数值 5%，同理可以读出①点在 B 轴上的值为 20%，在 C 轴上的值为 75%。

(2) 依据三者比重的总和必然是 100%，该地区一、二、三产业结构的比例为：5 : 20 : 75。

(3) 依据各产业所占比重，描述该地区产业结构特点。

结构图

结构统计图是某些地理事物局部与整体比例关系的一种形象直观的地理图像，常采用几何图的比例分割方法制作而成。

类型	扇形结构图	饼状结构图	柱状结构图
例图	华东 3.6%　东北 2.0%　中南 15.5%　华北 1.2%　西北 9.9%　西南 67.8% **中国可开发的水能资源分布构成图**	服装 12%　食品 14%　其他 12%　纺织 62%　300 亿元 **某市工业结构图**	%　60　50　40　30　20　10　0　1980　1985　1990　1995　2000　2002（年）　第一产业　第二产业　第三产业 **珠江三角洲产业构成变化状况**
构图特点	扇形图以几何图形——圆形的面积大小表示地理数据资料的比重，一般用百分比表示。	饼状图和扇形图的构图和阅读方法一样。	坐标图上的柱既表示了地理事物的数量，又反映了地理事物的发展变化趋势。柱状图侧重表示地理事物的绝对数量。

案例 3：满洲里是中俄最大的贸易口岸，读满洲里口岸贸易产品构成图，比较该口岸进出口贸易产品构成的差异，并从产业结构、资源状况等方面分析形成差异的原因。

方法引导：

（1）看清图例和文字说明。（2）读出各要素的比例及比例大小关系，归纳总结地理事物的结构特征。（3）对地理事物的结构特征进行对比分析。纵向上认识其发展变化；横向上对比不同地理事物结构特征的差异或联系。（4）对地理事物结构特征进行综合分析，揭示问题，做出评价，提出解决问题的建议和对策。

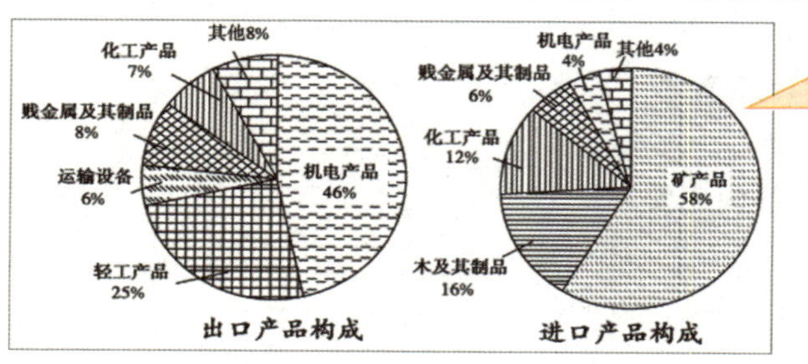

参考答案：进口产品以矿产品、木及其制品、化工产品为主；出口产品以机电产品及轻工产品为主。俄罗斯资源种类多、总量大;以重工业为主，轻工业薄弱。

学科网

等值线类型多样，常见有等高线、等深线、等温线、等降水量线、等压线等，几乎所有可以量化的地理事物都能绘成等值线图来表现。

等值线的共性特征：（1）同线等值，故等值线不相交，但等高线在陡崖处重叠。（2）等值距全图一致。（3）局部小范围内的等值线闭合，表示其可能是高值点或低值点。从理论上讲，所有等值线都是闭合的，实际上等值线不闭合是由于图幅所限。（4）等值线越密集，表示变化越大；等值线越稀疏，表示变化越小。（5）等值线凸出或凹进处，表示比周边值高或低，凸高为低，凸低为高（等值线向高值凸出处为低值区，向低值凸出处为高值区）。

案例 4：据图回答问题：

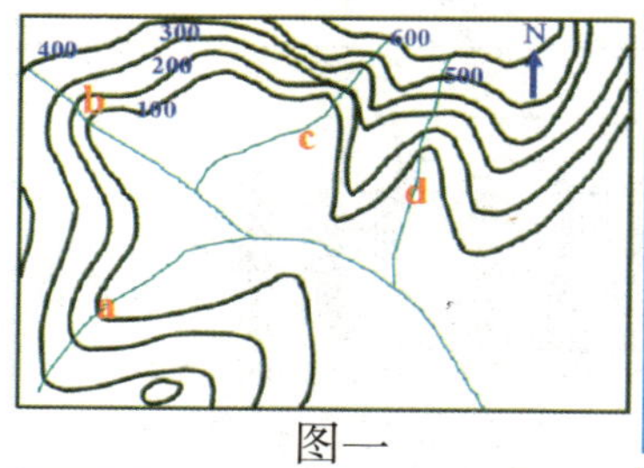

图一

问题 1：

观察图一，图中四条河流中流速最慢的是哪条？河流中分布有瀑布的是哪条？a 和 c 之间是什么地形区，判断理由是什么？

问题 2：

阅读图二，当地政府准备在此修一座水库，你认为坝址应选在哪里？

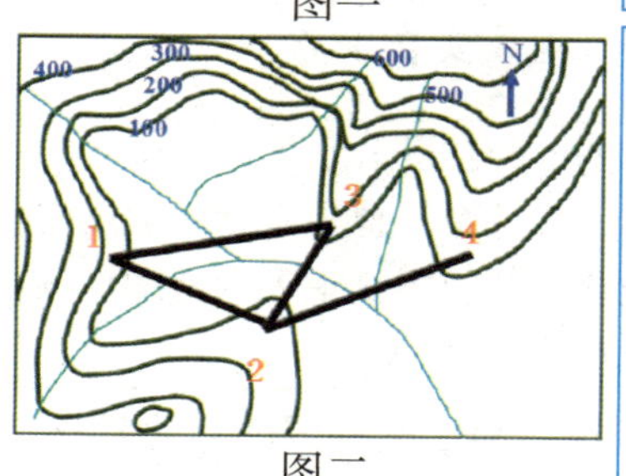

图二

活动解析：

问题 1：a 处等高线最稀疏，说明坡度最缓；c 处有陡崖分布；盆地；等高线的数值四周高、中间低。

问题 2：2—3。水库坝址应建在等高线密集的河流峡谷处，因该处筑坝工程量小且落差大；库区宜选在河谷、山谷地区或“口袋形”的洼地或小盆地,以保证有较大的集水面积和库容。

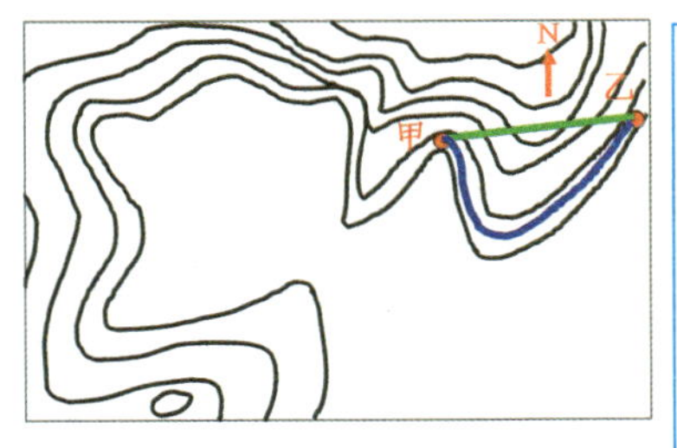

图三

问题3：阅读图三，计划修建一条甲村到乙村的公路，应选择蓝色方案还是绿色方案？为什么？
解析：蓝色方案。公路、铁路一般要求坡度平缓、尽量在等高线之间穿行的线路较短，尽量少占农田，少建桥梁，避开陡崖、陡坡等，通往山顶的公路,往往需建盘山路等。

活动四　风频玫瑰图

风玫瑰图是以“玫瑰花”的形式表示各方向上气流状况重复率的统计图形，所用的资料可以是一个月内的或一年内的，但通常采用一个地区多年统计资料的平均值，其类型一般有风向玫瑰图和风速玫瑰图。风向玫瑰图又称风频图，是将风向分为8个或16个方位，在各方向线上按各方向风的出现频率，截取相应的长度，将相邻方向线上的截点用直线连接起来的闭合折线图形。判读玫瑰图时应明确坐标中心点频率为0，离中心处越远频率越高。

判读步骤（如右图）：
①图中多边形表示频率，频率高低与面积的大小成正比关系；
②呈辐射状分布的线段表示方向；
③根据风玫瑰图形的轮廓线与方向线的交点，就可读出不同风向出现的频率，通过比较就可确定最大风频风向和最小风频风向。

案例5：据图回答问题：

右图中污染大气的工业应该布局在该城区的什么方位？理由是什么？

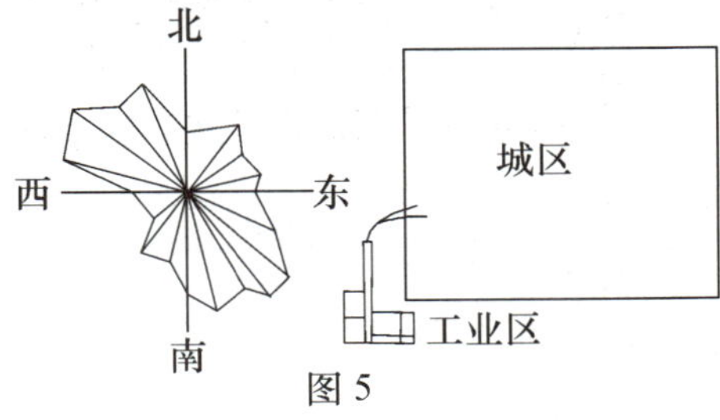

图5

资料链接

▶闭合等值线如何判断数值的大小？

（1）据右图中已标注出数值的等值线进行分析，分析时注意：①等值线上数值大小的排列顺序反映了该地理现象的变化规律（递增或递减）；②相邻两条等值线差值的大小。

（2）如果两条数值不同的等值线中间有闭合的等值线，则要遵循“大于大的、小于小的”规律确定其范围。如图中有两条等值线，数值a大于b，则M地的值大于a，N地的值小于b。

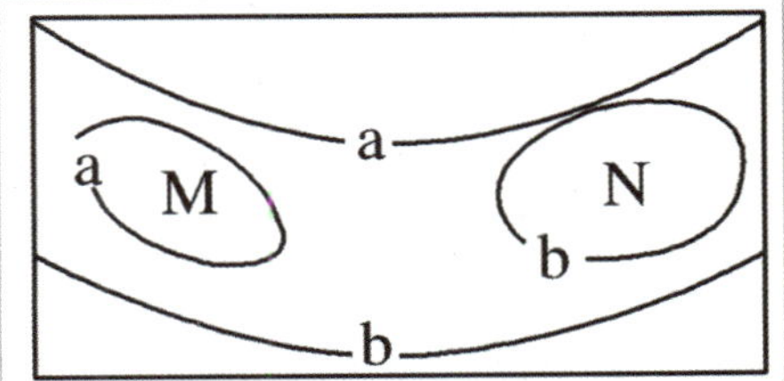

学会作图

在这个信息时代，我们要有信息意识，能够熟练使用计算机，从而充分地获取信息和提高自身能力。同时我们不能过于依赖计算机，还要勤于动手，让这两种能力共同提高。

活动五 制作一幅地形剖面图

绘制步骤：

1. 确定剖面线，如右图。
2. 确定比例尺，建立剖面图坐标系，并在剖面图的下方，标出水平比例尺和垂直比例尺，如右图。
3. 从等高线图上的剖面线与每条等高线相交的各点，分别向下引垂线，将各点转绘到相应的高度位置上，如右图。
4. 将这些点连成平滑的曲线，如右图。
5. 换一个角度，重新确定剖面线，在草纸上再画一幅剖面图，看看有何不同。

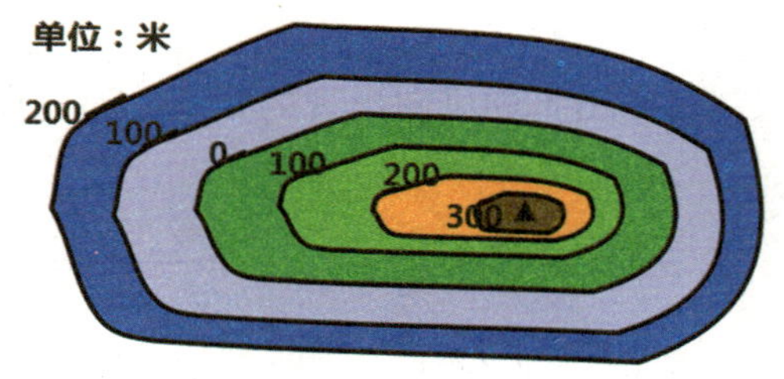

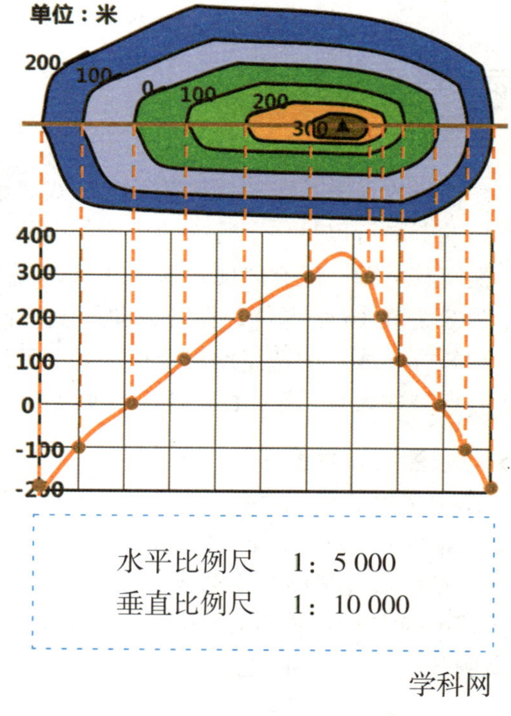

学科网

活动六 制作一幅饼状图

假如你是班级的计算机达人，现在地理老师希望你能用一幅图直观地展示出同学们在本次周测的分数分布情况，你可以尝试用计算机制作一幅饼状图，既直观又好看！

准备工具：一台计算机、WPS 文字软件、WPS 表格软件

制作方法

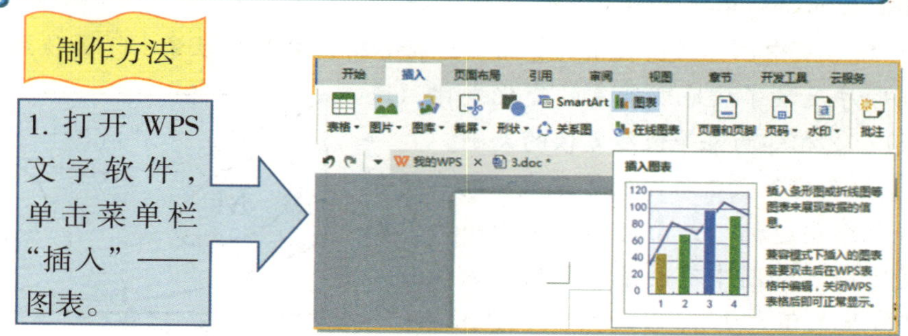

1. 打开 WPS 文字软件，单击菜单栏“插入”——图表。

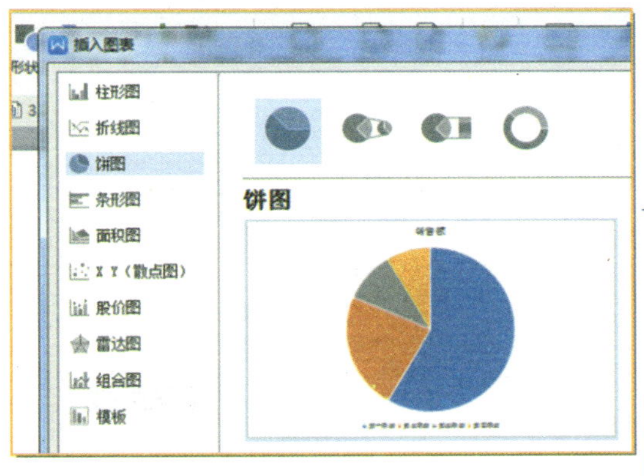

2. 选择饼图，点击确定。

3. 单击题目，更改为某某中学高一·六班地理周测成绩。

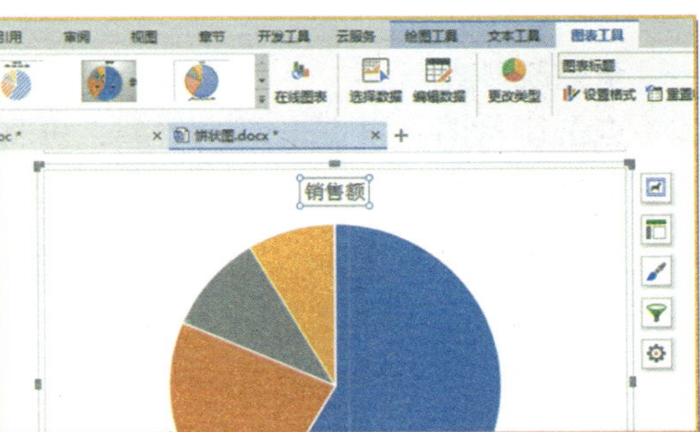

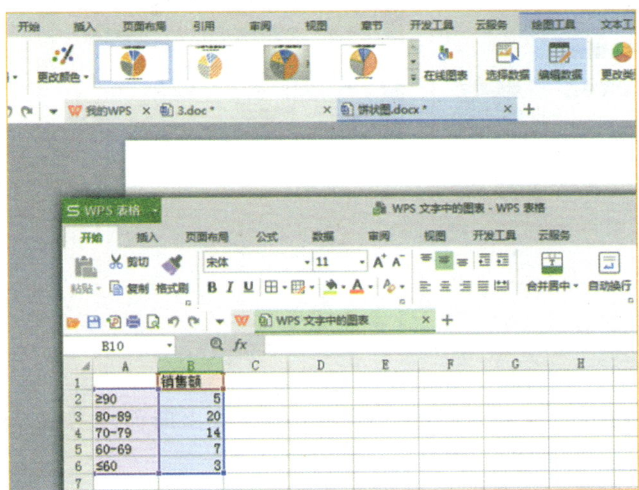

4. 点击编辑数据，更改和添加自己需要展示的数据和项目名称。

5. 生成自己定义的饼状图。可以插入 PPT 展示，也可以打印。

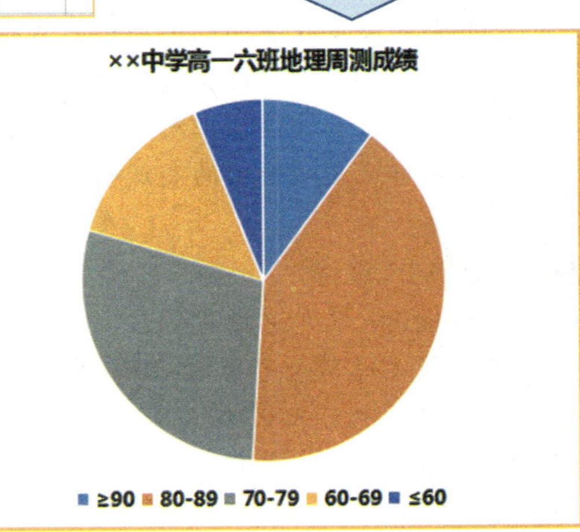

活动提示：

1. 为拓展思路，可以借鉴网上的一些成品图。
2. 注意上网安全，保护好个人信息，不浏览不合法、不健康的网页。

活动拓展

◇加工完善饼状图

◆更改颜色

点击饼状图，依据右侧工具栏，可以依据个人要求与喜好调整颜色与效果等。

◆更改形式

点击饼状图，再点击更改类型，可将已经定义好的饼状图改成其他类型图，如柱形图、折线图等。

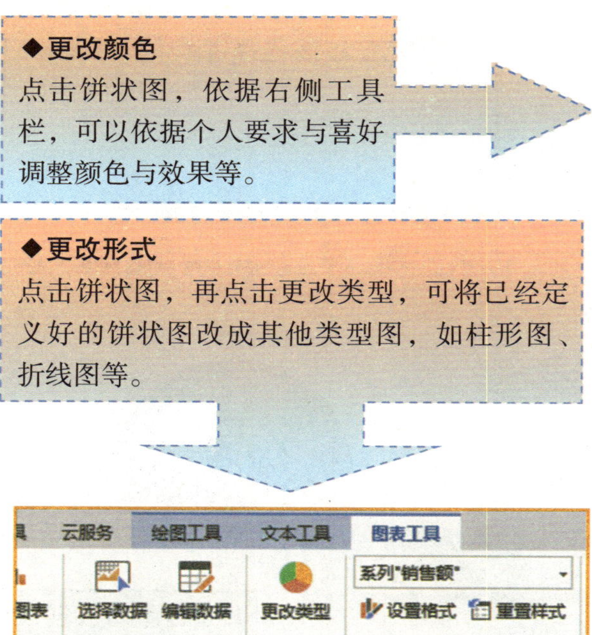

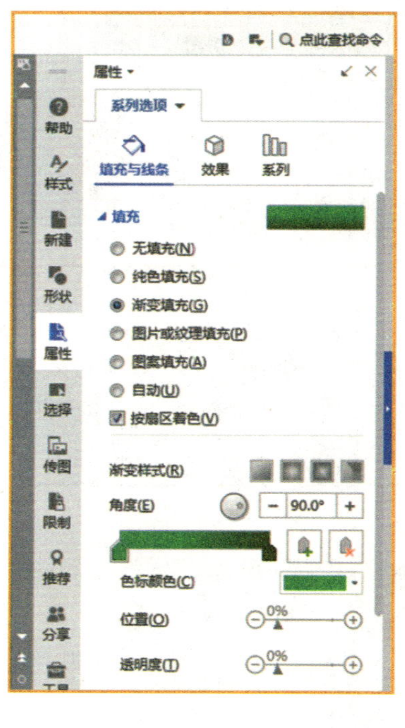

资料链接

►为何要制作地形剖面图?

地形剖面图指沿地表某直线方向上的垂直剖面图，以显示剖面线上断面地势起伏状况。

地形剖面图是在等高线地形图的基础上绘制的。它在平整土地，修筑渠道，建筑铁路、公路和其他工程时，可作为计算土石方量的依据。地形图上的等高线虽然可以表示地面的高低和坡度，但对缺乏读图经验的人来说，却不容易建立起地面起伏的立体感。为更好地表示地面的高低起伏和倾斜缓急，可以利用等高线地形图绘制地形剖面图。

►什么是 WPS 软件?

WPS Office 软件包括“WPS 文字”“WPS 表格”“WPS 演示”以及“轻办公”四大组件。能无障碍兼容微软 Office 格式的文档，不仅可以直接打开、保存微软 Office 格式的文档，也可正常编辑 WPS 保存的文档。除了在文档格式上兼容，WPS 在使用习惯、界面功能上都与微软 Office 深度兼容，降低了用户的学习成本，完全可以满足个人用户日常办公需求。

主题10　学史方法——史料实证

真实的历史比小说更加精彩，历史学则比我们所能够感受到的社会还要复杂。它是记录和解释人类从古到今一系列活动进程中的历史事件、历史人物、历史现象的一门学科，是人类精神文明的重要成果，是一切人文社会科学的基础。它所要解决的问题不仅包括人类追问自己“我是谁？我从哪里来？我要到哪里去？”的问题，而且要通过对史料的考证、叙述和分析，不断地发现、理解、解释、评判真实的过去，探讨发展规律，为当今和未来提供借鉴。

可见，历史学首先是一门基于史料分析的“实证”学问。“史料实证”作为历史学重要的核心素养，它对学史者的要求是不仅要掌握多种史料分析和处理的方法，更要培养一种“尊重历史，追求真实”的精神。

同学们，请跟随我们的脚步，一起穿越历史时空，展开史料实证的探索之旅！

活动指南

学会学习是本专题活动所着力体现的核心素养。在本专题的活动中，一方面我们要通过认识史料，发现文学作品中的“历史”与“虚构”和考古探秘、历史漫画解读等活动，了解什么是史料，掌握史料搜集的途径和方法，培养判断史料真伪和价值的辩证思维方式，增强实证意识。另一方面，通过本专题活动培养学生从史料中提取有效信息、多角度解读史料、认识和解决历史问题的能力，培养学生独立思考、批判质疑的精神。

史料含义

历史是过去发生的事情，人们无法对它亲身体验，我们能够了解历史的唯一途径就是史料。史料是“过去人类思想行事所留之痕迹，有证据传留至今日者也”，也就是指那些人类社会历史在发展过程中所遗留下来的，能够帮助我们认识、解释和重构历史过程的各种材料。它是研究和认识历史的基本依据，是历史学存在和展现价值的基石，任何历史结论的获得必然要基于史料的分析和演绎。

活动一

认识史料

孟子，名轲，邹人，是孔子的孙子子思的再传弟子。他认为人生来就有仁、义、礼、智四端，即对他人苦难的同情，对不义之事的羞辱，辞让的心情及辨别是非的能力。他把孔子的“仁”发展为“仁政”，特别强调“民为贵，社稷次之，君为轻”，即主张民贵君轻；又说“君仁莫不仁，君义莫不义，君正莫不正”，认为社会上一切不仁不义不正行为的根源在于君主。这种带有民主色彩的见解，为后世儒家所不及，也为我们留下了珍贵的思想遗产。

思考题

1. 这段对于孟子介绍的文字史料中哪些属于原始史料？哪些属于史料解释？哪些又属于历史评价？

2. 如果请你来评价孟子，你会怎样做呢？

温馨提示

1. 阅读《孟子》。
2. 查找史书上关于孟子的记载，可查阅《史记》《战国策》《资治通鉴》等。
3. 参考一些学者关于孟子的著述或论文。

史料鉴别

历史的不可复现性给历史研究带来了局限。历史研究所能依据的就是史料，但由于种种主观和客观原因，“任何一种史料，都不是完全可信，里面可能有错误，可能有虚伪，可能有私人的爱憎，可能有地方及民族的成见，不经精密的考证，后患实无尽无穷”，这就需要研究者进行必要的史料鉴别。“史料以求真为尚，真之反而有二：一曰误，二曰伪。正误辨伪，是谓鉴别”。

活动二

了解文学作品中的“历史”与“虚构”

据《史记》记载，秦始皇末年，“以为成阳人多，先王之宫廷小……乃营作朝宫渭南上林苑中。先作前殿阿房，东西五百步，南北五十丈，上可以坐万人，下可以建五丈旗。周驰为阁道，自殿下直抵南山……阿房宫未成；成，欲更择令名名之。作宫阿房，故天下谓之阿房宫。”项羽进入成阳后“烧秦宫室，火三月不灭”。中晚唐诗人杜牧因唐敬宗“大起宫室，广声色”，撰《阿房宫赋》加以讽喻。赋中说：“蜀山兀，阿房出。覆压三百余里，隔离天日……一日之内，一宫之间，而气候不齐……戍卒叫，函谷举，楚人一炬，可怜焦土！”因此赋流传，秦修建阿房宫而速亡，成为人们关于秦朝的一种历史记忆。

当代考古学者试图寻找阿房宫建筑群的遗迹，只在相当于《史记》所记阿房宫前殿的位置，发现了夯筑过的地基和东西北三侧的围墙，却根本找不到红烧土、木炭等表明此处曾被大火焚烧的痕迹。他们中有人因此认为，阿房宫不过是“一座想象中的空中楼阁”。

思考题

1. 你能说出阿房宫被考古学者认为“是一座想象中的空中楼阁”的原因吗？

2. 根据考古和历史研究，可以证明杜牧的《阿房宫赋》关于阿房宫的记录是虚假的，杜牧的《阿房宫赋》是否具有史料价值？

活动拓展

除了杜牧的《阿房宫赋》，你还学过哪些反映历史问题的文学作品？这些文学作品是否存在虚构成分？你的理由是什么？这些“虚构的成分”又有哪些史料价值呢？

1. 查阅关于该事件的原始资料。
2. 查阅关于作者的相关资料，了解作者写作的背景，作者的观点、立场、境遇等。

活动三

考古探秘

同学们，你们喜欢考古吗？你们知道怎么判断历史遗迹的年代和真实性吗？下面就让我们一起走进两座古代墓穴，去探秘他们的主人……

河南安阳西高穴曹操墓和江西南昌刘贺墓都是近年来的重大考古发现。目前学术界基本上一致认为海昏侯墓的墓主就是刘贺，但在西高穴墓的墓主是否为曹操这一问题上还存在争议。

海昏侯墓考古发掘现场

	西高穴曹操（155—220年）墓	海昏侯刘贺（前92—前59年）墓
墓葬位置	只符合部分文献记载（注：文献中关于曹操墓位置有多种记载）	与文献记载一致
形制和结构	与当时王侯级墓类似	符合汉代列侯墓的规制
出土器物	具有汉代特征	具有典型的汉代风格
出土器物上的文字	“魏武王”（注：包括曹操在内，这一历史时期曾有三位“魏武王”）	“刘贺”“海昏侯臣贺”

思考题

1. 通过上面的表格资料，你知道为什么西高穴墓主身份存在争议了吗？
2. 你知道如何确定一个古代墓葬的主人吗？
3. 如果你是一位考古学家，要确定西高穴墓主的身份，还需要哪些证据来证明？你将如何获得这些证据呢？

资料链接

▶海昏侯墓

据《汉书》载，刘贺是汉武帝之孙，昌邑哀王之子，幼年继承王位。公元前74年，汉昭帝逝世，无子，霍光立刘贺为皇帝。然而不久，霍光与群臣联名上奏刘贺入朝后的劣迹，如：居丧时无悲哀之心，不素食，掠取女子，废礼仪；即皇帝位后，未祭祀宗庙就以最隆重祭礼祭祀其父……要求废黜刘贺。皇太后准奏。前63年，刘贺受封为海昏侯。

2011年，我国考古界在江西省南昌市新建区大塘坪乡观西村附近的墎墩山上发现并开始发掘距今两千七百多年，且未遭盗掘、保存完好的海昏侯刘贺墓。陆续发掘出土以金饼、金板、马蹄金、玉器、青铜器等为代表的珍贵陪葬品两万多件，涉及西汉政治、经济、美术、文学、乐舞、工艺等诸多领域。特别是发现了绘有孔子画像的矩形铜镜、刘贺生前阅读过的《礼记》《论语》《诗经》《孝经》等儒学经典的简书，以及刘贺写给汉宣帝的奏疏等珍贵文物。据此，一些研究者认为刘贺应该是一位循规蹈矩的正人君子，且情趣高雅，爱好音乐、喜欢收藏等，从而得出若干新的判断，对《汉书》记载的刘贺形象产生怀疑。《汉书》所载种种“不端”和“罪状”的表象之下，最大可能是刘贺即位后不甘沦为傀儡，急欲收权亲政，又过高估计了自己的实力，因而引来霍光的猜忌，以其不堪重任的种种“罪行”为托词，发动“宫廷政变”而废黜，使之“在羽翼未丰的情态下，成为西汉宫廷权力争斗的牺牲品”。

海昏侯墓铜编钟架

史料解读

史料是我们学习历史形成历史认识的依据，历史学家借助史料和逻辑方法，按图索骥，层层推演，再现历史的真相。史料解读是“史料实证”素养所蕴含的关键能力。

活动四

对于同一事件，站在不同的立场上的作者可能会有不同的描述。让我们对比两幅漫画的异同，来了解北美爱国者与英国人对于“波士顿惨案”不同的认识。

爱国者眼中的“波士顿惨案”

英国人眼中的“波士顿惨案”

——何成刚，沈为慧，陈伟壁.国外历史教学案例译介[M].北京：北京师范大学出版社，2013.

温馨提示

◇ 活动目的：培养漫画解读、史料互证的能力；深化对“波士顿惨案”的认识。

◇ 步骤一：复习“波士顿惨案”的相关知识，了解事件发生背景及其产生影响。

步骤二：班级同学分为四人一小组，讨论两幅漫画的相同点与不同点。

步骤三：小组汇报讨论成果，看一看哪个小组找到的异同点最为全面。

◇ 活动提示：

事件发生的地点是波士顿国王街海关大楼前；
事件的相关人物是北美民众与英军士兵；
事件的基本结果是，民众出现死伤。

士兵是在什么情况下开枪的？前者认为，英军士兵是在军官的指挥下，有组织地向民众开枪射击；后者认为，当民众把军官打倒在地，并准备继续加害时，士兵们被迫自卫还击。

民众为什么聚集海关大楼前？前者认为，这是正常的请愿，他们赤手空拳；后者认为，这是武装暴动，他们手中拿着凶器。

如何看待这件事？前者认为，英国军队用武力破坏了波士顿的宁静，跟随请愿者一起来到海关楼前的那只小狗似乎被惊呆了；后者认为，英国军队的果断出击，维护了波士顿的秩序，在军队的包围下，“暴动者”或死或伤或逃。

活动拓展

下表是某中学研究性学习课上，三个研究小组展示的材料和所得出的结论。

组别	材　料	结论
东汉组	史料记载，东汉桓帝是中国第一位实行道教及佛教教化政策的帝王，他也支持翻译佛经和其他佛教活动。 ——据古正美《从天王传统到佛王传统》	佛、道思想是中国文化传统思想的主流。
宋代组	游酢和杨时去拜访老师程颐，程颐正用佛家打坐瞑目而坐。游、杨二人遂恭敬站在其身旁，等候良久，直到程颐发觉。 ——据朱熹《近思录》	中国古代有尊师传统。
晚清组	孙家鼐建议京师大学堂应“以中学（中国传统学术与政治思想）为主，西学为辅；中学为体，西学为用”。 ——据孙家鼐等《议复开办京师大学堂折》（1896年）	这份奏折中，孙家鼐认为中学比西学重要。

请思考

1. 上述各组的结论，哪些是从材料可以直接推导出来的？

2. 上述各组的结论，哪些是不能从材料直接推导出来的？你认为应补充怎样的材料或者修改成怎样的结论，才能使结论与材料相符？

3. 本次研究性学习的主题是“中国传统思想的演变”。请结合所学知识，紧扣主题，重新分析各组的材料，建立材料与主题的联系，说明中国传统主流思想在东汉、宋代、晚清三个时期的变化。

资料链接

▶“史料实证”与“历史解释”的关系图示说明

从内涵看，“史料实证”属于“历史解释”。“史料实证”是做出合理“历史解释”的基础与前提，是“历史解释”不可缺少的一个重要环节，“史料实证”在本质上属于“历史解释”的范畴。

从外延看，“历史解释”较“史料实证”更广泛。

——何成刚，沈为慧.“史料实证”与“历史解释”关系初探[J].历史教学，2017（9）.

▶“史料实证”核心素养的水平划分

水平1　能够区分史料的不同类型；在解答某一历史问题时，能够尝试从多种渠道获取与该问题相关的史料；能够从所获得的材料中提取有关的信息。

水平2　能够认识不同类型的史料所具有的不同价值；明了史料在历史叙述中的基础作用；在对史事与现实问题进行论述的过程中，能够尝试运用史料作为证据论证自己的观点。

水平3　在探究特定历史问题时，能够对史料进行整理和辨析；能够利用不同类型史料，对所探究的问题进行互证，形成对该问题更全面、丰富的解释。

水平4　能够比较、分析不同来源、不同观点的史料；能够在辨别史料作者意图的基础上利用史料；在对历史和现实问题进行独立探究的过程中，能够恰当地运用史料对所探究问题进行论述。

——《普通高中历史课程标准》（2017年版）

主题11 “互联网+”时代的我

当今的时代，是一个信息化的时代，是一个网络化的时代，可以说，网络在我们的生活中无处不在，我们正在经历人类历史上的第四次工业革命，即所谓的“信息革命”，然而每一次的人类革命都会给人类社会及经济的发展等各方面造成一定的影响。

中国互联网络信息中心（CNNIC）2017年8月4日在京发布第40次《中国互联网络发展状况统计报告》（以下简称《报告》）。《报告》显示，截至2017年6月，中国网民规模达到7.51亿，占全球网民总数的五分之一。互联网普及率为54.3%，超过全球平均水平4.6个百分点。

目前，全球互联网用户中有1/3是未成年人。我国10岁以下网民约为2 300万人，其中超过56%的儿童在5岁前已经开始接触互联网。处于高中时代的我们，是“网络原住民”。几乎“一识字就会上网”，互联网深刻地影响了我们与世界互动互融的方式。

正确对待网络生活，善于从网络世界获取有用信息、保护自身网络安全、自觉遵守网络道德，是我们这一代人要学会的技能。

活动指南

学会学习是本专题活动所着力体现的核心素养，该素养主要是学生在学习意识形成、学习方式方法选择、学习进程评估调控等方面的综合表现。具体包括乐学善学、勤于反思、信息意识等基本要点。

“互联网+”是我们这个时代的特征。互联网改变了我们的学习方式和生活方式，本专题通过使用互联网工具查阅资料书写“一带一路”时政演讲稿、利用网络平台设计自己的大学选修课课表等活动，培养自觉、有效地获取、评估、鉴别、使用信息能力；通过身边的小故事分析手机利弊、编写防止未成年人沉迷手机游戏的提案，以及网络世界中的价值判断与价值选择等活动，帮助我们运用所学的哲学知识，理性分析思考网络事件与现象，并规范自己在网络上的言行，树立正确的网络伦理意识。

"互联网+"时代的我——学习方式的变革

通俗地说，"互联网+"就是"互联网+各个传统行业"，但这并不是简单的两者相加，而是利用信息通信技术以及互联网平台，让互联网与传统行业进行深度融合，创造新的发展生态。它代表一种新的社会形态，即充分发挥互联网在社会资源配置中的优化和集成作用，将互联网的创新成果深度融合于经济、社会各领域之中，提升全社会的创新力和生产力，形成更广泛的以互联网为基础设施和实现工具的经济发展新形态。

活动一　借助网络工具，研究学习"一带一路"的倡议

"一带一路"（英文：The Belt and Road，缩写 B&R）是"丝绸之路经济带"和"21 世纪海上丝绸之路"的简称。它将充分依靠中国与有关国家既有的双多边机制，借助既有的、行之有效的区域合作平台，"一带一路"旨在借用古代丝绸之路的历史符号，高举和平发展的旗帜，积极发展与沿线国家的经济合作伙伴关系，共同打造政治互信、经济融合、文化包容的利益共同体、命运共同体和责任共同体。

◇**活动步骤 1：** 运用互联网学习工具，查寻关于"一带一路"倡议提出的背景、进程、影响。

用百度查寻关键词"一带一路"，百度找到相关结果约 17 300 000 个。

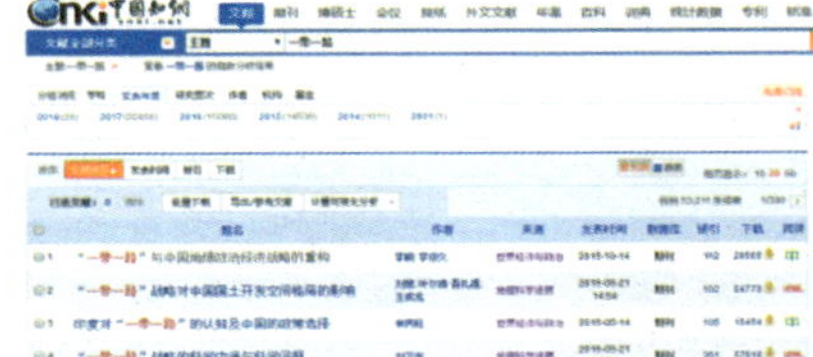

通过中国知网查寻"一带一路"，2014 年至 2017 年共 52 999 篇文献。

◇**活动步骤 2：** 从以下主题中任选一个，写一篇时政演讲稿。可选题目有：

A."一带一路"与中国经济发展　　B."一带一路"与全球经济发展

C."一带一路"与沿线国家发展　　D.从"一带一路"看中国国际影响力

然后在班级做限时三分钟的演讲，可以用 PPT 辅助，分享自己的研究成果。

活动二 编写我的大学网络课程表——互联网改变我的学习

国内与国外有许多知名大学，把自己的课程公开放在互联网上，供免费学习。以下是网易公开课的部分上线课程，让我们即刻开启大学选修课学习吧！

◇哲学
慕尼黑大学《黑格尔与精神现象学》、牛津大学《康德的纯粹理性批判》、哈佛大学《幸福课》、牛津大学《尼采的心灵与自然》……

◇经济
宾夕法尼亚州立大学《华尔街训练营》、耶鲁大学《金融理论》、宾州大学沃顿商学院《沃顿的学问》、斯坦福大学《经济学》……

◇政治
诺丁汉大学《60秒了解政治学名词》、耶鲁大学《政治的道德基础》、普林斯顿大学《国际座谈会》、哈佛大学《肯尼迪政治论坛》……

◇社会
纽约大学《社会学入门》、麻省理工学院《公共政策学》、牛津大学《伦理学入门》、剑桥大学《人类学》、哈佛大学《公正》……

◇管理
麻省理工学院《商业及领导能力》、斯坦福大学《微软CEO谈科技的未来》、斯坦福大学《戴尔CEO谈创业和发展》……

◇法律
剑桥大学《公法讲座》、宾夕法尼亚大学《物权法》、斯坦福大学《法律学》、康奈尔大学《法学讲座》、东京大学《法与现代社会》……

看到这些世界名校的课程，你心动了么？如果心动了，现在就定制一份专属自己的课程表吧！

课程名称	学习时间	选择理由
1.		
2.		
3.		

填写课程表注意：

(1) 根据实际情况半年内最多选择三门课。

(2) 确定好自己的学习时间。

(3) 写明选择的理由。

活动拓展　登录网易公开课，开启自己的大学选修课程学习之旅

资料链接

▶MOOC、公开课的概念及其区别

公开课出现的比较早，可能大家最为熟悉。公开课基本可以理解为把大学里课堂的视频录像上传到网络上给大家免费看。现在有 N 多国际的和国内的名校都开设了这样的课程，比如哈佛、耶鲁、麻省理工、斯坦福、清华、北大……你听说过的哈佛大学“幸福课”“公正”就属于这一类。

公开课很多都是很经典的课，不过也必然存在着缺陷。如果你只是想在业余时间感受一下名校课堂，拓展视野，这些公开课的确是不错的选择。但是如果你想认认真真跟着名校的老师好好上课，像正式学生一样写作业，做考试题，拿到成绩，获得证明，作为你的一个资历，一项技能，或是你日后升学、求职的资本，那么近两三年兴起的 MOOC（慕课）也许会是更好的选择。

MOOC 的全称是 Massive Open Online Courses，即大型开放式网络课程。MOOC 与公开课最大的区别在于，MOOC 课程不是传统课堂的录像上传，而是专门为网络学习者设计的在线视频课程。MOOC 通常有作业，有期末考试，有课程结业证书。而且上同一课程的同学们可以在课程论坛上互相帮助和交流。另外，MOOC 大多数课程是定期开课，且课程视频通常很短，几分钟到几十分钟不等。大多数 MOOC 课程的视频可以免费观看，但是如果要做作业、考试、拿证书，则需要交付一定金额的学费，价格通常为几十元到几百元。MOOC 近两年发展非常迅猛，课程数量急剧上升，可能会是数字时代教育革命的前兆。有兴趣的同学可以登录果壳网旗下慕课学习社区——“MOOC 学院”感受一下。

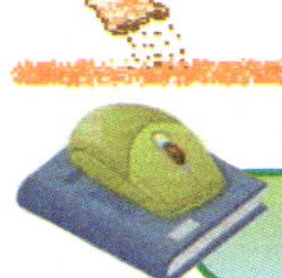

“互联网 +”时代的我——理性抉择

网络世界有很多诱惑，也有很多“自由”，我们要抵住诱惑，守住底线。

你知道中国有多少人在玩网络游戏么？

中国互联网络信息中心（CNNIC）2017 年 8 月 4 日在京发布第 40 次《中国互联网络发展状况统计报告》（以下简称《报告》）。《报告》显示，截至 2017 年 6 月，我国网络游戏用户规模达到 4.22 亿，较去年底增长 460 万，占整体网民的 56.1%。手机网络游戏用户规模为 3.85 亿，较去年底增长 3 380 万，占手机网民的 53.3%。

活动三 思"享"会:玩手游的利与弊

情景回放:这是一个发生在2017年一个普通家庭的故事。三天内,妈妈秦芳砸了两个手机。一个是女儿小芸的,一个是她自己的。

(一)从小学到初二上学期,小芸的成绩都是班级前几名,学习很少让人操心。初二上学期期末考试,小芸的成绩是班级第一名,年级20名,再次获得学校奖学金。

(二)4月14日,秦芳发现,小芸偷偷玩游戏到凌晨三点多。从学校反馈的消息称,小芸经常在上课时睡觉。从初二下学期开始,小芸花在游戏上的时间越来越多,回家就把自己关在房间玩游戏,作业也不按时写。到下半学期期中考试后,秦芳发现苗头不对,"滑落到班级19名,年级180名。"

(三)4月22日,8天过后,从学校回来的小芸突然说,不想上学了。"不上学了开始通宵打游戏。有时候睡到下午三四点,做好饭也不吃,自己饿了就吃点蛋糕和零食。"秦芳尤其提到,原本乖巧的女儿,脾气变得非常暴躁,"玩游戏时,你要是打扰到她,她甚至会动手打人。"

(四)6月27日,小芸缺席了学校的期末考试。经反复商量,小芸终于答应参加放假前最后一周的课程,条件是,秦芳再给她买一部和之前一样的手机。但拿到新手机后,小芸"毁约"了。

(五)6月4日晚,小芸把自己反锁在房间里玩《王者荣耀》,还用钢琴凳把门堵住。一直叫不开门的秦芳选择了报警。警察破门而入时,小芸还拿着手机玩游戏。秦芳一把夺过手机,狠狠地摔在地上。三天后,秦芳把自己买了不到四个月的手机也摔了。只为不让小芸再拿她的手机玩《王者荣耀》。

"手机争夺战"的故事,可能在许多家里上演过。作为一名高中生有必要明辨是非,运用一分为二的观点,弄清手游对自己的影响。结合上述故事和自身日常生活,回答下面三个问题。

1. 你认为手机给生活带来的便利有哪些?

2. 手机给我们带来的伤害又有哪些?

3. 请你为正确地使用手机提出建议,以达到趋利避害的目的。

活动四 模拟“政协委员”——建言献策从现在做起

随着网络的发展，特别是移动网络的发展，青少年沉迷于手机游戏已经成为影响青少年身心健康发展的重要因素，越来越受到社会各界的关注。假如你是一名政协委员，请以“防止青少年沉迷手机游戏”为主题写一份提案。用自己的智慧与力量，来推动该问题的解决。

注意： 一份完整的提案应包括以下几个方面：

1. 案由——实际上是提案的题目，用简明的文字说明提案要求解决什么问题，案由和提案内容要一致。
2. 提案者——提出提案的委员姓名。包括通讯地址、邮政编码、电话号码。
3. 提案内容——包括下面三大部分：

案由起因

提出提案的理由、原因或根据。

现状分析

简明扼要、实事求是，以事实案例为依据。

解决办法

具体的建议、方法和要求，针对案由反映的问题，提出自己对解决问题的主张和办法。

◇沉迷手游现状：

CNNIC 统计数据显示，中国青少年网络游戏用户规模大致呈逐年增长趋势，其中 2015 年增加 1 274 万人，截至 2015 年 12 月，中国青少年网络游戏用户规模达 1.91 亿人，占青少年网民的 66.5%，较网络游戏在全部网民中的使用率高 9.6%。

1. 沉迷手游的原因：

①个人：……②家庭：……③企业：……④政府：……

2. 沉迷手游的危害：

①个人：……②家庭：……③企业：……④政府：……

3. 解决措施：

①个人：……②家庭：……③企业：……④政府：……

活动五 网络世界中正确的价值判断与选择

罗尔事件回顾：

2016 年 11 月 25 日

《罗一笑，你给我站住》开始刷屏。这篇刷屏的文章能看到这样一句话，“他没有选择公益捐款，而是选择卖文，每转发一次就可以获得小铜人公司一元的捐赠。”一句话让微信的打赏功能变成募捐功能。打赏金额当天就达到了每日 5 万元的上限。

2016 年 11 月 27 日

深圳小铜人旗下公众号 P2P 观察转发罗尔的文章，赞赏总额已超过 200 万元。

2016 年 11 月 30 日

网友质疑，罗尔被迅速卷入舆论漩涡。有网友开扒罗尔名下财产——深圳自住一套房、东莞两套房。还有两辆汽车和一个广告公司。且医疗费用的负担远不像罗尔所说的那么沉重。

2016 年 12 月 1 日

事情有了结果。经几方商议，微信平台将在 3 天内，将总计 2 626 919.78 元的微信用户赠予款原路退回至用户零钱包。

以下各方对这个事件的反应：

1. 罗尔：我只是通过微信和朋友的帮助为女儿筹款，都在质问我是不是骗子，没有人关心我女儿，这个世界为什么这么没有同情心？

2. 介入公司：我只是帮助朋友，每转发一次我公司捐款一元，我认为不是公开的募捐。

3. 捐款人：从爱心善举到质疑、愤怒、口诛笔伐。

4. 围观者：真相是什么？

讨论：

1. 为什么同样的问题，大家的观点不一致？

2. 面对存在争议的“罗尔事件”，你认为各方应该有的正确态度是什么？

价值判断与选择的理性平衡

罗尔网络筹款这件事，之所以引起如此大的争议，说到底是在情与理、主观与客观、个人与社会的矛盾中失衡所致。在我们的人生道路上，我们几乎每天都在进行着各种各样的价值判断与价值选择，就像一架道德的天平，一侧是因人而异、因时而异，另一侧是立场、社会规律。

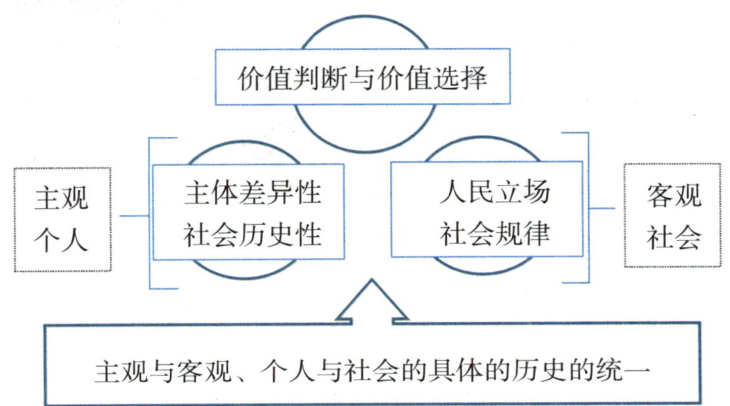

思考：请运用上图所涉及的哲学道理，结合“罗尔事件”，分析我们应该如何理性对待此类事件。

资料链接

▶构建中国特色网络伦理

当前，借鉴西方学者的理论研究成果，结合国内外的信息网络实践，从中国的实际情况出发，在构建网络伦理或计算机网络道德规范体系方面，应当遵循以下几项基本原则。

1. 促进人类美好生活原则。

科学技术的发展与进步必须与人类追求美好生活的愿望相一致，服务于人类共同体的整体和长远利益。

2. 平等与互惠原则。

每个网络用户和网络社会成员享有平等的权利和义务。

3. 自由与责任原则。

这一原则主张计算机网络行为主体在不对他人造成不良影响的前提下，有权利自由选择自己的行为方式，同时对其他行为主体的权利和自由给以同样的尊重。

4. 知情同意原则。

人们在网络信息交换中，有权知道是谁以及如何使用自己的信息，有权决定是否同意他人得到自己的数据。没有信息权利人的同意或默许，他人无权擅自使用这些信息。

5. 无害原则。

无害原则要求任何网络行为对他人、网络环境和社会至少是无害的。这是最低的道德标准，是网络伦理的底线伦理。

主题12 学法——学习的制胜法宝

本专题是一个综合专题，主要想通过相关活动让同学们对地理、历史、政治三个学科的学科核心素养有所领悟与认识。

学科核心素养是学科教育在全面贯彻党的教育方针、落实立德树人根本任务、发展素质教育中的独特贡献；是学科育人价值的集中体现；是学生通过本学科学习而逐步形成的关键能力、必备品格与价值观念。每个学科都对人的成长有其独特的贡献，每个学科的思维品质都有其独到之处，每个学科的学习方法都有所不同。你知道地理、历史、政治三个学科对你的学习、成长起到什么影响吗？你能解释地理学科的人地协调观、综合思维、区域认知、地理实践力四个核心素养的独到之处吗？你会用历史学科唯物史观、时空观念、史料实证、历史解释去分析和解决问题吗？你理解政治学科的政治认同、科学精神、法治意识、公共参与四个学科核心素养的内涵吗？你想过政史地三个学科的学习方法有什么相同和不同之处吗？

通过本专题学习，让我们深刻领悟地理、历史、政治三个学科的学科本质及其独特的育人价值！

活动指南

学会学习是本专题活动所着力体现的核心素养，该素养着力强调学生在学习意识形成、学习方式方法选择、学习进程评估调控等方面的综合表现。

高中阶段的地理、历史、政治各有学科特色，三科的学科核心素养也不尽相同。本专题三个学科分别从本学科的核心素养出发，通过活动来领悟学科的思维习惯和解决问题方法。地理学科通过帮助家人选择房屋、模拟野外考察等内容，强化太阳高度角的变化和方向的辨别等知识的理解和运用，学以致用，培养学生的地理实践力；历史学科通过推断地图绘制时间和为历史事件排序等活动，分析特定历史事件，培养自己的时空观念；政治学科通过对“精准扶贫”的哲理分析，让我们接触社会，了解时代，培养学生的科学思维。让我们一起领悟、感受和关注地理、历史、政治三个学科各具特色的学科核心素养吧！

地理核心素养之地理实践力

地理实践力是指在考察、实验和调查等地理实践活动中所具备的意志品质和行动能力。考察、实验、调查等是地理学重要的研究方法，也是地理课程重要的学习方式。“地理实践力”素养有助于提升人们的行动意识和行动能力，更好地在真实情景中观察和感悟地理环境及其与人类活动的关系，增强社会责任感。

——《普通高中地理课程标准》（2017年版）

活动一　评价房子的“采光”

小毅是一名大学毕业生，毕业三年后他在哈尔滨市某中档小区购买了一套新房，小毅的妈妈为了将来能与小毅互相照应也打算在这个小区内买房，但是小区内所剩的房子不多了，小毅的妈妈决定在剩下的房源中挑一套采光最好的房子。

问题1： 小毅建议妈妈在12月22日前后看房，原因是什么？

问题2： 小毅的妈妈买房心切，打算下午4点下班就去看房，小毅说现在是冬季，等你到那里就没有太阳了，还怎么看采光呢？小毅的说法有道理么？为什么？

问题3： 小毅的妈妈比较看好在小区中间B栋的10楼，小毅决定先在家里帮妈妈算一算，好做到心中有数，提高看房效率。如果该小区每栋楼30层，层高3米，请你帮小毅计算一下，B栋10楼是否存在挡光问题。

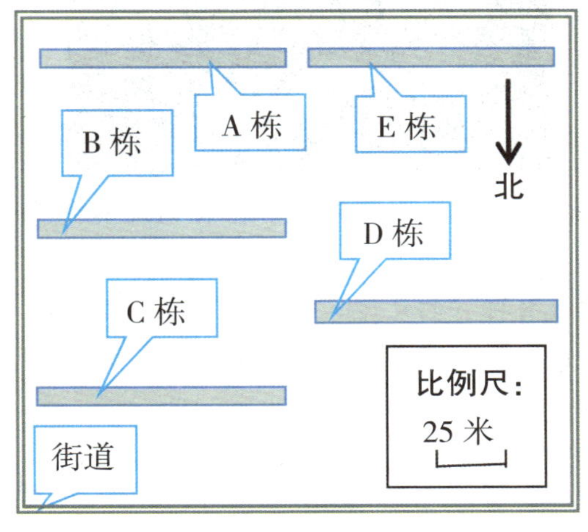

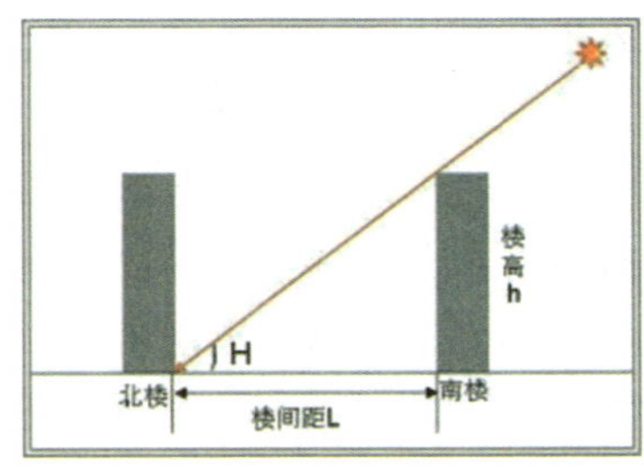

◆**实践指导**

1. 哈尔滨（约45° N）正午太阳高度角H：冬至21.5°、夏至68.5°、春秋分45°。

2. 遮挡问题计算方法：

如右图，南楼的影长L=h/tanH，已知南楼高度及太阳高度角H的情况下，我们便可求得L值，如果楼间距小于影长L，则存在遮挡问题。

活动二 尝试“野外生存”

2017年7月，博文约上几个同学一起庆祝中考结束，它们带着食物到某山上（海拔约600m）游玩，山上十分清凉……

问题一：

你知道为何山上会凉爽一些吗？有什么样的规律？

问题二：

博文是如何找到方向的？你还有其他办法可以在野外判断方向吗？

几个同学陶醉其中，不知不觉就到了下午4点，几个人决定从西南方向下山回家，可他们发现随身携带的指南针不见了，大家都很着急，不过博文看了一眼太阳便找到了方向……

B同学说：这次有惊无险，下次我们要带几个帐篷来，迷路了大不了就地宿营，这样还可以多玩一天。

问题三：

就地宿营的方案可取吗？宿营地该如何选择？

问题四：

在山上如何寻找水源？

博文发现到家已经是晚7点了，口干舌燥的他喝掉了两大杯水，回想这一天非常后怕，假设真的被困在山里好几天我们到哪里去喝水、吃东西呢？

◆实践指导

宿营地的选择：

1. 近水。营地要选择离水源近的地方，这样既能保证做饭的饮用水，又能提供洗漱用水。但在深山密林中，近靠水源会遇到野生动物，要格外小心注意。

2. 背风。最好在小山丘的背风处，林间或林边空地、山洞、山脊的侧面和岩石下面等。

3. 避险。营地上方不要有滚石、滚木，不要在泥石流多发地建营，雷雨天不要在山顶或空旷地上安营，以免遭到雷击。

4. 防兽。建营地时要仔细观察营地周围是否有野兽的足迹、粪便和巢穴，不要建在多蛇多鼠地带，以防伤人或损坏装备设施。要有驱蚊、虫、蝎药品和防护措施。在营地周围撒些草木灰，会非常有效地防止蛇、蝎、毒虫的侵扰。

5. 日照。营地要尽可能选在日照时间较长的地方，这样会使营地比较温暖、干燥、清洁。便于晾晒衣服、物品和装备。

6. 平整。营地的地面要平整，不要存有树根草根和尖石碎物，也不要有凹凸或斜坡，这样会损坏装备或刺伤人员，同时也会影响人员的休息质量。

最后请大家注意：在野外要保护自然环境，撤营时必须将燃火彻底熄灭。垃圾废物要尽可能带出，丢放在指定的地方，特殊情况无法带走时可将垃圾挖坑掩埋。

◇制作旅游攻略

佳雯的妈妈告诉佳雯，今年寒假，我们全家将和奶奶一起离开黑龙江去旅游，奶奶提出家里已经很久没出去旅游了，佳雯也长大了，就让她来制订这个旅游计划，爸爸妈妈只当顾问吧。

佳雯同意了，开始制订出行计划，但是遇到了一些困难，你能帮她完善一下吗？

旅游计划草稿

目的地——福建厦门

旅游时间——8 天

出行方式——待定

携带物品——未知

◆问题探究

1. 你能为佳雯一家选择哪种出行方式献计献策吗？

2. 结合旅游目的地的气候条件，你认为佳雯一家应该携带哪些衣物及随身物品？请说明理由。

3. 列举寒假期间佳雯的家乡和旅游目的地在自然景观上有哪些差别？

◆实践指导：

哈尔滨到厦门常见交通方式对比

方式	需要时长	价格	优点	缺点
普通火车	约 53 小时	硬座约 396 元，卧铺约 726 元。	价格低。	耗时长，需要转车，可能比较拥挤。
高铁	约 19 小时 20 分	二等座约 1 440 元；一等座约 2 332 元；商务座约 4 501 元。	节省一定时间，舒适度较高，安全性高，适合老人。	需要转车，耗时较长，价格较高。
飞机	约 5~6 小时	价格浮动较大，一般淡季且提前预订更便宜。	速度最快，价格有可能不高。	价格有时很高，可能需要经停，到机场一般较远，起降和遇到气流易引发不适，需关注老人健康。

资料链接

▶在野外如何辨别方向：

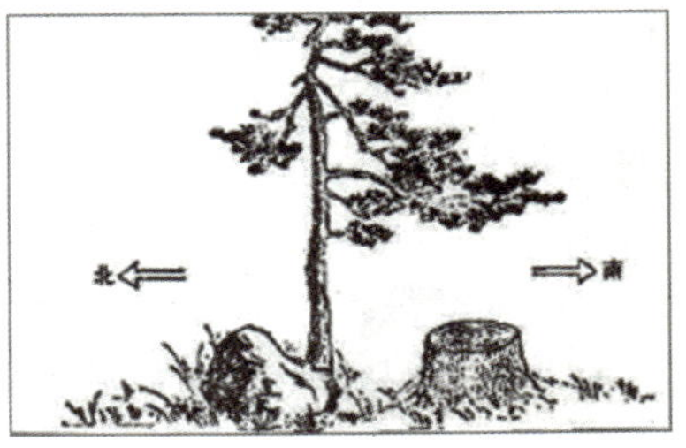

1. 我国大部分地区独立的大树通常南面枝叶茂盛，树皮光滑，且青草茂密；北面的树枝稀疏，树皮粗糙，且较潮湿，长有青苔。

2. 手表测向。手表平置，“时数折半对太阳，12 指的是北方”，如此时是 14 点，其一半为 7 点，把时针对向太阳，那么 12 指的就是北方。

历史核心素养之“时空观念”

时空观念是历史学科核心素养中学科本质的体现。指的是在特定的时间和空间联系中对事物进行观察、分析的意识和思维方式。任何历史事物都是在特定的、具体的时间和空间条件下发生的，只有在特定的时空框架当中，才可能对史事有准确的理解。

——《普通高中历史课程标准》(2017 年版)

活动三 结合新航路开辟的史实，体会历史“时空观念”

1. 推断两幅地图的大致绘制时间，并说明理由。

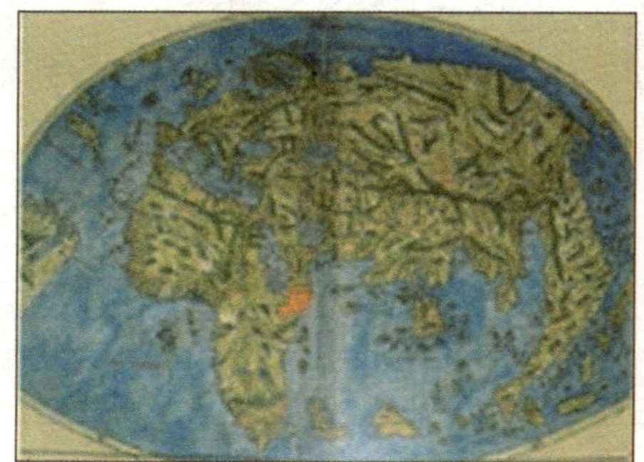

——何成刚、彭禹、夏辉辉、沈为慧.智慧课堂：史料教学中的方法与策略［M］.北京：北京师范大学出版社，2010.

2. 为下列历史事件排列顺序，并说明理由。

① 购买并使用黑奴，单一生产烟草、咖啡的新型种植园在墨西哥和加勒比海岛建立。

② 让葡萄牙人惊讶的是，卡里库特（印度港口）人对随船带来的葡萄牙羊毛织物毫无兴趣。

③ 奥斯曼土耳其控制了传统的东西方商路。

④ 在美洲土著人开始被称为印第安人的四分之一个世纪后，西班牙人在墨西哥发现了充满黄金的阿兹特克帝国。

⑤ 欧洲人已经掌握了有关北非与中东的准确知识。

特定的史事是与特定的时间和空间相联系的；按照时间顺序和空间要素，能够建构历史事件、人物、现象之间的相互关联；在时空框架下能够深入理解历史上的变化与延续、统一与多样、局部与整体，并据此对史事做出合理解释。

了解迪亚士、哥伦布、达伽马、麦哲伦等人开辟新航路的史实；依据以迪亚士、哥伦布为代表的四个航海家开辟新航路的时间，以及航线在空间上的分布，结合逻辑上的分析，对上面两幅图片的大致绘制时间等未知结论进行合理推断。

活动拓展

如下表所示，在“欧洲人已经掌握北非与中东的准确知识”的情况下，“奥斯曼土耳其控制了传统的东西方商路”，这时，可能的情况就会有三种（如下表）。而在“打通陆上旧商路”失败后，西欧选择了“开辟海上新商路”。按照这样的思维过程，请同学们结合新航路开辟的史实，尝试为表中其余历史事件引发的变化，做出符合历史逻辑的猜想。

历史事件	历史猜想
欧洲人已经掌握了有关北非与中东的准确知识；奥斯曼土耳其控制了传统的东西方商路。	放弃东西方贸易（×） 打通陆上旧商路（×） 开辟海上新商路（√）
让葡萄牙人惊讶的是，卡里库特（印度港口）人对随船带来的葡萄牙羊毛织物毫无兴趣。	
在美洲土著人开始被称为印第安人的四分之一个世纪后，西班牙人在墨西哥发现了充满黄金的阿兹特克帝国。	
购买并使用黑奴，单一生产烟草、咖啡的新型种植园在墨西哥和加勒比海岛建立。	

资料链接

▶时空观念核心素养的水平划分

水平 1

能够辨识历史叙述中不同的时间与空间表达方式；能够理解它们的意义；在叙述个别史事时能够运用恰当的时间和空间表达方式。

水平 2

能够将某一史事定位在特定的时间和空间框架下；能够利用历史年表、历史地图等方式对相关史事加以描述；能够认识事物发生的来龙去脉，理解空间和环境因素对认识历史与现实的重要性。

水平 3

能够把握相关史事的时间、空间联系，并用特定的时间和空间术语对较长时段的史事加以概括和说明。

水平 4

在对历史和现实问题进行独立探究的过程中，能将其置于具体的时空框架下；能够选择恰当的时空尺度对其进行分析、综合、比较，在此基础上作出合理的论述。

——《普通高中历史课程标准》（2017 年版）

政治学科核心素养之科学精神

科学精神，就是在认识世界和改造世界的过程中，表现出来的一种精神取向，即坚持马克思主义的科学世界观和方法论，能够对个人成长、社会进步、国家发展和人类文明，做出正确的价值判断和行为选择。我们要在实践中领会习近平新时代中国特色社会主义思想，坚持解放思想，实事求是，与时俱进，求真务实。培养青少年的科学精神有助他们形成正确的价值取向和道德定力，提高辩证思维能力，立足基本国情，拓展国际视野，在实践创新中增长才干。

——《普通高中政治课程标准》（2017 年版）

活动四 阅读“十八洞村扶贫”背后的故事

2013 年 11 月，习近平总书记在湖南省花垣县十八洞村考察扶贫工作，首次提出了“精准扶贫”的重要思想和要求。随后，十八洞村精准识别贫困人口 542 人，摸索出资金跟着穷人走、穷人跟着能人（合作社）走、能人（合作社）跟着产业走、产业跟着市场走的扶贫路径，取得了显著成效。

十八洞村隶属于湖南省湘西土家族苗族自治州，有婺源乡村建筑模式，又有兔耳岭的自然景观。位于湖南省西部，武陵山脉中段，湘黔渝交界处的湘西花垣县。

探究一：结合以上的文字表述，在地图中找到十八洞村的大致位置。

扶贫现实情况一：

十八洞村是由 4 个寨子合并而成的贫困村，村民生活困难，观念相对保守，存在“等靠要”思想，同村不同心。

精准对策一：

工作队和村党支部、村委会开办“道德讲堂”，评选明理尚德星级示范户，组织参观考察和学习培训，培育村民创新意识和创新能力，激活精准扶贫内生动力。

探究二：“扶贫，先扶精神”所体现的马克思主义哲学道理是什么？

探究三：“注重激活扶贫的内生动力”所体现的是马克思主义哲学哪一个原理？

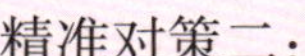

扶贫现实情况二：

十八洞村地处高寒山区，冬长夏短，大陆性亚热带季风湿润气候。属高山熔岩地区，森林覆盖率78%，生态环境优美。十八溶洞被誉为“亚洲第一奇洞”。该村有深厚的苗族文化底蕴，独特的苗家饮食，苗族风情浓郁，苗族原生态文化保存完好。

精准对策二：

发展特色支柱产业，如猕猴桃种植、黄牛养殖、乡村旅游、劳务经济和苗绣。

探究四：请用具体问题具体分析的哲学道理分析十八洞村发展特色产业的做法。

探究五：十八洞村扶贫实践是贯彻精准扶贫思想的成功案例，运用矛盾的普遍性和特殊性辩证关系原理说明扶贫经验的产生到推广的过程。

活动拓展 延伸阅读“十八洞村的猕猴桃产业”

发展产业是稳定脱贫的压舱石。吸取过往粗犷扶贫、发钱扶贫、贫困户发展能力差的教训，必须因户精准施策，不能把钱一发了之。十八洞村走了一步险棋，将财政补贴的每人3 000元集中入股，种植猕猴桃。村里通过订单农业的方式将猕猴桃卖向港澳，还跟京东电商平台做了对接，种植猕猴桃切实增加了农民的收入。

如今“实事求是、因地制宜、分类指导、精准扶贫”的十六字标牌高高树立在村口，这已经成为新时期全国脱贫开发工作的指导方针。

思考题：运用辩证唯物论的知识，解读“新时期全国脱贫开发工作的指导方针”的哲学内涵。

资料链接

▶关于“实事求是”“因地制宜”“精准扶贫”

1. 实事求是：“实事”就是客观存在着的一切事物，“是”就是客观事物的内部联系，即规律性，“求”就是我们去研究。出处：《汉书·河间献王刘德传》：“修学好古，实事求是。”

2. 因地制宜：根据当地的具体情况，制定或采取适当的措施来处理一些事。因：根据；制：制定；宜：适宜的措施。出处：汉·赵晔《吴越春秋·阖闾内传》：“夫筑城郭，立仓库，因地制宜，岂有天气之数以威邻国者乎？”

3. 精准扶贫：是粗放扶贫的对称，是指针对不同贫困区域环境、不同贫困农户状况，运用科学有效程序对扶贫对象实施精确识别、精确帮扶、精确管理的治贫方式。一般来说，精准扶贫主要是就贫困居民而言的，谁贫困就扶持谁。

核心素养四　倡导健康生活

主题13　大地在颤抖——地震

2017年8月8日，被誉为“童话世界”的四川九寨沟遭受了一场里氏7.0级地震。四川、甘肃、青海、宁夏、陕西多省震感明显，局部地区震感强烈。相隔不到十年，一次又一次的强震袭击四川境内，令国人感到揪心！我们都还记得2013年4月20日，四川雅安芦山里氏7.0级地震，遇难人数188人，失踪25人，受伤11 460人，直接经济损失达百亿。2008年5月12日，四川汶川里氏8.0级地震，近7万同胞被夺走生命，还有37万人受伤，1万7千多人失踪，直接经济损失约8 451亿元人民币。

很多人都想知道，为什么四川境内强震如此频繁？地震是如何发生的？我们如何通过防震减震来减少地震造成的损失？只有了解这些，当我们再次面对地震灾害时才能把损失降到最低，去坚强地迎接更加美好的生活。

活动指南

健康生活是本专题活动所着力体现的核心素养，具体包括珍爱生命、健全人格、自我管理等基本要点。珍爱生命即理解生命意义和人生价值，具有安全意识与自我保护能力，掌握适合自身的运动方法和技能，养成健康文明的行为习惯和生活方式等。

在本专题的活动进行中，一方面我们要正确地认识地震灾害，正视地震给我们带来的重大损害，体会生命的意义和价值，意识到珍爱生命和防灾减灾的重要性；另一方面，通过防震减震活动，我们可以掌握正确的应急避震方法，具备基本的安全自救自护知识，增强地震灾害的自我保护能力。这样，当地震灾害发生时，我们才能做到自信自强、坚韧乐观、勇敢面对、健康生活！需要提醒的是：在小组合作活动尤其是地震应急演练活动中，我们要听从指挥、团结互助，这样可以增强我们的自我管理能力，养成良好的日常行为习惯，提高我们应对突发情况或灾害的能力。

认识地震

我们知道，地壳是由数千米厚的岩石构成的，而且地壳的大部分一直在移动着。这种地壳运动使某些地方的岩石受伸展或被挤压。当出现这种状况时，大量能量就会聚集在岩石中，使能量聚集在一个被挤压或被伸展的环境中。当岩石受到巨大的外力时，就会断裂，岩石中聚集的能量就会释放出来，能量使地壳猛烈快速地震颤，地震来了！

活动一　地震在哪里发生？

地震虽然可以在任何地方发生，但是某些地方比其他地方更容易发生地震。下图为世界火山和地震带分布图，在这些地方更容易发生火山、地震。根据此图结合相关知识，思考下列问题：

- 你能说出世界地震带分布的规律吗？想一想为什么会这样分布呢？
- 你能尝试说出我国哪些地区容易多发地震吗？
- 你能说出四川地震多发的原因吗？

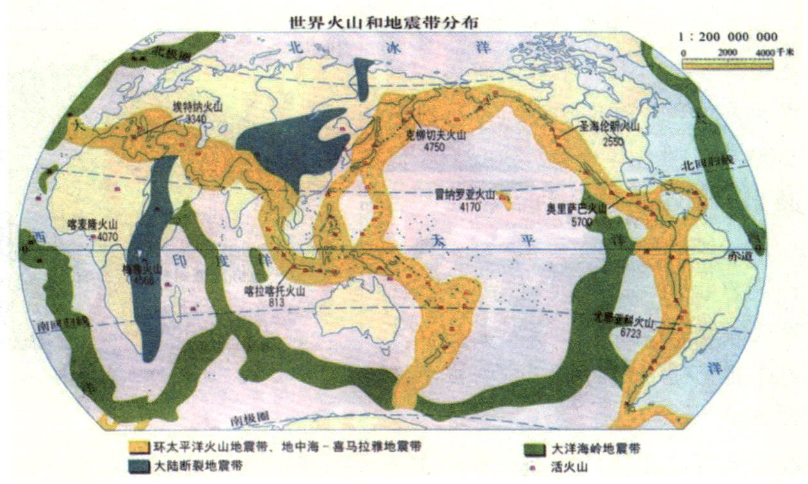

活动二　震中大搜寻

当地震发生的时候，科学家可以根据地震仪了解到地震的强度和它发生在多远的地方，但是他们无法判定地震具体来自哪个方向，为了确定地震发生的方位，必须在不同位置上放置三台地震仪对地震进行监测。而科学家常使用一种被称为“三角法”的方法确定地震发生的方位。下面就试试这种方法吧！

◇活动准备

- 绘图用的圆规
- 美国某次地震受损害地点示意图（上页的图）
- 资料：地震仪监测出三个城市与发生地震地点的距离——波依西市 600 千米，丹佛市 400 千米，旧金山市 1 000 千米。

◇活动步骤

- 用圆规在比例尺上量出 600 千米，以波依西市为圆心画一个圆；再量出 400 千米以丹佛市为圆心画一个圆，再量出 1 000 千米以旧金山市为圆心画一个圆。

◇活动结论与延伸

- 三个圆相交的地方就是发生地震震中所在的地方。
- 如果震中离费城市 800 千米、亚特兰大市 400 千米、芝加哥市 600 千米，那么震中在哪个州内呢？让我们利用前面的方法再来一次震中大搜寻吧！

资料链接

▶地震相关小概念：震源、震中和地震波

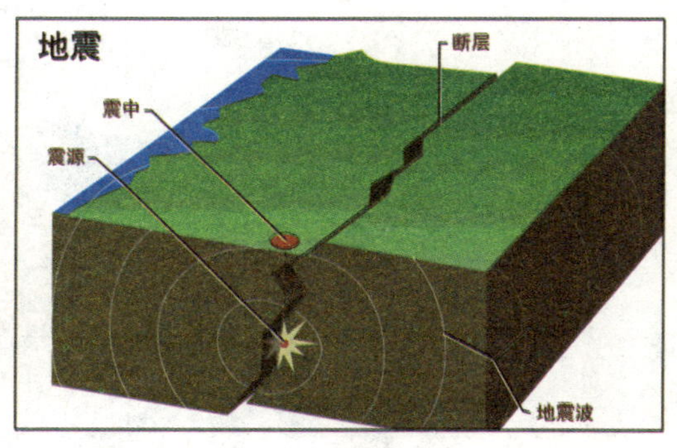

震源：震源指地球内发生地震的地方。震源深度是震源垂直向上到地表的距离。我们把地震发生在 60 千米以内的称为浅源地震，60 至 300 千米为中源地震，300 千米以上为深源地震。目前有记录的最深震源达 720 千米。

震中：震中指震源上方正对着的地面。震中及其附近的地方称为震中区，也称极震区。震中到地面上任一点的距离，叫震中距离，简称震中距。

地震波：地震波指地震时在地球内部出现的弹性波。这就像把石子投入水中，水波会向四周一圈一圈地扩散一样。地震波主要包含纵波和横波。来自地下的纵波引起地面上下颠簸振动，而横波能引起地面的水平晃动。横波是地震时造成建筑物破坏的主要原因。由于纵波在地球内部传播速度大于横波，这样发生较大的近震时，一般人们先感到上下颠簸，过数秒到十几秒后才感到有很强的水平晃动。因为纵波给我们一个警告，告诉我们快点做出防备。

▶我国地震带主要分布在哪里？

我国 5 个地震活跃区：①台湾省及其附近海域；②西南地区，主要是西藏、四川西部和云南中西部；③西北地区，主要在甘肃河西走廊、青海、宁夏、天山南北麓；④华北地区，主要在太行山两侧、汾渭河谷、阴山—燕山一带、山东中部和渤海湾；⑤东南沿海的广东、福建等地。

地震的危害

地震能毁坏房屋、道路、桥梁和其他建筑。在地震中，当这些建筑倒塌时，人们会受到伤害甚至被夺去生命，地震常常造成严重人员伤亡和财产损失。而且地震可能引起火灾、水灾、有毒气体泄漏、细菌及放射性物质扩散，还可能造成海啸、滑坡、崩塌、地裂缝等灾害，给人类造成的损害会更大。

你知道吗?

你知道每年全球会发生多少次地震吗？如果仅凭新闻报道，你可能会认为一年最多发生十几次地震。当你知道全球每年要发生500多万次地震时，即每天要发生上万次的地震，一定会非常吃惊吧？不过，其中90%以上的地震都太小或太远，以至于我们感觉不到；真正能对人类造成严重危害的地震大约有十几、二十几次；能造成特别严重灾害的地震大约有一两次。

活动三 地震造成的损害程度取决于哪些因素呢?

地点	时间	震级	震源深度（km）	首都的震中距	伤亡情况
海地	2010年1月12日	7.3级	10	16	伤亡约55万
智利	2010年2月27日	8.8级	60	320	死亡近千人

结合表中信息，查阅相关资料，思考问题：海地地震比智利地震震级小，但为什么造成的人员和财产损失却大很多?

资料链接

▶震级与烈度

震级和烈度是衡量地震的两把“尺子”。

里氏震级：地震有强有弱，用以衡量地震本身强度的“尺子”叫震级。震级可以通过地震仪器的记录计算出来，它的单位是“级”。震级的大小与地震释放出来的弹性波能量有关，震级越高，表明震源释放的能量越大。同一次地震只有1个震级。震级标准最先是由美国地震学家里克特提出来的，所以又称“里氏震级”。震级相差一级，能量相差30多倍；每相差2级，其能量就相差1 000倍。

地震烈度：同样大小的地震，造成的破坏不一定相同；同一次地震，在不同的地方造成的破坏也不一样，地震烈度是衡量地震破坏程度的“尺子”。在中国地震烈度表上，对人的感觉、一般房屋震害程度和其他现象作了描述，可以作为确定烈度的基本依据（见下图）。

地震带来的破坏程度主要取决于以下几个因素：地震的强度、持续的时间以及发生的地点等。烈度不仅与震级、震源深浅有关，还与震中距、地质构造、地面建筑抗震强度、人口稠密和度、经济发展水平有关。

防震减震

地震学家们时刻对地震状况进行监测和研究，这样，当地震发生时他们可以以最快速度作出判断。世界上运转着数以千计的各种类型和功效的地震仪器，日夜监测着地震的动向。令人遗憾的是，地震学家无法精确地预测出下一次大地震发生的地点和时间，但是科学家一直在不断探索钻研，人类预测地震的技术在不断提高。

灾害无情，虽然我们不能控制地震的发生，但是我们能靠自己将地震灾害造成的损失降到最低。

活动四 地震安全隐患排查

◇**活动目的**

目前，地震预报是全球的一项难题。地震灾害突如其来，如果发生地震，你家里的某些物品可能会给屋子里的人带来危险。如果我们在平时的生活中，通过在家中进行“地震安全隐患排查”来寻找地震中可能出现的安全隐患，具备安全意识和自我保护能力，就能进一步提高生存概率，减少伤亡和损失。

◇**活动步骤**

你需要做的只是巡视你的房间，设想地震时房中会发生什么，用你的常识来进行预测、找出隐患，记录下来。然后设法逐个排除这些隐患，妥善安置各种重物，把不妥的重物重新放置。

◇**活动参考**　家中一些可能的隐患有：

● 在地震中可能会倒塌的又高又重的家具，比如书架、瓷器柜，或是定制的组合柜。应当设法固定在墙壁上。● 可能会从管道上脱离并碎裂的热水器。● 可能发生移动，扯坏煤气管道或电线的物品。● 悬挂在高处较重的盆栽植物，有可能脱钩坠落。● 挂在床上方较重的相框或镜子，有可能在地震中坠落。● 橱柜或别的柜子剧烈晃动时，柜子的插销可能会松动打开。● 放置在高处开放式储物架上的易碎品或重物可能会坠落摔碎。● 石制烟囱可能压垮无支撑的房顶并崩塌。● 易燃液体，如油漆及清洁剂，不要放在室内。

家里的地震安全隐患排查完了，我们自愿分成小组，来排查一下学校的地震安全隐患吧！

各小组来巡视校园的每一个地方，对地震发生时的情况进行预测，找出隐患，记录下来。然后小组内、各小组间讨论得出排除这些隐患的方法，汇总形成书面报告，和学校的安保部门一起来商讨、排除隐患吧！

活动五　制作地震应急包

地震应急包是用于应对地震的一种组合工具与应急物资的集合体。

虽然我们不能阻止地震的发生，但是要尽可能降低灾难带来的损失！生活中应常备应急包，放在便于拿取的地方以备紧急使用。一旦发生意外或灾害，可用应急包中的物品进行自救与互救。

虽然应急包使用概率非常低，低到一生都可能派不上用场，但只要用上一次，就能救自己或救别人一生。让我们一起 DIY 吧！

◇**活动小贴士**

● 地震应急包的重量不能太重，控制在自己体力能承受的范围之内。在选择物品的时候，一定要做到取舍有数、少而精，能满足人的最低生存需求即可。

● 注意定期更换补充应急包内的物品，保证物品能正常使用！

● 应急包里面的东西要归放有序，用起来不会翻得一团糟，耽误急救时间。

● 应急包要放在床头柜等伸手可以抓到的地方，或者放在家中最坚固处，即地震时人会冲向避难的地方。

● 配置急救包时，可以从实际情况出发，除了单纯应对地震还可以以应对日常生活中的内外科急症和损伤为主的基本配置上，根据实际情况组装应急包。

◇活动步骤

● 学生自愿组成小组，每组3~5人。

● 小组间成员可以查阅资料，然后讨论得出制作地震应急包所需要的物品。

● 小组成员分工合作，把物品准备齐全，制作完成地震应急包。

● 各小组把制作的应急包放到班级展示并进行讲解，小组互评，完善地震应急包的物品。

活动六 学校地震应急演练

演练前准备

● 演练前召开班会，学生熟悉应急避震的正确方法，分析学校应急避震的环境条件，阐述地震应急演练的重要意义，讲明演练的程序、内容、时间和纪律要求，以及各个班级疏散的路线和到达的区域；

● 同时强调演练是预防性、模拟性练习，并非真正的地震应急和疏散，以免发生误解而引发地震谣传。

演练要求

不要惊慌，听从指挥，服从安排。

● 保持安静，动作敏捷、规范，严禁推拉、冲撞、拥挤。

● 按规定线路疏散，不得串线。

演练程序

● 启动程序：播音员宣布地震应急演练即将开始，请大家做好准备，各就各位。

● 教室内应急避震演练：上课教师（演练时为班主任）立即停止授课，转而成为教室演练负责人，立即告知学生“地震来了，不要慌”，并指挥学生迅速抱头、闭眼，躲在各自的课桌下或课桌旁，尽量蜷曲身体，降低身体重心，并尽可能用书包或双手保护头部；最后一排同学面向墙，蹲在墙角处。“地震警报”信号结束后，学生复位，老师告知学生，地震已过，现在撤离教室，进入紧急疏散演练环节。

● 紧急疏散演练：学生在老师带领下有秩序从楼梯向下撤离，并按照预定的疏散路线，迅速撤离到事先指定的地点整队。

演练总结

● 清点人数。

● 请组织负责人总结本次演练取得的成果以及存在的问题。

● 宣布演练结束，各班依次退场，返回教室。

◇活动目的

通过开展地震应急演练，我们可以掌握应急避震的正确方法，增长基本的安全自救自护知识，可以提高我们的防震减灾意识，关爱生命意识，增强地震灾害的防范能力。在演练的过程中听从指挥、团结互助，提高自我管理能力，养成良好的日常行为习惯。

资料链接

▶地震中如何自救和互救？

当地震来临时，如果你身处不同的场合该如何自救？

● 在震中区 从地震发生到房屋倒塌，来不及跑时可迅速躲到桌下、床下及紧挨墙根下和坚固的家具旁，趴在地上，闭目，用鼻子呼吸，保护要害，并用毛巾或衣物捂住口鼻，以隔挡呛人的灰尘。正在用火时，应随手关掉煤气开关或电开关，然后迅速躲避。

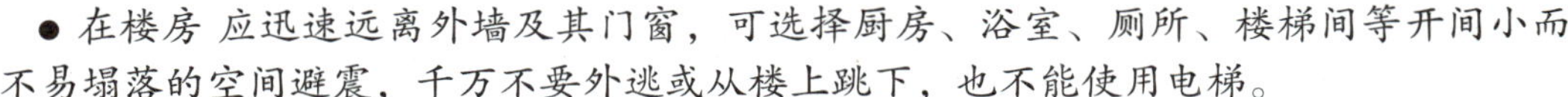

● 在楼房 应迅速远离外墙及其门窗，可选择厨房、浴室、厕所、楼梯间等开间小而不易塌落的空间避震，千万不要外逃或从楼上跳下，也不能使用电梯。

● 在户外 要避开高大建筑物，要远离高压线及石化、化学、煤气等有毒的工厂或设施。在过桥时应紧紧抓住桥栏杆，待主震发生后即向桥头移动，正在行驶的车辆应紧急刹车。

● 在公共场所 如车站、剧院、教室、商店、候车室、地铁等场所的人员切忌乱逃，要保持冷静，就地择物（排椅、柜架等物）躲避，伏而待定，然后听从指挥，有序撤离。

● 在有毒气的化工厂区域内要朝污染源的上风处跑，以免中毒。

地震中被埋压时如何自救？

地震中一旦被埋压，要实现自救，它要求被埋压人员：

● 有坚定的生存毅力，消除恐惧心理，相信能脱离险地。

● 不能脱险时，应设法将手脚挣脱出来，消除压在身上的物体，尽快捂住口鼻，防止烟尘窒息，等待求援。

● 保持头脑清醒不可大声呼救，用石块或铁具等敲击物体来与外界联系，保存体力延长生命。

● 想方设法支撑可能坠落的重物，若无力自救脱险时，应尽量减少体力消耗，等待救援。

▶DIY 地震应急包配置建议

一般的地震应急包应具备以下基本物品：

● 求救类	高频哨、救援绳、身份信息卡（含姓名、年龄、血型、紧急联系人）；
● 照明类	蜡烛、打火机、防水火柴、便携型多功能应急手电、电池；
● 防护类	防尘口罩、防滑手套、防灾头巾、安全帽；
● 生活类	保温应急毯、保温帐篷、超薄保温雨衣、压缩饼干、应急水、15L 折叠水桶、管钳、可调扳手、备用眼镜；
● 急救类	急救包扎包、创可贴、纱布绷带、棉球、无纺布胶带、酒精消毒片、应急剪刀。

主题14 生活中的历史与文化——社会风俗

社会风俗是历代相沿积久、约定俗成的风尚、礼节、习惯的总和，也是人们在衣食住行、婚丧嫁娶、岁时节庆、生产活动、宗教信仰、文化娱乐等方面广泛的行为规范。

风俗是一个国家、民族、地区社会物质文明和精神文明在日常生活中的反映。中国社会的传统风俗是历史发展的积淀，风俗的变迁也是历史的变迁。近代以来，中国传统社会相延已久的风俗发生了重大变化。在物质文明迅速发展的当代社会，我们怎样才能使传统风俗中的文化内涵发挥出当代价值呢？对这些问题的思考无疑将影响我们对当下生活方式的理解。

活动指南

健康生活是本专题活动所着力体现的核心素养。在本专题的活动中，通过对唐宋以来中国古代女子服饰变迁研究，以及“说出风俗中的文化故事”的活动设计，初步认识中国古代传统风俗的基本特点，以及中国人的行为习惯与生活方式的社会背景养成。在“体验”近代中国移风易俗的系列活动过程中，进一步理解风俗作为社会文化的突出表现，展现出的时代特有的精神风貌。认识近代中国社会的移风易俗的本质是中国社会的近代化的表现，是中国近代学习西方，在思想、政治、经济、文化、艺术以及市民生活形态各领域的发展积淀。在传统风俗的现代价值以及现代传承的探究活动中，理解传统风俗与时代以及社会发展相适应的必要性，以积极的心理品质，自信自爱，坚韧乐观的精神，自觉养成健康文明的行为习惯和生活方式。

古代中国的传统风俗

明代高僧莲池在《竹窗随笔·习俗》一文中曾说："先辈云：'习俗移人，贤智者不免。'今一衣一帽、一器一物、一字一语，种种所作所为，凡唱自一人，群起而随之，谓之时尚。"中国的传统习俗形式多样，内容丰富，是中华民族悠久的历史文化的一个组成部分，也是中华民族的历史文化长期积淀凝聚的过程。我们从这些流传至今的风俗礼仪里，可以清晰地看到历代人民社会生活的精彩画面。

活动一

唐宋以来中国古代女子服饰变迁研究

追求美是人的天性，衣冠于人，其作用不仅在于遮身暖体，更具有美化的功能。几乎是从服饰起源的那天起，人们就已将其生活习俗、审美情趣、色彩爱好，以及种种文化心态、宗教观念，都沉淀于服饰之中，构筑成了服饰文化的精神文明内涵。你了解中国古代的服饰吗？下面就让我们一起在研究唐宋以来中国古代女子服饰变迁的过程中，去体会悠久的中华衣冠文化吧！

1. 你对唐代以来的哪个朝代的女子服饰比较感兴趣？说出你的理由。
2. 尝试归纳唐代以来各朝代女子服饰的基本特点。
3. 你知道唐代中前期与中晚期的女子服饰特点发生了怎样的变化吗？为什么会发生这样的变化？
4. 你认为影响古代女子服饰变化的因素有哪些？
5. 你认为现代服饰应该如何吸收古代服饰的特点？

唐中前期小头鞋履窄衣裳，披帛半臂兴盛；晚唐时宽装束，衣裙宽松；宋尚素雅；元代衣袖紧窄，尚云肩；明霞帔比甲兴盛；清汉族传统服饰终结，满族特色的旗袍影响至今。

—— Nancy Duong《惊艳的中国古代美女服饰变迁》

活动拓展

中国的传统民俗蕴含着独特的文化心理与价值观念。林语堂曾在《京华烟云》中借姚府庆中秋的场景，讲述了中国民间“持蟹赏菊度中秋”的古老风俗：每逢阴历八月十五，菊香蟹肥，月朗风清，人们暂时突破长幼尊卑的身份界限，男女老幼在庭院中欢聚一堂，饮酒赏月，共度良辰。展现了“敬拜、谢母、团圆、和谐”的中秋文化内涵。

与中秋并称为中国五大传统节日的是春节、清明、端午、重阳。你知道这些传统节日风俗的由来吗？请选取其中一个节日风俗，说出风俗中的文化故事。

资料链接

▶隋唐服饰

隋唐时期，中国由分裂而统一，由战乱而稳定，经济文化繁荣，服饰的发展无论衣料还是衣式，都呈现出一派空前灿烂的景象。

隋唐时期最时兴的女子衣着是襦裙，襦裙是唐代妇女的主要服式。在隋代及初唐时期，妇女的短襦都用小袖，下着紧身长裙，裙腰高系，一般都在腰部以上，有的甚至系在腋下，并以丝带系扎，给人一种俏丽修长的感觉。中唐时期的襦裙比初唐的较宽阔一些，其他无太大变化。隋唐女子好打扮。从宫廷传开的“半臂”，有对襟、套头、翻领或无领式样，袖长齐肘，身长及腰，以小带子当胸结住。因领口宽大，穿时袒露上胸。半臂历久不衰，后来男子也有穿着的。当时还流行长巾子，系用银花或金银粉绘花的薄纱罗制作，一端固定在半臂的胸带上，再披搭肩上，旋绕于手臂间，名曰披帛。

女装男性化是唐代社会开放的表现之一，妇女穿着男装是当时一种时尚。唐人善于融合西北少数民族和天竺、波斯等外来文化，唐贞观至开元年间十分流行胡服新装。

▶端午习俗

过端午节，是中国人两千多年来的传统风俗，由于地域广大，民族众多，加上许多故事传说，于是不仅产生了众多相异的节名，而且各地也有着不尽相同的习俗。其内容主要有：女儿回娘家，挂钟馗像，迎鬼船、躲午，帖午叶符，悬挂菖蒲、艾草，游百病，佩香囊，备牲醴，赛龙舟，放风筝，比武，击球，荡秋千，给小孩洗苦草麦药澡，涂雄黄，饮用雄黄酒、菖蒲酒，吃五毒饼、咸蛋、粽子和时令鲜果等等。

近代中国的移风易俗

社会风俗作为社会文化的突出表现，展现着时代特有的精神风貌。进入19世纪中期，近代工业起步，中西文化的碰撞和交汇扑面而来，新的事物和思想观念冲击着中国的社会生活，引发了一场大的社会变革，人们的衣、食、住、行等方面的变革显得尤为突出。服饰领域出现了中式与西式、传统与现代的共同流行；饮食文化中，西餐的传入，极大地丰富了国人的餐桌；居室建筑方面，在中式住宅的发展过程中，西方的建筑理念逐步融入其中……“移风易俗”成为时代的特征之一。

活动二

组织一场关于近代中国“移风易俗”的体验活动

辛亥革命后，中国的社交礼仪，逐渐采用西方的握手、鞠躬，以取代等级分明的跪拜礼。在称呼上，逐步采用平等的“先生”“同志”，代替了“老爷”“大人”等称谓。民国政府还颁布了剪辫易服和废止缠足等法令，婚丧仪式也更加简约……近代中国礼仪风俗的变化显示了平等、自由等文明精神，让我们一起来亲身体验吧！

体验活动Ⅰ：

穿小码高跟鞋不间断行走10分钟（体会“缠足”）；换上运动鞋行走。

思考问题Ⅰ：
“缠足”的影响仅仅在身体方面吗？结合体验，谈谈对“缠足”的认识。

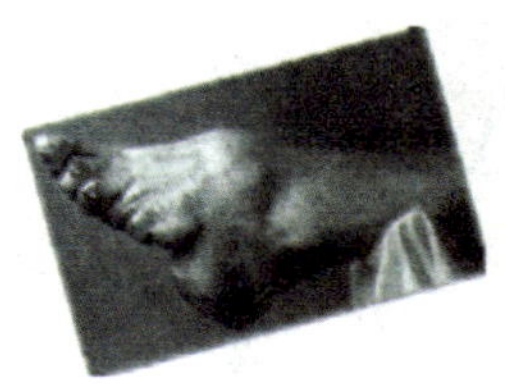

体验活动Ⅲ：
模仿传统婚礼现场；模仿近代婚礼现场。

体验活动Ⅱ：
将同学分成两组，向其中一组的每名同学跪拜、作揖、请安；与另外一组同学握手寒暄。

思考问题Ⅱ：
你向同学行跪拜礼的过程中产生的“不好意思”心理，说明了什么问题呢？

思考问题Ⅲ：传统婚礼与近代婚礼的关注点分别是什么？

活动拓展

清军入关后两次颁布“剃发令”，要求“投诚官吏军民皆着剃发，衣冠悉遵本朝制度”。“遵依者为我国之民，迟疑者同逆命之寇，必置重罪。”

1912 年中华民国临时政府成立，政府颁布剪辫易服法令。“剪辫文”规定：“凡未去辫者，于令到之日，限 20 日一律剪除干净。有不遵者违法论。”

——百度百科“剃发令”词条

官厅为治事之机关，职员乃人民之公仆，本非特殊之阶级，何取非分之名称。查前清官厅视官等之高下，有大人、老爷等名称，受之者增惭，施之者失体，义无取焉。光复以后，闻中央各地方官厅，漫不加察，仍沿旧称，殊为共和政体之玷污。嗣后各官厅人员相称，咸以官职；民间普通称呼，则曰先生、曰君，不得再沿前清官厅恶称。

——《临时大总统关于革除前清官厅称呼致内务部令》（1912 年 3 月 2 日）

请思考：

1. 你知道清军入关颁布“剃发令”与中华民国临时政府的“剪辫文”有什么区别吗？
2. 请说出孙中山要革除前清官厅称呼的原因。
3. 你能归纳近代中国社会风俗发生的变化，并分析其原因吗？
4. 请结合以上分析，说明近代中国移风易俗的社会内涵。

资料链接

▶近代中国社会风俗变迁的原因

近代中国社会风俗的变迁，是传统中国在世界文明浪潮冲击下进一步现代化的过程。究其原因，可以归结为以下两个方面：

一是西方生活方式的浸染与挑战。从鸦片战争到五四运动，中国承受的西潮强烈而普遍。林则徐、魏源等人“师夷长技以制夷”的呐喊，太平天国运动、洋务运动、戊戌变法、辛亥革命、五四新文化运动等思潮促进了中华民族的觉醒，对改变中国人的观念与由此而兴起的前景发挥了巨大的作用。

二是中国内部新兴的进步力量，为振兴国家在理论和实践两个层面上做出的努力。民国肇兴，革旧布新之风蔚然兴起，“改良二字，已为一般人之口头禅”。资产阶级政体的确立，使民主共和的观念深入人心，一场自上而下的改革涤荡着封建社会一切陈规陋习。南京临时政府先后颁布了“废除贱民身份，许其一体享有公民权利”“禁止买卖人口”“革除前清官厅称呼”“晓示人民一律剪辫”以及禁烟、禁赌、禁唱淫戏等一系列法令与命令。地方当局和民间团体纷纷制订计划，设立机构，组织团体，加以劝导。这些团体，或创办报纸、散发书画，或集会演说、歌唱排戏，努力宣传民众，转移社会风尚。

——田苹、孟凡明.西风渐染：从“断发易服”看近代中国物质生活与习俗的变迁[J].中学历史教学参考，2011（10）.

传统风俗与现代生活

传统风俗作为社会整合的精神遗产、经济增长的潜在动力、道德建构的再生资源和生活观念的导向因素，对现代的社会政治生活、经济生活、道德文化生活和贯穿三者之中的生活观念产生着极大的影响。而作为历史产物的传统风俗又必然要与时代以及社会发展相适应，以开放的心态自觉主动地汲取营养，新陈代谢，才能传承和发展下去。

活动三

传统风俗的现代价值探究

陕西省宝鸡市岐山县主打臊子面的民俗，现在从岐山县城到周公庙，已形成了著名省内外的民俗村；从蔡家坡到岐山县城的公路两旁，岐山小吃及臊子面接待户比比皆是。全县民俗产业接待户超过 1 000 户，2011 年上半年户均收入超过 2.5 万元，40% 的接待户年收入超过 15 万元。传统风俗文化具有经济价值，影响着现代经济的发展。同时也对现代社会生活的诸多方面产生着极大影响。下面就让我们一起来探究传统风俗的现代价值吧！

活动探究

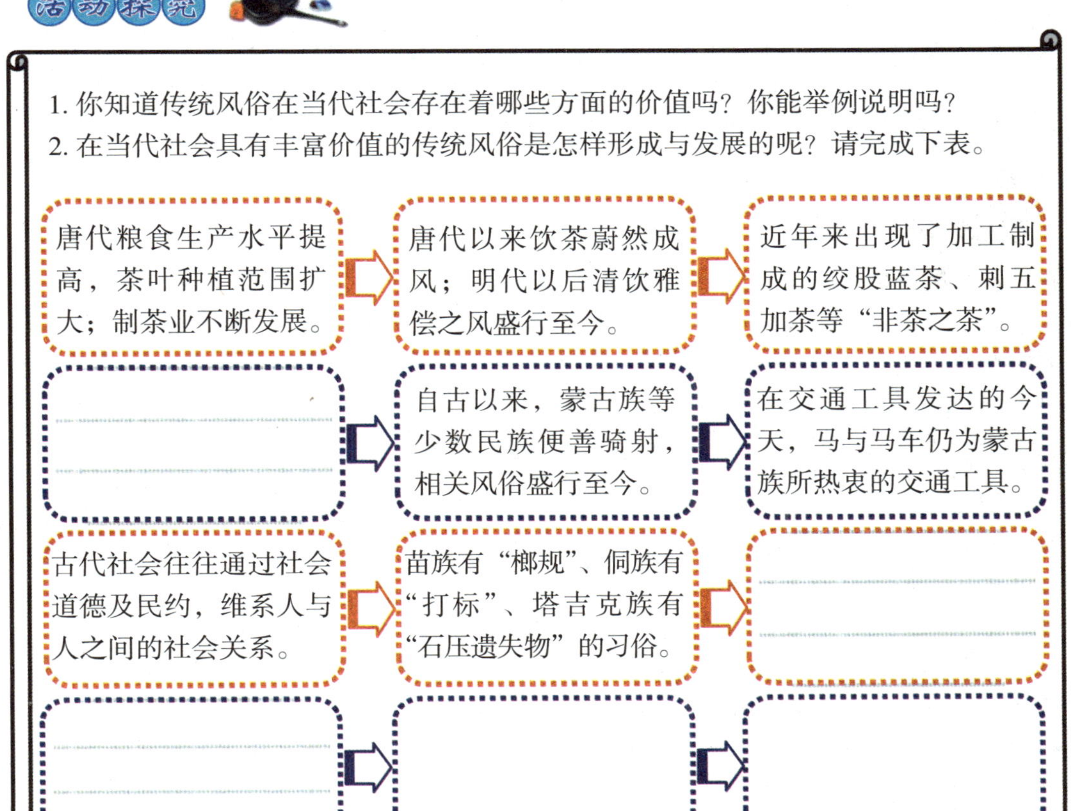

1. 你知道传统风俗在当代社会存在着哪些方面的价值吗？你能举例说明吗？
2. 在当代社会具有丰富价值的传统风俗是怎样形成与发展的呢？请完成下表。

唐代粮食生产水平提高，茶叶种植范围扩大；制茶业不断发展。 ⇒	唐代以来饮茶蔚然成风；明代以后清饮雅偿之风盛行至今。 ⇒	近年来出现了加工制成的绞股蓝茶、刺五加茶等“非茶之茶”。
⇒	自古以来，蒙古族等少数民族便善骑射，相关风俗盛行至今。 ⇒	在交通工具发达的今天，马与马车仍为蒙古族所热衷的交通工具。
古代社会往往通过社会道德及民约，维系人与人之间的社会关系。 ⇒	苗族有“榔规”、侗族有“打标”、塔吉克族有“石压遗失物”的习俗。 ⇒	
⇒	⇒	

活动拓展

在古代，人们对未知世界的恐惧并由此引发对未来世界的神秘感，促使人们到精神世界、幻想的偶像中去寻求心灵的寄托与慰藉。如此，祭祀风俗便产生了。但丧葬祭奠诸事礼俗繁杂冗长，一场丧事下来往往搞得人身心疲惫；同时丧葬祭祀也造成了巨大的社会财富的浪费，除钱财外，土地的浪费也是十分惊人。

请思考

1. 我国各民族的丧葬民俗形式多样。除了土葬外，你还知道哪些丧葬形式？

2. 在诸多的丧葬形式中，你认为哪些比较合理？请说出你的理由。

3. 土葬之俗，自古便仪式周详。春秋末年，从初入殓到出殡下葬，多达40多项礼仪。至今尚有如服丧、烧七、立碑等仪式。你还能举出一两项其他的丧葬仪式吗？

4. 中国为何会有如此周详的丧礼仪式呢？请尝试分析归纳影响我国丧葬风俗的因素。

5. 结合以上分析，你认为传统风俗应如何在现代社会传承？请说出你的看法。

资料链接

▶清明节的民俗变迁

清明节在历史的发展中，节俗的根本性质虽然没有发生变化，但出现了由神圣祭祀向世俗娱乐转化的趋向。清明节逐渐更多地注重活人的欢娱，偏重于踏青游玩，并且放风筝的规模、形式都较为丰富。在唐代，民间兴起了荡秋千、放风筝的活动，参加者主要是女性。如有诗云“紫陌乱嘶红叱拨，绿杨高映画秋千”，说的就是清明春风拂柳之际，三五成群的女子于郊野树下荡秋千。据说在唐朝宫中，有宫女把秋千荡得很高，飘飘而下，好像仙女从天而降，唐玄宗因此戏称荡秋千是“半仙之戏”。放风筝习俗具有浓厚的宗教色彩，在古人眼中放风筝可以放走自己的晦气。宋代以后清明时节放风筝在老百姓中十分普及。有记载：“清明扫墓，倾城男女，纷出四郊，提酌挈盒，轮毂相望。各携纸鸢线轴，祭扫毕，即于坟前施放较胜。”

进入现代，清明节传承下来的活动事项，其一是扫墓，在大部分地区尤其是农村地区还保留着这一传统。并且现在的扫墓也不仅仅只是限于给自己的宗亲扫墓，还推广到纪念革命烈士上。其二是植树，植树的民俗源于丧葬习俗。新中国成立之后，我国政府为了营造优美的生态环境，提出绿化祖国的号召，大力提倡清明植树的民俗活动。清明节发生的这些变化，既是民俗在传承过程中的变异，也是习俗经过人与自然整合的结果。

主题15　身边的"钱"途

一个人从事何种职业直接影响其经济收入和社会地位，进而影响其对工作的满意度和生活幸福感，所以职业生涯规划对一个人的一生发展至关重要。

一方面，高中阶段是世界观、人生观、价值观形成的关键时期。但现在的高中生往往缺乏对自己全面、深入的了解；由于学业负担较重，他们对社会的接触面很窄，职业实践甚少；加之社会、学校、家庭没有给他们更多有效的相关引导，目前高中生普遍缺乏制订自己的职业生涯规划和学涯规划意识。与此同时，诸多调查显示：当代大学生对所学专业的满意度甚低，一半以上的大学生想换专业，已从业人士中想换职业的也不在少数。这种现象造成社会资源、个人时间、精力的极大浪费。为此，高中生探索职业生涯、尝试初步制订适合自己的职业生涯规划非常有必要。

另一方面，新高考改革，学生面临选考科目的选择。制订学涯规划，选择适合自己的科目及专业，不失为实现职业理想和人生价值的有效途径。

只要我们意识到这些，就会发现，适合自己的理想职业不仅不是遥不可及的，自己的身边到处都是"钱"途。

活动指南

健康生活是本专题活动所着力体现的核心素养，该素养主要是学生在认识自我、发展身心、规划人生等方面的综合表现。

职业生涯规划是实现职业理念和人生价值的重要前提，是个人获得健康生活的基础，但现在的高中生普遍没有制订自己的职业生涯规划和学涯规划。通过该专题活动的开展，一方面我们要意识到制订适合自身发展的职业生涯规划和学涯规划的重要性，初步掌握制订规划的策略；另一方面，通过问卷调查、情境体验、拍卖会、角色扮演等活动，我们要能正确认识与评估自我，依据自身个性和潜质选择适合自己的发展方向，合理规划自己的人生，提升参与新时代中国特色社会主义经济建设的理性判断与选择能力，让自己的生活更加健康美好，让整个社会更加进步和谐！

职业生涯规划

你想过自己未来将要从事什么样的职业吗？你知道什么是职业生涯规划吗？

高中阶段是世界观、人生观、价值观形成的关键时期，有必要制订适合自己的职业生涯规划。

活动一 调查问卷：中学生生涯规划

1. 你觉得你目前属于哪类学生？
A. 有理想，有抱负，积极为自己的目标努力着，保持乐观的态度
B. 知道未来形势严峻，但现在很茫然，不知该如何努力
C. 无所追求，随遇而安，过一天算一天，不为将来担忧
D. 对自己的前途很悲观，不知道什么才是真正有意义的人生

2. 你希望自己成为什么样的人？
A. 社会名流　B. 普通民众　C. 隐逸修士　D. 无所谓，什么人都行

3. 你觉得你了解自己吗？比如性格、兴趣、优势、爱好等。
A. 非常了解　B. 比较了解　C. 不太了解　D. 从没想过

4. 是否规划过自己未来两年内或五年内的目标？
A. 有　B. 无（若有，请简略写出自己的规划）____________

5. 你想考上哪所学校？（填写大学名称）____________

6. 毕业后，你想从事什么职业？
____

7. 根据你对自己的生涯规划，你是否清楚地知道自己所需具备的能力有哪些？
A. 非常清楚　B. 比较清楚　C. 不太清楚　D. 根本不了解

8. 为了实现自己的生涯规划，你是否开始准备增强自己的各项技能？
A. 是，我有明确的计划　B. 是，但还没有明确的计划
C. 认为没必要　D. 没想过这个问题

9. 你认为实现自己的生涯规划应具备的主要要素有哪些？
A. 知识和能力　B. 金钱和关系　C. 雄心与计划　D. 顺其自然

10. 激励你奋斗的主要原因有
A. 财富　B. 自我价值的实现
C. 他人眼中的功成名就　D. 其他（请列举）______

11. 对于自己缺乏的条件,要如何来获得？
A. 等待条件出现　B. 努力争取创造　C. 靠他人指点　D. 尚不清楚

12. 你认为以下哪种人生才算是幸福的？
A. 家庭美满　B. 事业成功
C. 腰缠万贯　D. 对社会有贡献
D. 其他（请列举）________

活动二　职业生涯规划之自我探索

你了解自己吗？你知道自己的气质和性格类型吗？你认为自己的能力如何？在选择职业时，你最看重的是什么？让我们开启自我探索之旅吧！

探索兴趣爱好——六岛生活计划

假定有一次你坐飞机旅行，到了一片岛屿上空，飞机突然出现了故障，你不得不跳伞空降到以下六个岛屿中的一个，这六个岛屿分别生活着不同的人：

R 岛：自然原始岛屿
R 岛上有原始的自然生态景观，居民擅长手工活动，自己种植花果蔬菜、修理房屋、制造各种工具。

A 岛：美丽浪漫岛屿
A 岛弥漫着浓厚的艺术文化气息，居民保留着传统的音乐、舞蹈和绘画，很多文艺界朋友来这里寻找灵感。

G 岛：现代井然岛屿
G 岛居民冷静保守，处事有条不紊，善于组织规划，岛上建筑现代化，是进步的都市形态。

S 岛：温暖友善岛屿
S 岛上居民温和友善，乐于助人，互助合作，重视教育，充满人文气息。

E 岛：显赫富足岛屿
E 岛上经济高度发达，居民善于经营和贸易，来往者多是企业家、经理人、律师等。

I 岛：深思冥想岛屿
I 岛上有很多天文馆、科技馆及图书馆，居民喜欢深思、学习，喜欢和各地哲学家、科学家和心理学家交换心得。

请按顺序写出你最想降落的前三个岛屿。

选择 1：　　岛，因为：
选择 2：　　岛，因为：
选择 3：　　岛，因为：

选择同一岛屿的人相互交流一下，自己为什么选择这个岛屿？看看大家有什么共同的兴趣爱好？请把大家共同的兴趣爱好归纳出 2 ~ 3 个关键词，例如选择 A 岛的关键词：美感、浪漫、艺术。

我们岛屿的关键词：____________________

探索能力——绘制多元智能八卦图

八项多元智能在每个人身上显现的方式与程度不同，想一想，假如要绘制属于自己的多元智能八卦图，这八项智能的比例有何不同？请用与各项智能颜色相符的彩笔将它们绘制出来。注意优势智能所占面积较大，弱势智能所占面积较小。

◇这一活动使你对自己的能力有了什么新的认识？能力与你各科的学习成绩之间具有怎样的关系？

◇你应该如何进一步发展自己的优势能力？

◇你应该如何对待自己的能力短板？它对你的生涯发展会有什么影响？

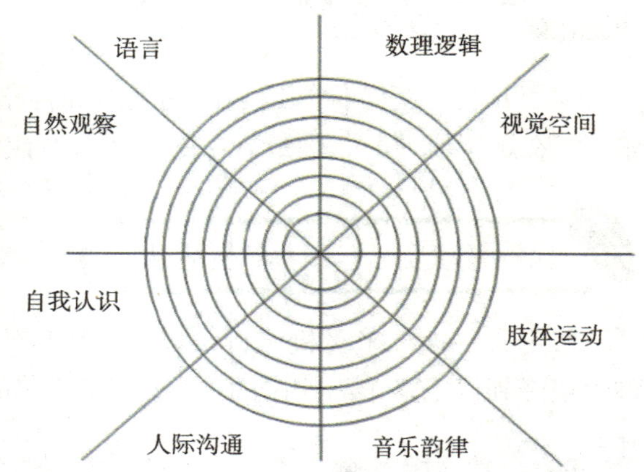

探索性格——选择性格形容词

我们对自己的了解，以及别人对我们的了解有什么相同点和不同点呢？邀请同学与家人一起来探索吧！

1. 请在下面的性格形容词表中挑选符合你自己的性格形容词，并填写在“我眼中的我”后面。

2. 利用课余时间，分别采访朋友（或同学）、父亲与母亲（或其他家人），请他们挑选符合你性格特点的形容词，并填写在相应的空白处。

性格形容词表

有恒心的	顺从的	善解人意的	冷漠的	有条理的	理性的	有野心的
活跃的	冲动的	有想象力的	友善的	好交际的	固执的	高效的
安静的	慷慨的	有责任感的	好奇的	有创意的	沉着的	热情的
主动地	悲观的	有说服力的	周到的	有心计的	幽默的	细致的
被动的	乐观的	有同情心的	认真的	有想法的	刚毅的	匆忙的
聪明的	保守的	缺乏想象的	坚强的	善表达的	无聊的	合作的
坦率的	严肃的	爱思考的	独立的	爱幻想的	真诚的	依赖的
直觉的	害羞的	有主见的	助人的	爱表现的	谨慎的	天真的
浮躁的	含蓄的	情绪化的	内敛的	爱冒险的	温柔的	实际的

我眼中的我：

父亲、母亲眼中的我：

朋友眼中的我：

我希望继续保持的性格特质是：

我希望改变的性格特质是：

我觉得适合我性格的职业有：

探索价值观——价值观拍卖会

以舒伯的15项职业价值观为竞拍项目，主持人给每个学生发放10 000元道具币，代表了一个人一生的时间和精力。每个人需要先仔细浏览15项职业价值观并进行估算，然后根据自己的需要和对人生的理解竞拍这些项目。每个项目都有底价，每次出价都以500元为单位，价高者得到这样东西。

舒伯的15项职业价值观

1. 利他性　2. 美感　3. 创造性　4. 智力激发　5. 独立性　6. 成就　7. 管理　8. 工作环境　9. 监督关系　10. 同事关系　11. 变动性　12. 声望　13. 安全性　14. 经济报酬　15. 生活方式

1. 你是否买到了自己认为最重要的价值观项目？如果买到了，当时的心情如何？如果没有，为什么没有买到？没有买到的心情又是怎样的？
2. 除了你认为最重要的价值观项目之外，你还买到了哪些项目？它们在你原本的计划中吗？如果不在，你为什么会买？你是否后悔你买到的这些东西？为什么？
3. 你最想买的项目是什么？为什么它对你而言那么重要？你的生活中哪些方面体现出了这一价值观？
4. 有没有什么价值并没有在上面列出来，而你认为更值得追求？
5. 参与拍卖活动时，你的心态如何？

活动三　职业生涯规划之职业探索

头脑风暴：你知道哪些职业？

2015新版《职业大典》职业分类结构为8个大类、75个中类、434个小类、1 481个职业。信用管理师、网络编辑员、企业文化师、同声传译员等越来越多的新职业出现在我们身边。

职业猜猜看

设计8种职业，分别写在8张纸条上，把全班分成8个小组，每组抽取一张纸条，完成小组任务：（1）用肢体语言表演该职业；（2）总结该职业所需要的条件（至少三个性格条件，三个能力条件）。

我的职业理想

我的职业理想是________________

因为________________

这个职业吸引我的地方是________________

____

这个职业需要的能力有________________

为此，我愿做的准备是________________

____

资料链接

▶职业生涯规划

职业生涯规划可以界定为：个人根据自身的现实条件与影响个人职业选择的外界因素及其变化的预测，确立自己的职业方向、职业目标，选择职业生涯发展道路，制订发展计划、学习计划及实现职业生涯目标的具体行动方案，包括行动的具体策略与进程等。

▶加德纳八项多元智能

学涯规划

要实现自己的职业理想和人生梦想，实现高中学习和未来发展的有机衔接，还需要探索自己的学科优势和专业优势，做好学涯规划。新高考改革，在传统高考基础上，主要进行了考试科目的调整。目的在于增大学生学习的选择权、培养全面而有个性的合格接班人，考生总成绩由统一高考的语文、数学、外语 3 个科目成绩和高中学业水平考试 3 个科目成绩组成。这 3 个科目由考生根据报考高校要求和自身特长，在思想政治、历史、地理、物理、化学、生物等科目中自主选择。

活动四 学涯规划之选考科目

选考科目样例					
我的职业理想	医生				
我的理想大学 1	吉林大学	我的理想大学 2	四川大学	我的理想大学 3	
专业（类）1	临床药学	专业（类）2	临床医学	专业（类）3	
专业限考要求	化学生物	专业限考要求	物理化学	专业限考要求	
学科兴趣	化学 历史 地理 生物 政治 物理				
学习能力	空间想象、逻辑推理与实验能力、记忆、分析与实验能力				
选考科目	化学 生物 物理				
学考科目	历史 地理 政治				
选择此类选考科目我需要克服的障碍	在生物学科方面：学习能力有，但是学科兴趣和学科成绩都需要很大的改善和提高。在化学学科方面：学科成绩需要继续保持并提高。				

<table>
<tr><td>为了克服这一困难，我准备</td><td colspan="5">为成为一名合格的医生，我会设计一个学习物理和生物的学习时间表，并严格按照规定的时间执行。同时阅读与此相关的课外书籍，培养自己相应的学科兴趣。</td></tr>
<tr><td colspan="6">我的选考科目模板</td></tr>
<tr><td>我的职业理想</td><td colspan="5"></td></tr>
<tr><td>我的理想大学1</td><td></td><td>我的理想大学2</td><td></td><td>我的理想大学3</td><td></td></tr>
<tr><td>专业（类）1</td><td></td><td>专业（类）2</td><td></td><td>专业（类）3</td><td></td></tr>
<tr><td>专业限考要求</td><td></td><td>专业限考要求</td><td></td><td>专业限考要求</td><td></td></tr>
<tr><td>学科兴趣</td><td colspan="5"></td></tr>
<tr><td>学习能力</td><td colspan="5"></td></tr>
<tr><td>选考科目</td><td colspan="5"></td></tr>
<tr><td>学考科目</td><td colspan="5"></td></tr>
<tr><td>选择此类选考科目我需要克服的障碍</td><td colspan="5"></td></tr>
<tr><td>为了克服这一困难，我准备</td><td colspan="5"></td></tr>
</table>

活动五　我的职业生涯规划书

<table>
<tr><td colspan="6">我的职业生涯规划书</td></tr>
<tr><td>年级</td><td></td><td>班级</td><td></td><td>姓名</td><td></td></tr>
<tr><td rowspan="4">自我分析</td><td>兴趣</td><td colspan="4"></td></tr>
<tr><td>能力</td><td colspan="4"></td></tr>
<tr><td>性格</td><td colspan="4"></td></tr>
<tr><td>价值观</td><td colspan="4"></td></tr>
<tr><td rowspan="3">环境分析</td><td>家庭环境</td><td colspan="4"></td></tr>
<tr><td>社会环境</td><td colspan="4"></td></tr>
<tr><td>学校环境</td><td colspan="4"></td></tr>
<tr><td rowspan="4">确立目标</td><td>职业目标</td><td colspan="4"></td></tr>
<tr><td rowspan="2">大学与专业目标</td><td>学校1</td><td></td><td>专业</td><td></td></tr>
<tr><td>学校2</td><td></td><td>专业</td><td></td></tr>
<tr><td>高一目标</td><td colspan="4"></td></tr>
</table>

	高二目标	
	高三目标	
制定规划		
实践行动		

活动拓展

开展“职业见习日”活动

联系条件适合的有关单位，亲自到单位进行职业体验数日。

资料链接

▶影响选考科目的因素

1. 学科优势。学科优势主要包括三大方面，即学科兴趣、学科能力、学科自我效能感。

2. 理想。选择与理想接近的学科，不仅对学科的学习起促进作用，而且也有助于未来的职业发展。

3. 学科相关度。

4. 教师因素。教师的个人魅力、讲课方式是影响学生的学科兴趣和能力的因素。

5. 社会发展需求。了解社会发展对人才的需求，处理好“热门”“冷门”专业等问题，对高中生合理选择学科也是十分重要的。

6. 高校专业限考要求。提前确定自己专业选择的大方向，并了解各学校的专业限考要求，对于科学选科也十分重要。

7. 学习成绩。

8. 父母与教师的建议。

▶制订职业生涯规划

一份完整有效的职业生涯规划至少应包括评估自我、分析环境、确定目标、实施计划 4 个环节，每个环节都必须坚持相应的原则：

1. 评估自我环节应坚持主观与客观相结合的原则（自评与他评结合）。

2. 分析环境环节应坚持整体与局部相结合的原则（社会大环境与某职业小环境）。

3. 确定目标环节应坚持理想与现实相结合的原则（个人理想与社会需要结合）。

4. 实施计划环节应坚持学习与实践相结合的原则。

主题 16　人口与未来：直面中国人口问题

2017 年中国出生人口 1 723 万人，比 2016 年减少了 63 万人，这一数据比之前各方的最低预测还要更低；2017 年人口出生率比 2016 年下降了 0.52‰，只有 12.43‰，这一数据比日本的出生率还低，我国的人口自然增长率下降到了 5.32‰这一惊人的低生育水平。

中国古代为了社会经济的发展、国家的税源、兵源和役使劳动力来源，推出很多人口增殖政策，到 1850 年中国人口约 4.5 亿，占世界人口的 38%；1949 年年末，中国大陆人口为 6.12 亿，占世界人口比例为 25%；到 1990 年末，中国人口已达 12.3421 亿人，但占世界人口比例一直保持在 20%左右。当人口增殖政策带来人口相对过剩，并引发种种社会问题时，对我国人口政策出现不同的呼声，解决人口问题的举措也因时代不同、人口问题的表现不同而发生变化。

中华人民共和国成立后人口问题一直是影响我国社会经济发展的重大问题，只是在不同的发展时期有着不同的表现。那么中国不同发展时期存在的人口问题有什么不同？带来了哪些不同的影响？我国采取的人口对策又有什么不同？带着这些问题，让我们开始本专题的学习和活动。

活动指南

健康生活是本专题活动所要着力体现的核心素养，具体包括珍爱生命、健全人格、自我管理等基本要点。

本专题从不同历史时期的人口问题入手，通过学生活动，强化对中国不同阶段人口问题的认识，加深对中国古代、近代和现代人口政策的理解，进一步明确诸如人口老龄化、低生育率、性别比失调、人口素质亟待提高等中国人口问题产生的原因以及给社会经济发展带来的深刻影响。

通过图文资料分析、角色扮演、史料研读、问卷调查和学生“参政议政”等系列活动，使我们意识到人口问题是关乎中国社会发展、关乎人类生存状态和生命质量的关键问题。通过提高生育率的问卷调查活动，关注自己及现在孩子的成长“成本”问题，培养自我管理意识，思考如何降低自己的成长“成本”，增强解决人口问题的危机感、责任感和使命感。通过“智慧养老”活动，强化学生关心社会问题的参与意识，深切体会习近平同志在十九大报告中提出的积极应对人口老龄化、实施健康中国战略的伟大意义。

中国古代的人口问题

“多子多福”、“人丁兴旺”是传统家族的美好愿望，“户口繁庶”、“广土众民”是国泰民安、太平盛世的象征。自古以来，中国古代的人口问题就影响着社会的治乱兴衰。

活动一 探究中国古代的人口政策

我国的历史典籍中，有许多关于人口问题的记载。

命壮者无取老妇，令老者无取壮妻。女子十七不嫁，或男子二十不娶，罪其父母。生男孩者奖以二壶酒一犬,生女孩奖二壶酒一豚。……如系孤子或寡妇、疾疹、贫病者的子女,由官府为之教养。有才能之士由官府“洁其居,美其服,饱其食。”

——《国语》记载越王勾践所推行的鼓励人口增殖的政策

宋代禁止蓄奴或卖身为奴，并规定“民负人钱没入男女者，还其家，敢匿者有罪”。《明律》规定，“庶人之家，不许存养奴婢”。

元代律例“诸生女溺死者，没其家财之半以劳军。首者为奴，即以为良。有司失举者罪之”。

宋仁宗“诏令、天下孤独疾病者，致医药存视”，“哀病者乏方药，为颁庆历善就方。且令太医择善察脉者，即县官授药，审处其疾状予之，无使贫民为庸医所误，夭阏其生”。宋代先后恢复了义仓、常平仓、惠民仓、社仓、平谷仓,并创设了广惠仓和丰储仓。

明代“凡岁灾,尽蠲二税,且贷以米,甚者赐米布钱钞”。在京师,“饥民还籍,给以口粮。京、通仓米,平价出集。兼预给俸粮以杀米价,建官舍以处流民,给粮以收弃婴”。

康熙五十一年，“滋生人丁，永不加赋”；雍正时期“摊丁入亩”，人头税取消。

思考一：你能对材料中的人口政策进行简要概括吗？你能尝试将下列人口政策与材料中的信息对应起来吗？

①放奴为良，增加编户　②婚嫁以时，鼓励生育　③抚育幼稚，养赡老弱

④发展医药，疗治贫民　⑤赈济灾荒，制止流亡　⑥调整赋税，减轻控制

思考二：看过上述材料，你发现中国古代统治者推出的人口政策有什么共同之处？

活动二 中国古代、近代的控制人口思想

中国古代的人口增殖政策，保障了劳动力的充足，推动了农耕经济的繁荣。在清朝康、雍、乾长达一个多世纪中社会总体稳定，人口从清初的1.8亿增加到鸦片战争

前夕的4亿之众，由此引发了一系列社会问题，各地民变此起彼伏。乾隆时期的学者洪亮吉在其著作《意言》中表达了对人口过剩的忧虑，并提出了解决措施。近代以来的学者，面对内忧外患的局势，纷纷提出解决人口问题的举措。

阅读材料，思考晚清至近代的政治家、思想家，为解决人口问题提出哪些举措？你认为谁的主张，对解决人口问题最有帮助？他们的主张，对我们解决当代的人口问题有哪些启示呢？

洪亮吉

“天地调剂之法”即水旱灾害和疾疫流行等自然灾害。

“君相调剂之法”即政府的调剂方法。“使野无闲田”、“民无剩力”、“疆土之新辟者，移种民以居之”、“赋税之繁重者，酌今昔而减之”、“禁其浮靡”、“抑其兼并”。

梁启超

“禁早婚”以提高人口质量。指出早婚有五大害：①害于养生；②害于传种；③害于豢养——父母无知，影响子女教育；④害于修学；⑤害于国计——早婚的少年尚未具备“治生之力”，生育子女更为父母增加负担，不利国计民生。

薛福成

发展机器工业,学习西方“用机器之各厂,皆能养贫民数千人或万人”；发展采矿业；修建铁路，“有修路之人，有驾驶之人。有巡嘹之丁,有路旁短送之孝子，有上下货物伺候旅客之夫役”,同时铁路沿线还“可增设旅店”等等,“是皆扩大民生计者也”；劳力输出，与巴西、墨西哥等国签订合同,订立协议,“许其招纳华工”。

孙中山

“沿海沿江烟户稠密省份,麇聚之贫民无所操作”，即存在大量失业者；西北和蒙古地区,都是“土旷人稀,急待开发”。“以国民需要之原则衡之,则移民实为今日急需中之至大者”,即移民问题是解决当时国计民生的首要大事。

活动拓展

观察中国不同历史时期人口规模的变化示意图。选择一个你最感兴趣的历史阶段进行深入探究。描述这一时期人口规模及其变化的特点，思考这一历史时期有哪些重大的历史事件与人口政策？探究这些历史事件、人口政策与人口规模变化之间有着怎样的关系？

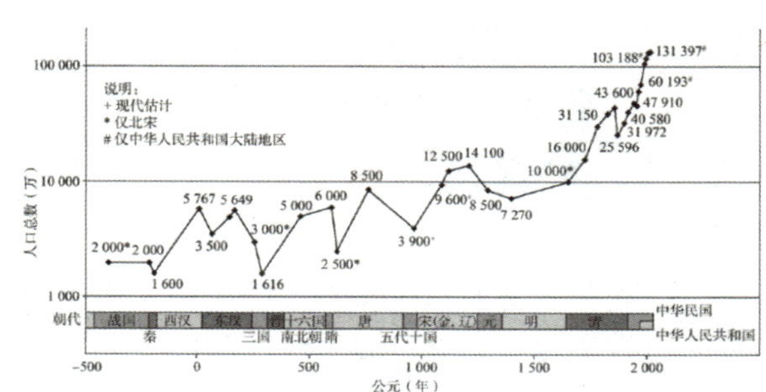

资料链接

▶马尔萨斯人口论

马尔萨斯于1798年创立了关于人口增加与食物增加速度相对比的一种人口理论，其主要论点和结论为：生活资料按算术级数增加，而人口是按几何级数增长的，因此生活资料的增加赶不上人口的增长是自然的、永恒的规律，只有通过饥饿、繁重的劳动、限制结婚以及战争等手段来消灭社会“下层”，才能削弱这个规律的作用。

▶马寅初的《新人口论》

1957年提出以后陆续作了阐明和论证，提出了“中国人口增长过快”的命题。他认为，因为中国人口多消费大，所以积累少，只有把人口控制起来，使消费比例降低，才能多积累资金。他提出了定期举行人口普查，把人口增长纳入第二个、第三个五年计划的建议。

《新人口论》系统地提出了人口发展的大思路，不但要注重控制人口总量，更要注重人口素质、人力资源和技术更新，注重人口与就业、人口与资源环境等重大问题。突出跨学科交叉研究，将人口学、经济学和系统工程学等有机结合，开拓人口研究领域，开创人口调控和人口发展制度创新的先河，为市场经济条件下处理好人口与发展的关系，统筹解决好中国人口问题奠定了重要基础。

中国现代的人口问题

活动三　人口问题之发现

人口金字塔是按人口年龄和性别表示人口分布的特殊塔状条形图，是形象地表示某一人口的年龄和性别构成的图形。水平条代表每一年龄组男性和女性的数字或比例。人口金字塔能形象地直观地反映人口年龄、性别结构，便于说明和分析人口现状、类型和未来发展趋势。下图为“1975年和2017年中国人口年龄结构金字塔图”。让我们通过不同阶段的人口金字塔图来发现从中华人民共和国成立后到现在甚至未来我国存在哪些人口问题？

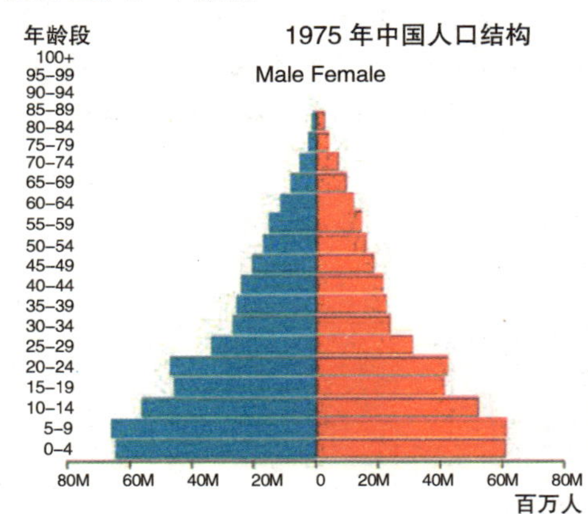

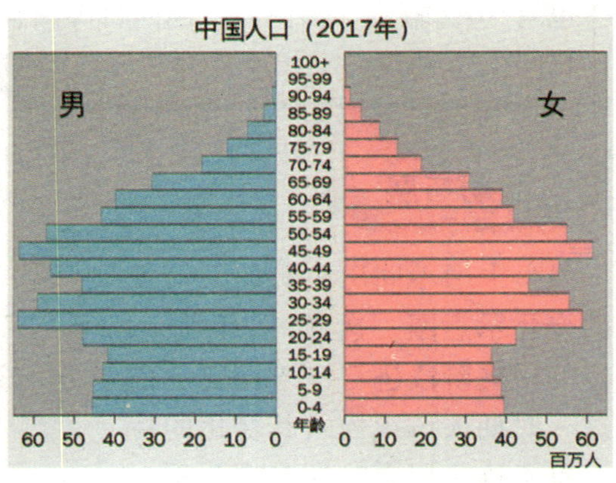

“六普”数据显示，目前我国出生人口男女性别比为118.06（联合国标准，出生人口性别比一般在102～107之间），到2020年，中国处于婚龄的男性人数将比女性多出2 400万。

根据“六普”数据，目前我国每10万人中具有初中、高中、大学文化程度人数有所上升，其中大学文化程度人数上升最快，具有小学文化程度较大幅度下降，文盲率由6.72%下降为4.08%。“但是，当代世界的国家实力竞争早已与人口总量关系不大，人口素质的提升和人才的竞争才是一国的核心竞争力所在。”人大教授翟振武说。

- 请分别读出1975年和2017年人口金字塔图中三个年龄段（即14岁以下儿童段、15～64岁青壮年段和65岁以上老年段）各自的数量。
- 根据数据，计算比例，你能说出两个年份人口金字塔图呈现的人口突出特点是什么吗？
- 请你尝试分析两个年份三个年龄段人口比例不同的原因？
- 根据读出的比例，你认为这两个年份这种人口比例是否合理？如果继续保持这样的增长速度，你认为可能会出现哪些主要的人口问题。
- 结合上面给出的“六普”数据资料，分析现阶段我国还存在哪些人口问题。

活动四　人口问题之影响

不同的人口问题给社会经济发展带来的影响不同。不同领域的学者分析人口金字塔图、关注人口问题带来的影响可能会有不同的思考方向。

社会学家：老龄化、少子化

经济学家：人口红利、抚养比

健康专家：生活质量、人口素质

人口学家：增长模式、性别比

- 结合图中给出的提示方向，说一说你最关心的是哪一领域专家学者关注的人口问题？你认为它对你的现在和将来会产生什么影响？
- 除了上图提示的方向，人口问题还会对社会经济发展的哪些领域产生影响？
- 请你综合各领域关注的方向，思考我国不同阶段的人口问题对社会经济发展产生的影响。

资料链接

▶中国面临的十大“人口问题”

- 中国陷入“超低生育率”困境
- 中国社会老化的包袱越来越沉重
- “男女比例失调”埋下隐患
- 流动人口面临市民待遇和人口融合问题
- 流动人口子女受教育被歧视
- “空巢”现象冲击传统家庭模式
- 中国很多地方进入严重少子化时代
- 人口素质和劳动生产率亟待提高
- “户籍捆绑福利”导致社会不公
- 中国养老服务体系和社保体系滞后

▶人口问题的几个基本概念

人口老龄化：是指总人口中因年轻人口数量减少、年长人口数量增加而导致的老年人口比例相应增长的动态。国际上通常把60岁以上的人口占总人口比例达到10%，或65岁以上人口占总人口的比例达到7%作为国家或地区进入老龄化社会的标准。

人口抚养比：指总体人口中非劳动年龄人口数与劳动年龄人口（15~64岁人口）数之比。通常用百分比表示。说明每100名劳动年龄人口大致要负担多少名非劳动年龄人口。

人口红利：是指一个国家的劳动年龄人口占总人口比重较大，抚养率比较低，为经济发展创造了有利的人口条件，整个国家的经济呈高储蓄、高投资和高增长的局面。

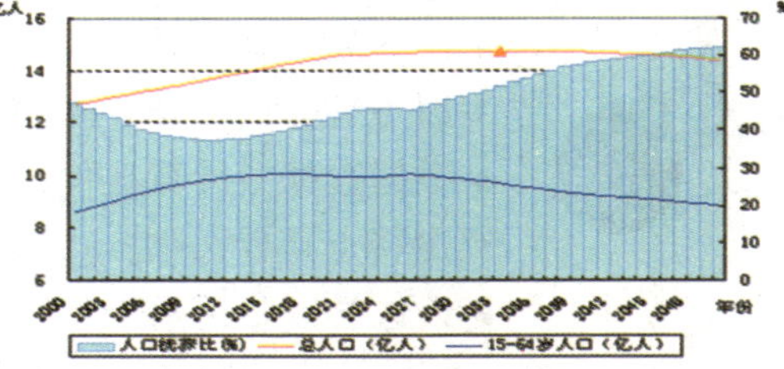

未来我国总人口、劳动年龄人口及人口抚养比预测图

资料来源于“国家人口发展战略研究·人口发展预测”课题

人口问题之对策

中华人民共和国成立后中国人口的日益膨胀，给经济社会带来一系列不良影响。1982年党的十二大报告中提出：“实行计划生育，是我国的一项基本国策。”鼓励“一对夫妻只生育一个孩子”。这在一定程度上控制了中国人口总量的增长，但人口结构又出现了新的问题——人口老龄化和人口低生育率等问题。

活动五 智慧养老

以60岁及以上占总人口比例的数据为参考，我国自2000年已进入老龄化社会。截至2014年，60岁及以上的老年人口达2.12亿人，占总人口比重达15.5%，中国已成为世界上老年人口总量最多的国家。预计到2025年，我国60岁以上老人将达到3亿，占比为21%，65岁以上老年人比例也将达到13.7%，接近深度老龄化社会。而2025年中国经济仍然是发展中国家水平。

2017年10月18日，习近平同志在十九大报告中指出，实施健康中国战略，积极应对人口老龄化，构建养老、孝老、敬老政策体系和社会环境，推进医养结合，加快老龄事业和产业发展。

学生“参政议政”

2017年3月，哈三中学生《以“互联网＋老年人关怀之家”推进中国智慧养老》的提案获民政部回复，作为正式提案提交至全国政协十二届五次会议。今年初，该提案被哈尔滨市政府采纳，将在南岗区落地。

如何智慧养老

哈三中学生提出以下建议：

- 建议一：以社区为依托，以“互联网+”为载体，建立社区养老服务新模式。
- 建议二：弘扬中华民族敬老养老传统美德，发展智慧养老产业，改善居家养老新模式。
- 建议三：增加财政投入，发挥国家和社会智慧养老的合力。

我来建言献策

- 哈三中同学的建议你是否赞同？
- 如果赞同，具体内容有什么补充吗？
- 针对智慧养老，你还能提出其他合理化建议吗？

活动六 提高人口生育率

第六次人口普查数据显示，至2010年11月1日，中国内地总人口为13.40亿；年均增长率0.57%（2000—2010年），较之上一个十年的1.07%（1990—2000年），下降接近一半，幅度惊人。总和生育率（即平均每位妇女一生生育孩子的数量）是1.18，远远低于2.1（一般认为总和生育率为2.1时，代际之间人口更替将大致均衡）。最新数据，2017年出生人口1 723万人，比2016年减少了63万人。未来10年，中国人口将以每年减少30万到80万的速度萎缩。

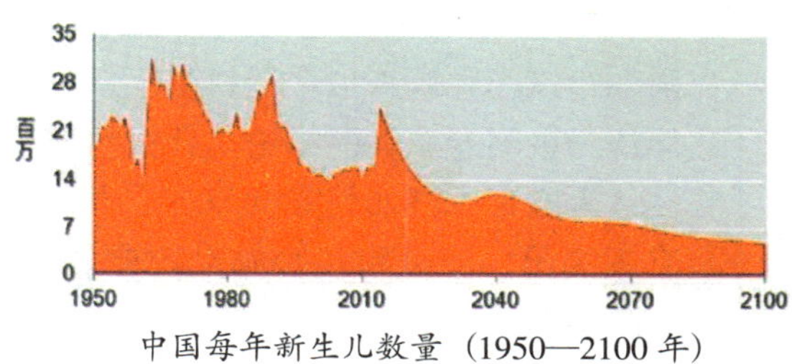

中国每年新生儿数量（1950—2100年）
图片来源于“凤凰财知道”

问卷调查：____________

1. 您所在地区属于
A.一线城市 B. 二线城市 C. 三线城市 D. 县城 E. 农村
2. 您的家庭年收入约是
A. 2万元以下 B. 2万~5万元 C. 5万~10万元 D. 10万~20万元 E. 20万元以上
3. 您的孩子目前处于________阶段。
A. 孕产期 B. 婴幼儿 C. 幼儿园 D. 小学 E. 初中 F. 高中 G. 大专及以上
4. 您认为养育一个子女，从怀孕、出生到完成大专及以上学业，总经济成本约为
A. 22万元以下 B. 22万~30万元 C. 30万~40万元
D. 40万~50万元 E. 50万元以上
5. 您认为第3题中的________阶段费用最大，费用大约是________元。
6. 您认为不同时期两项最大的开支是__________和__________。
7. 教育费用在各个阶段的支出费用中占比__________。
A. 非常大 B. 较大 C. 一般 D. 较少 E. 非常少
8. 医疗费用在各个阶段的支出费用中占比__________。
A. 非常大 B. 较大 C. 一般 D. 较少 E. 非常少
9. 除经济成本外，您认为养育一个子女还有哪些成本？
10. 为降低养育成本，提高生育意愿，您认为国家可以采取的措施是________

◇步骤一

发放问卷

要求：（1）问卷的发放数量50份以上，越多越好，但要注意统计时的工作量。

（2）发放对象涵盖面广，要兼顾不同性别、不同区域、不同职业等。

◇步骤二

统计问卷

要求：（1）认真如实统计，可借助电脑、手机等工具。不符合要求的问卷作废。

（2）统计结果制作成一个柱状或饼状图。

◇步骤三

结果分析与思考

1. 请你给该问卷调查拟个题目。
2. 你认为该问卷调查的结论是什么？该结论对人口生育率会产生什么影响？
3. 你认为国家应该如何降低养育成本，提高国民生育意愿？
4. 有人提出，降低赋税和补贴家庭也能够提高人口生育率，这种提法你是否赞同？说明理由。
5. 除此之外，你还能想出其他提高人口生育率的方法吗？试加以说明。

资料链接

▶如何智慧养老

建议一：发展“互联网+”社区养老服务新模式。

“互联网+”是人们最及时、便捷、有效的沟通手段，可以通过网站或APP建立“互联网+老年人关爱之家”，以社区为依托，为老年人创建电子档案，通过平台实时监测老人们的健康动向，拓宽医养结合养老模式，建立“互联网+”家庭医生巡回服务机制等，形成线上线下相结合的网格化服务，提高社区养老服务的智能化、信息化水平。

建议二：发展智慧养老产业，居家养老新模式。

提高居家养老质量首先要转变儿女的观念，社区定期举办活动能让儿女们提高觉悟，常回家看看，提高空巢老年人们的幸福感。此外，在社区服务中心设置几台电脑，志愿者们可以帮助老人与儿女们进行网上视频交流，还可以通过网络增强老人之间的交流沟通。

发展智慧养老产业，着重研发可穿戴设备、便携式健康监测设备、自助式健康检测设备、智能养老监护设备、家庭服务机器人等产品及设备，满足多样化、个性化健康养老需求。

建议三：增加财政投入，发挥国家和社会养老合力。

对政府设立的敬老院等养老、安老机构和设施，根据当地经济发展水平和需要公共福利机构抚养的老人情况，政府要增加投入，努力改善设施条件，逐步提高居民养老水平。鼓励和扶持社会民办公共养老设施，制定优惠政策积极发展福利性公共养老设施，形成对家庭养护困难老人的救助保障体系。

核心素养五　勇于责任担当

主题 17　关注环境　从身边做起

湛蓝的天空，清新的空气，新鲜而干净的蔬菜瓜果，宜人的气候，安静的环境，富饶而适宜耕种的土地，生机勃勃的树木花草，鸟语花香的世界……这是每个人都期望拥有的健康绿色的生活环境。

可是眼下，环境污染正成为严重危害公众健康的杀手，它增加了人们追求幸福的成本。有数据表明，我国目前有 1/4 的人口饮用不合格的水，1/3 的城市人口呼吸着受到污染的空气，70%死亡的癌症患者与污染相关。许多人把能够“喝上一口干净的水和呼吸一口没有污染的空气视为一种奢侈”。

环境问题正威胁着我们的健康，正影响着人类的生命质量，正使地球安全处于危机状态。让我们从关注身边的环境做起，关注身边环境问题的原因、危害，并寻找解决对策。以身作则，身体力行，担负起每一个生存在地球上的人所应负起的责任，这样我们的家园才会变得更加美丽！

活动指南

责任担当是本专题活动重点关注的学生发展核心素养。本专题从固体废弃物污染、饮水与健康和噪声污染这些学生身边常见的环境问题入手，引发学生对身边环境问题的关注和思考。通过实践调查、小实验、小制作等活动，发现身边环境问题的成因，进而找出改变环境质量的方法；使我们意识到只有每个人身边的环境变好了，国家环境乃至全球环境才会变好，意识到自己的社会责任，保护环境，人人有责。所以关注环境，要从身边做起，从每一件环保小事做起。我们中学生要热爱并尊重自然，形成绿色生活方式和可持续发展理念，并付之行动。为保护我们国家的环境，保护地球的环境贡献自己的一份力量。

身边的环境问题——生活中的固体废弃物污染

废弃物这么多怎么办？在我们找出合理处理废弃物的办法之前，首先需要查明有关废弃物的问题：废弃物中包括哪些物质、目前处理废弃物的方式，等等。再根据实际调查的结果寻求减少废弃物的方法并实施。下面，让我们从自己废弃的物品开始做个调查吧！

活动一 调查个人产生的固体废弃物

◇**活动要求**：根据下面的表头制作一张表格。在填写这一表格时，先填写前 2 栏，记录每天扔掉的东西，什么时间扔掉的，连续记录 24 小时。留下后 3 栏，待以后填写。

◇**活动进行**：根据自己的实际情况记录并填写表格。

你知道吗？

环保部门数据显示，2005—2015 年，我国工业固体废物产生量年平均增长率为 9.8%，“十二五”以来年产生量超过 30 亿吨，2015 年产生量达到 32.71 亿吨（含工业危险废物产生量 3 976.11 万吨）。全国工业固体废物堆存总量近 600 亿吨。

扔掉东西时间	我扔掉了什么？	它能否重复使用、回收或用做其它？	该东西使用时是我真正需要的吗？	可以通过源头削减防止问题发生吗？

◇**统计结果**：通过上面表格的信息，对垃圾进行分类然后制作饼状图，比较一下在丢弃的废物中，什么最多？什么最少？

你丢弃了多少？

在进行调查活动过程中，保持平时的生活学习状态即可，不要刻意增加或减少丢弃垃圾的数量和次数。

活动二 发现身边固体废弃物的管理情况

根据国家邮政局发布的《2017 中国快递领域绿色包装发展现状及趋势报告》显示，2016 年全国快递业务量达 312.8 亿件，共消耗约 32 亿条编织袋、约 68 亿个塑料袋、37 亿个包装箱以及 3.3 亿卷胶带。光是一年消耗的快递包装盒所需的瓦楞纸箱原纸就多达 4 600 万吨，相当于消耗了 7 200 万棵树。

据了解，目前中国快递业中，纸板和塑料的实际回收率不到 10%，包装物总体回收

你知道吗？

在自然环境中，废物分解需要多长时间？橘子或香蕉皮需要两年；铁罐或皮革需要 50 年；铝罐需要 80 年；而塑料分解需要的时间则遥遥无期。

率不到 20%，以聚乙烯、聚氯乙烯为主要成分的塑料和胶带等最难降解，这些包装材料在自然界中，需要几十年甚至上百年时间才能降解。

结合以上材料，选取下列问题进行分析，并在班级汇报自己的分析结果，全班同学讨论，对固体废弃物的管理情况和方法进行进一步的探究。并在活动一表格的第 3 栏写出问题的答案。

◇问题 1
我们丢弃的废物中，哪些是可以回收或可以再利用的？怎样回收？怎样再利用？

◇问题 2
在我们丢弃的垃圾中，哪些是有毒有害物质？丢掉后会对环境造成怎样的污染？对废弃物中的有毒物质，目前用哪些方法处理它们？

◇问题 3
在我们丢弃的垃圾中，约有多少项是包装材料，这些包装材料是否必须丢掉？能不能使用简单一点的包装或不使用包装？

◇问题 4
如果垃圾量不断增加，而收集垃圾的资金有限，那怎么办？

活动三　为创建“绿色”校园做一些事

校园是我们的学习生存环境。我们可以在自己力量允许的情况下，用实际行动，为创建绿色校园出一份力。那我们应该怎么做呢？

◇活动步骤：

依据兴趣自愿组成小组，在以下提供的主题中选定本组活动的主题。小组间相互合作，取得研究成果，在班级展示。并在活动一表格的第 4、5 栏上写出问题的答案。

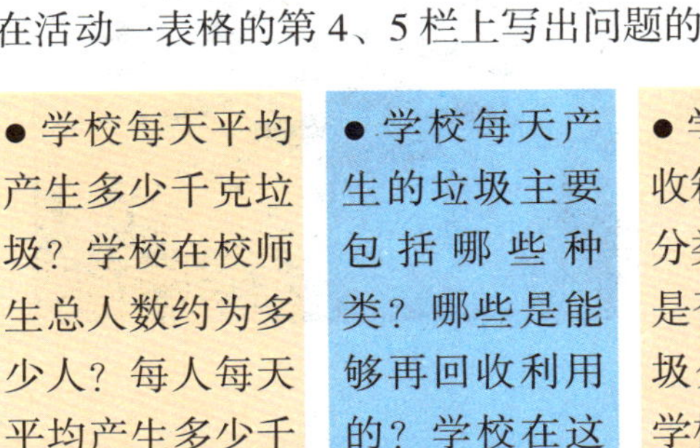

- 学校每天平均产生多少千克垃圾？学校在校师生总人数约为多少人？每人每天平均产生多少千克垃圾？你认为这个数量合适吗？
- 学校每天产生的垃圾主要包括哪些种类？哪些是能够再回收利用的？学校在这方面采取了哪些措施？
- 学校中垃圾回收箱对垃圾如何分类的？同学们是否了解这种垃圾分类的方法？学校对回收箱中的废弃物是如何收集、处理的？
- 还有哪些可行的办法可减少废弃物？为什么这些办法还没有实行？实施这些办法需要哪些资源？提出治理建议。
- 为减少固体废弃物，你可以采取的行动有哪些？制定倡议书，进行宣传！

活动拓展

你可以为创建绿色“家园”做一些事吗？针对你居住的社区废弃物污染情况进行调查研究并给出可行性建议！

资料链接

▶日常生活中如何减少固体废物，有效防止固体废弃物污染？

1. 少用或不用不可分解的塑料包装袋，拒绝使用一次性消耗品。

2. 外出购物时，自带环保购物袋、菜篮子，选择购买盛装在可回收的器皿内物品，例如瓶装牛奶等；选购有“环境标志”“绿色标志”的物品。

3. 外出游玩时，不乱丢饮料食品包装，要自带垃圾袋将废物带回处理或丢进垃圾桶。

4. 经常出差住宿旅店时，可以自备洗漱用品，减少宾馆一次性用品的使用量。

5.日常生活工作中，尽量使用可再生物品，拒绝过分包装，提倡双面使用纸张。

6. 对于生活垃圾学会分类装袋投放，因为不同垃圾有不同处理方法。

7. 不随意焚烧秸秆、废旧物品；少放或不放烟花爆竹。

8. 积极投身环保事业，做一名环保志愿者，空余时间可参与清理街道、社区等义务活动；遇到随意倾倒废弃物、破坏环境和生态的行为应及时举报。

巧用废弃卷纸芯：卷纸芯有很多妙用，参照图片，开动脑筋动手做一做吧！

身边的环境问题——饮水与健康

一般而言，人每天喝水的量至少要与体内的水分消耗量相平衡。人体一天所排出的尿量约有 1 500 毫升，再加上从粪便、呼吸过程中或是从皮肤所蒸发的水，总共消耗水分大约是 2 500 毫升左右，而人体每天能从食物中和体内新陈代谢中补充的水分只有 1 000 毫升左右，因此正常人每天至少需要喝 1 500 毫升水，大约 8 杯左右。不过人体需水量并非是恒定不变的。

你知道吗？

一个健康的人有足够的水喝，即使一段时间不进食也能维持生命。人体三分之二以上都是水。喝足够的水利于防病治病，利于营造好的心情，可延缓衰老，利于长寿。

活动四　饮用水调查

◇选定课题

依据兴趣自愿组成小组，确定调查任务。

- 哪些水不宜或不能直接饮用？为什么？
- 若将饮料或矿泉水作为替代白开水的日常饮用水行不行？为什么？
- 一般的天然水中存在哪些对人体健康有利和不利的元素？

◇资料搜集

- 可以实地考察生活中饮用水的种类；
- 可以上网、去图书馆查阅资料；
- 可以向有关部门、专家咨询。

◇成果展示

- 各组同学对调查资料进行汇总、讨论；
- 以多媒体或小论文形式在全班进行展示；
- 全班同学讨论，最后解决“我们该喝什么样的水？”的问题。

活动五　小实验：检测我们身边的水

◇实验准备

- 自愿组成小组；
- 准备检测用水：自来水、纯水、蒸馏水、市场上各种品牌的水、饮料等。
- 准备实验物品：PH 试纸、明矾、滤纸、铬酸钾、硝酸银等化学试剂和物品。

◇进行实验

每个小组任选一个小实验对不同饮用水的理、化、生成分进行检测。

- 水样的酸碱度测试：用 PH 试纸；
- 水样的杂质含量测试：用明矾（硫酸铝钾）作絮凝剂；
- 水样中悬浮性固体的测定：称量水样经过滤后留在滤纸上并于 103～105℃时烘干至质量不变时的固体质量；
- 水样中氯化物含量的测定：以铬酸钾作指示剂，用硝酸银滴定法进行测定。

◇实验结论

- 各小组汇报实验结论。
- 全班同学讨论，找出“我们该喝什么样的水”。

活动六　调查学校的饮用水

- 你所在学校为学生提供的是什么样的饮用水？
- 你认为你们学校提供的饮用水从数量、口感、健康卫生状况来说，令同学们满意吗？
- 对在校学生饮水现状中存在的问题提出合理化建议。
- 写出调查报告和建议书。

活动七 我们自制简易水质净化器

- 推荐方案：以活性炭为简易净水器的净水介质。
- 制作所需材料：颗粒状活性炭、1.25 升塑料饮料瓶、玻璃管、橡皮塞、橡皮导管、丙纶线、无毒封箱胶带或强力黏接剂。
- 动手制作：大家可以自己开动脑筋，设计方案并制作实物，进行互评。

活动拓展

- 除了活性炭，你能找到其他的净水介质吗？用它来设计一款简易水质净水器吧！
- 你研究过家里或商场里净水器的净化原理吗？我们可不可以想办法利用不同颗粒大小的活性炭，或者利用多层活性炭过滤，来设计一款净化效果更好的水质净水器呢？

资料链接

▶我国饮用水卫生标准（对比一下你活动五检测用水的实验结果，看看符合标准吗？）

生活饮用水 pH 值为 6.5~8.5，瓶装饮用纯净水标准规定 pH 值为 5.0~7.0。

饮用自来水的溶解性总固体（TDS）有限量要求：溶解性总固体≤1000mg/L。

饮用水的氯化物限值为 250 mg/L。

水中悬浮物指水样通过孔径为 0.45μm 的滤膜截留在滤膜上并于 103~105℃ 烘干至恒重的固体物质，是衡量水体水质污染程度的重要指标之一，由于不能透过滤膜或滤纸，可过滤，无具体标准。

▶你会喝水吗？

1. 晨起后、运动后是饮水好时机

调查显示，48%的成人错误地认为“感到口渴时饮水有利于健康”，近 2/3 的学生感到口渴时才饮水。专家指出，开始感到口渴时其实身体已经脱水 1%~2%，主动喝水才能使身体保持充足水分，因此喝水应在任何时刻，而晨起空腹、午睡起床后、睡前 2 小时、运动后、洗澡后都是喝水的好时机。

2. 每日饮水 6 次以上

调查显示，成人和学生平均每天饮水次数普遍低于 6 次，且多集中于上午和下午，平均每次饮用量也多大于 200mL。专家建议：饮水应坚持少量多次，每天至少 6 次以上、每次 200 毫升左右为宜，小口喝，分多次喝完，过急过快容易腹胀或打嗝。

3. 多喝饮料不如多喝水

调查显示，成人和学生普遍在工作日的饮水量都高于休息日，且休息日饮料饮用量增多。

4. 不要只喝一种水

关于喝什么水，专家认为孩子应该少喝饮料，多喝白水。而现在市场上有纯净水、矿泉水、蒸馏水等多种水，应该多种水都喝，而且是轮着喝。美国教授则强调，天然矿泉水富含对人体有益和易被人体吸收的天然矿物质及微量元素，而这其中有些元素不存在于一般的矿物质水、山泉水和纯净水中，且无法通过人工添加，偏硅酸就是其中之一。

身边的环境问题——噪声污染

工厂忙，夜开工
令人焦躁扰人梦

五魁首，六六顺
夜间烧烤乱哄哄

邻装修，叮当当
工作学习心发慌

跳楼价，清仓甩
闹市喇叭无断绝

活动八 小实验：测一测我们身边的声音

◇**活动准备**

- 自愿组成小组，每组3～5人。
- 准备实验材料：示波器（可以去物理实验室借用哦！）、我们身边的乐音和各种噪声的录音材料。
- 了解示波器的使用方法。

◇**测一测，想一想**

首先，把准备的各种录音材料用示波器显示波形曲线。得出图像，如右下图。

然后想一想：什么是噪声？优美的乐音也会是噪声吗？

你知道吗？

噪音污染给人体带来的健康风险可以用一个金字塔三角形来表示，金字塔最底层，受到影响人数最多的噪音影响是产生“不舒服感”，比如导致扰民的情况；再往上一层是导致“压力”；再往上就出现了“风险因素”，引起包括如血压、胆固醇、葡萄糖等身体因素的疾病风险；再上一层就是“疾病”，比如能引起睡眠失调、心血管疾病等；而金字塔的最顶层就是可怕的“死亡”。

◇**得出结论**

- 从物理学的角度认识噪声。

学生通过示波器对乐音和噪声录音显示的波形曲线进行观察，对比得出结论：噪声是发声体做无规则的杂乱无章的振动时发出的声音。如右图所示。

- 从环境保护的角度认识噪声。

从环保的角度来看，凡是妨碍人们正常休息、学习和工作的声音，以及对人们要听的声音起干扰作用的声音，都属于噪声。这就是为什么有时乐音也会变成噪声。

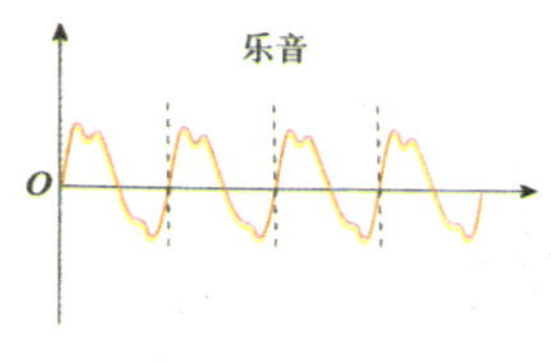

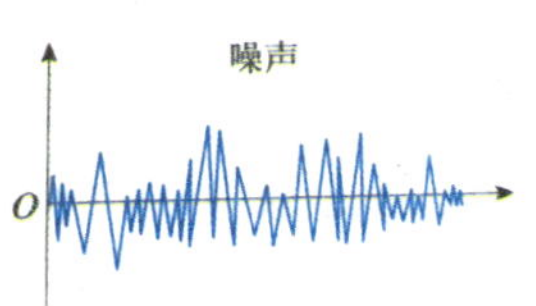

图片来源于《中小学可持续发展教育——各学科教学设计》

活动九 议一议：关注身边的噪声污染

学生自愿分组，教师提出下列问题供学生讨论，学生也可就身边的噪声污染提出相关议题，各组将讨论结果进行展示汇报，供其他组评论，最后得出问题的答案，以便我们对身边的噪声污染状况更加了解。

- 你周围有哪些噪声？
- 噪声对你有什么影响？
- 我们在控制噪声方面能做些什么？
- ……

活动十 小实验：如何降噪？

◇**准备实验器具**：闹钟、泡沫塑料和硬纸板各数块、棉花团或耳塞、声级计（可去物理实验室或当地环保部门借用）或手机上下载噪声检测仪 App。

◇**实验步骤**：

- 把闹钟放在桌子上会产生较大的声音，以此作为噪声源。测量此时的分贝数。
- 将闹钟置于软泡沫塑料上，测量此时的分贝数。
- 分别用泡沫塑料或硬纸板做成空箱并罩在闹钟上，测量并比较噪声减弱的程度。
- 捂上耳朵，或用棉花团或用耳塞塞住耳朵，感受一下噪声的减弱程度。

◇**实验结论**：减弱噪声可以有三条途径：声源处降噪、传播过程中降噪、在人耳处降噪。

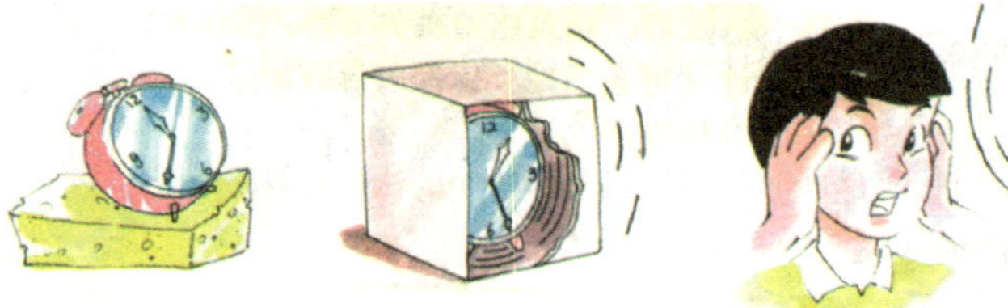

资料链接

▶远离噪音危害的护耳八法则

避免噪音伤害，专家推荐了 8 种方法，不妨一试。

1. 听 MP3 掌握“60—60”原则。这是国际公认的保护听力的方法，用耳机听音乐时，音量不要超过最大音量的 60%，连续听的时间不要超过 60 分钟。此外，耳机最好选头戴式的，它比耳塞式耳机对听力的损伤要小，尽量不要在嘈杂环境下用耳机听音乐。

2. 噪音环境下用防护耳塞。如果临时找不到耳塞，可用棉花球、纸球塞进耳朵，也有一定的保护作用。

3. 合理饮食、锻炼身体。维生素 B1、B2、B6 和维生素 C 能保护听觉细胞，可适当补充维生素补充剂，也可多吃粗粮、瘦肉、蛋类、新鲜蔬菜、水果等食物。现代人生活紧张、压力大，应适当体育锻炼，保持心情愉快。

4. 开快车别开窗。美国广播公司报道称，汽车车窗开得太大，开快车时的风噪声和开慢车时的交通噪音是损害听力的主要原因。

5. 别频繁掏耳朵。掏耳朵时最好用棉棒，轻轻在外耳道口转动，然后耳朵朝下，让耳屎自行排出。要避免使用指甲、卡子等尖锐物挖耳；不要频繁挖耳，一般一周一次。

6. 住在马路旁，别装推拉窗。推拉窗隔音效果远远次于密封较好的平开窗，可以在窗边多摆绿植。

7. 电视机、耳机的音量不宜过大。以柔和、不刺耳为宜；骑车、走路时等噪声环境中不要听耳机。

8. 对于经常用耳机的人，如果出现头晕、耳痛等症状，应暂时不用耳机。如果出现耳鸣以及听力下降，应及时就医。

环境保护，从我做起

活动十一　今天你做到了吗?

可以顺手做到的 20 件环保小事，今天你或者你的家人做到了吗？如果做到了把前面的空格涂上绿色，如果没有做到，为了我们拥有一个健康绿色的生活环境，要继续用心坚持去做哦！

□顺手关水龙头
□在马桶的水箱里放一个可乐瓶
□不要让电视机长期处于待机状态
□争做公交族或自行车族
□选无磷洗衣粉
□拒绝过度包装
□少用一次性筷子
□充分利用白纸,尽量使用再生纸
□每月卖一次塑料废品、废纸、废玻璃、金属
□拒食野生动物，拒用野生动物制品
□一水多用
□少用洗洁精
□用温水煮饭
□选购绿色食品
□买充电电池
□自带菜篮买菜
□少用木杆铅笔,多用自动铅笔
□在家里设置 3 个分类垃圾桶
□交换、捐赠、改造多余物品
□领养一棵树或做一天环保志愿者

主题18 民族的壮举——伟大的抗日战争

中国人民抗日战争和世界反法西斯战争，是正义和邪恶、光明和黑暗、进步和反动的大决战。在那场惨烈的战争中，中国人民抗日战争开始时间最早、持续时间最长。面对侵略者，中华儿女不屈不挠、浴血奋战，彻底打败了日本军国主义侵略者，捍卫了中华民族5000多年发展的文明成果，捍卫了人类和平事业，铸就了战争史上的奇观、中华民族的壮举。

——习近平

活动指南

“责任担当”是本专题活动所着力体现的核心素养，国家认同是其重要的基本要点。

在本专题的活动中，通过开展关于“抗日战争的起点与时限”的问题研究，初步了解中华民族十四年抗战的基本概况，增强国家意识与国民身份认同意识，以及自觉捍卫国家主权、尊严和利益的意识；通过探讨“抗战胜利原因”的活动，认识中国共产党是全民族团结抗战的中流砥柱，牢固树立热爱党、拥护党的意识和行动；通过实例分析与完成图表的活动，从人类正义、中国与盟国合作和海外战场共同行动的视角，凸显中国在世界反法西斯战争中的东方主战场地位，认识爱国主义与社会主义、民族精神与时代使命、个人成长与社会责任的有机联系；通过设计抗战胜利纪念章和分析南京大屠杀申遗的活动，对战争胜利加以纪念与反思，树立人类命运共同体意识，认识到偏见和歧视、仇恨和战争只会带来灾难和痛苦，和平与发展已经成为时代主题，要铭记历史、缅怀先烈、珍爱和平、开创未来，为实现中华民族伟大复兴中国梦而不懈奋斗。

“十四年抗战”——艰苦的历程

1931 年 9 月 18 日，日本侵略者在我国东北策划了九一八事变，悍然发动了蓄谋已久的侵华战争。九一八事变后，日本法西斯对中国展开了更为疯狂的侵略战争。战火燃烧长达 14 年之久，使无数中国人民陷于水深火热之中。在民族危亡的关头，中华民族团结在抗日民族统一战线旗帜下，不畏艰难困苦，不怕流血牺牲，同仇敌忾，奋起抗争。1945 年 8 月 15 日，日本天皇宣布无条件投降。历经十四年艰苦卓绝的斗争，中国人民终于迎来了胜利的时刻。

活动一

关于抗日战争的起点与时限的问题说明

蒋介石在 1945 年 8 月 15 日《抗战胜利告全国军民及全世界人士书》中说：“我们中国在黑暗和绝望的时期中，八年奋斗的信念，今天才得到了实现。”同年春天，毛泽东在《论联合政府》的“七大”报告中指出：“中国人民的抗日战争，是在曲折的道路上发展起来的。这个战争，还是在 1931 年就开始了。”你如何认识二者在抗战起点和时限上观点的差异？请结合相关资料对两人的不同观点加以说明。

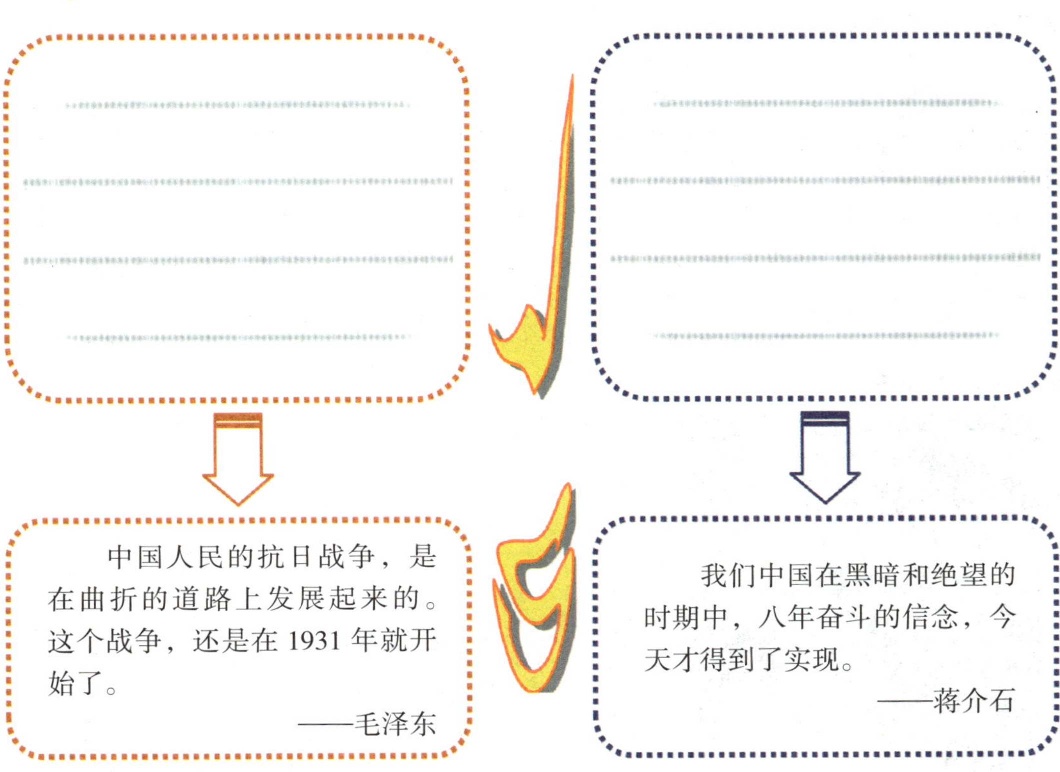

活动拓展

1945 年八九月间，重庆新闻界举行欢庆抗战胜利的盛大宴会，国共两党以及其他方面的记者编辑欢聚一堂。席间，文人以猜谜为乐，议以“日本投降的原因”为谜面，以中国历史人物为谜底。经过短暂沉思商议后，共产党方面的《新华日报》亮出谜底——苏武；国民政府方面的《中央日报》亮出谜底——屈原。……

——谭汝为.欢庆抗战胜利时的谜语[N/OL].乐读网，2010-10-29.

如今，网友们又推出新的谜底，例如华雄、共工、蒋干、华佗等。请同学们分组讨论你们认为的谜底是什么，并说明理由。

资料链接

▶“八年抗战”或“十四年抗战”?

日本大规模地侵略中国，是从九一八事变开始的。……这个时期的抗战从全国来说虽然还是局部的，但中国人民的抗战毫无疑问已经开始了。如果不承认中国的抗战是从九一八事变开始的，就会给人一种日本从七七事变才开始侵略中国的印象，有意无意地淡化了日本侵华的罪行；就会给人一种中国是从七七事变才开始抗战的印象，这既不符合历史实际，也是非常不公平的。

——郭德宏.论抗日战争史研究中的若干重大问题[J].历史教学，2005（11）.

蒋介石为何说八年抗战呢？因为在七七事变前，国民党虽然也进行了一些抗战的准备，但总的来说还是坚持“攘外必先安内”的政策。“七七事变”后，蒋介石最终克服了动摇和干扰，在领土和主权问题上表明了严正立场，确立了战时体制。由史实分析可知国共两党在抗战起点和时限上的认识差异，其实质就是二者抗战与否、抗战力量（人民、政府、军队）等的认识分歧，也是能否客观公正地对待历史和不同政治立场的问题。

——王生.伟大的抗日战争教学设计及说明[J].历史教学，2014（5）.

▶日本投降的原因

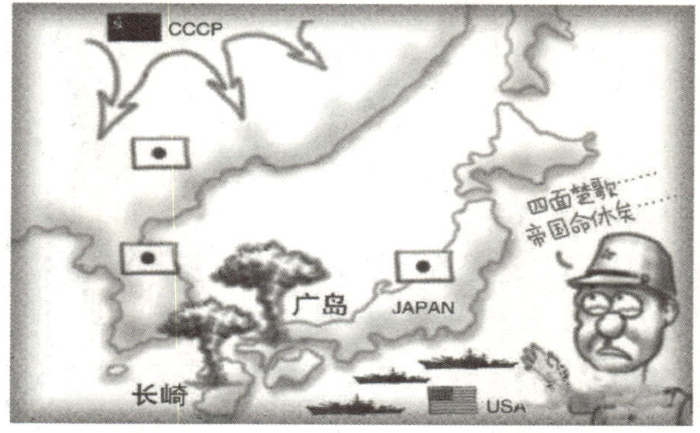

"东方主战场"——民族的贡献

发生在20世纪三四十年代的中国人民抗日战争和世界反法西斯战争，是一场决定人类前途命运的决战。在那场战争中，中国人民以巨大的民族牺牲支撑起世界反法西斯战争的东方主战场，为世界反法西斯战争的胜利做出了巨大贡献。中华民族的抗日战争得到了国际社会的广泛支持，中国人民将永远铭记各国人民为中国抗战胜利做出的贡献！

活动二

结合实例，分析中国在世界反法西斯战争中的东方主战场地位

太平洋战争爆发后，……罗斯福曾对他的儿子说过："假如没有中国，假如中国被打垮了，你想一想有多少师团的日本兵可以因此调到其他方面来作战？他们可以马上打下澳洲，打下印度——他们可以毫不费力地把这些地方打下来。他们并且可以一直冲向中东……和德国配合起来，举行一个大规模的夹攻，在近东会师，把俄国完全隔离起来，吞并埃及，斩断通向地中海的一切交通线。"（《罗斯福见闻秘录》，李嘉译）罗斯福的话见证了中国在世界反法西斯战争中的东方主战场地位，请你从历史中选取一例进行说明。

温馨提示

1. 典型例证：
(1) 中国远征军入缅作战；
(2) 中美合作开辟驼峰航线。

3. 分析提示：
(1) 可从中国远征军入缅前太平洋战场和中国战场的战略态势切入；结合缅甸地区对于太平洋战场的战略意义进行分析。

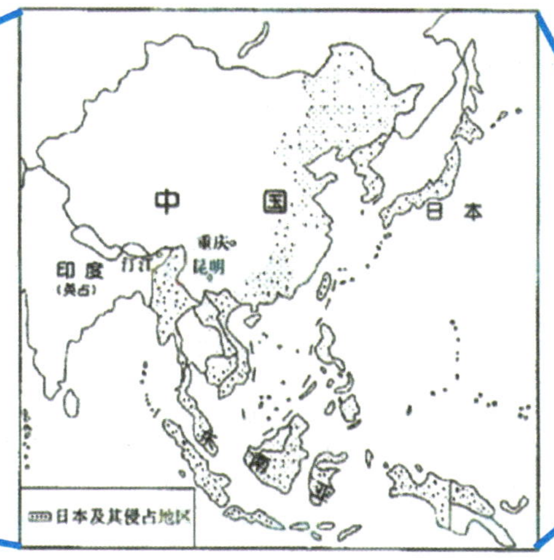

太平洋战争形势图（1942年5月）

——2008年普通高等学校招生全国统一考试全国卷Ⅱ39题（图7）

2. 说明角度：
(1) 远征军入缅作战的军事和政治意义。
(2) 驼峰航线对太平洋战场的作用。

3. 分析提示：
(2) 可从开辟驼峰航线的必要性来分析。中国、苏联、英国、美国在当时所处的战争环境，使得供应问题成为中国乃至太平洋战场的关键。

活动拓展

1931 年 9 月 18 日，东方战场率先在中国东北拉开帷幕，此后，苏、美、英、东南亚及太平洋诸国悉数卷入，蒋介石、罗斯福、杜鲁门、丘吉尔、东条英机、汪精卫、毛泽东、斯大林、溥仪等历史人物也悉数登场，并在东方战场上演了一幕幕惊心动魄的历史。请结合你的了解，续写完成下表。

战役名称	主要人物及内容	结果及影响
		美对日宣战，太平洋战争爆发
滇缅抗战		
……	……	……

资料链接

▶中国远征军

(1) 远征军的由来

中国远征军于 1941 年 12 月根据《中英共同防御滇缅路协定》编成，受盟军中国战区参谋长史迪威中将和罗卓英司令长官指挥。由第 5、第 6、第 66 军编成，计 9 个师 10 万余人。

(2) 主要作战经历

1942 年 3 月，远征军入缅发起滇缅路作战。失利后大部分退回云南，后称滇西远征军；一部撤至印度，称中国驻印军。1943 年 10 月至 1945 年 3 月，中国驻印军和中国远征军在缅北、滇西反攻中，收复缅北大小城镇 50 余座，收复滇西失地 8.3 万平方公里，共歼灭日军 4.9 万余人。

(3) 远征军的贡献

中国军队两次入缅对日作战，不仅打通了中国西南国际交通线，支援了国内正面战场的作战，鼓舞了全国人民的抗战斗志，而且为盟军收复缅甸创造了有利条件，同时也减轻了盟军在印缅地区和太平洋地区的压力。

▶驼峰航线

(1) 驼峰航线的由来

太平洋战争爆发后，日军切断了滇缅公路，使大量的援华物资无法运进中国。为保证二战亚洲战场上对日作战的军备物资，中美两国决定联合开辟新的国际运输线。

(2) 驼峰航线的航程

驼峰航线西起印度阿萨姆邦，向东横跨喜马拉雅山脉、高黎贡山、横断山、萨尔温江、怒江、澜沧江、金沙江、丽江白沙机场，进入中国的川滇地区。全长 500 英里，海拔均在 4 500~5 500 米上下，最高海拔达 7 000 米，山峰起伏连绵，犹如骆驼的峰背，故而得名。

(3) 驼峰航线的贡献

驼峰航线的开辟是中美飞行人员共同创立的世界航空史上的英雄壮举。航线运输了急需的战略物资，架设了空中战争生命线，对打败日本军国主义做出了不可磨灭的贡献。

“胜利与和平”——历史的反思

铭记历史是为了“绝不让历史悲剧重演”。这是对当年为维护人类自由、正义、和平而牺牲的英灵，对惨遭屠杀的无辜亡灵的最好纪念，亦是今天必须担当的责任和使命。从伟大胜利中汲取深刻的历史启示、深沉的精神动力，坚持中国共产党的领导，弘扬伟大的爱国主义精神和抗战精神，在新时代的舞台上开辟民族复兴的新境界，书写人类文明进步的新篇章。

活动三

设计一枚抗战胜利纪念章

中国人民抗日战争胜利，是近代以来中国抗击外敌入侵的第一次完全胜利。这一伟大胜利，彻底粉碎了日本军国主义殖民奴役中国的图谋，洗刷了近代以来中国抗击外来侵略屡战屡败的民族耻辱。这一伟大胜利，重新确立了中国在世界上的大国地位，使中国人民赢得了世界爱好和平人民的尊敬。这一伟大胜利，开辟了中华民族伟大复兴的光明前景，开启了古老中国凤凰涅槃、浴火重生的新征程。

右图为某同学为纪念抗日战争胜利 60 周年而设计的纪念章。

1. 观察右图，说明作者的设计意图。

2. 你能找出右图中的纪念章的设计有哪些不合理的地方吗？

3. 你认为设计一枚抗战胜利纪念章应该包含哪些元素？

4. 请结合以上分析，设计绘制一枚抗战胜利纪念章。

纪念章的设计要表达对抗战英雄的崇敬，弘扬伟大的抗战精神，宣示中国人民铭记历史、缅怀先烈、珍爱和平、开创未来的坚定决心。

可以结合“活动探究”中的图片与设问进行思考。

温馨提示

活动拓展

时间流逝，记忆能否长存？2015年10月9日联合国教科文组织发布消息，决定为《世界记忆名录》新增47个项目，其中包括中国申报的《南京大屠杀档案》。在世界反法西斯和中国人民抗日战争胜利七十周年之际，二战史上三大惨案之一的南京大屠杀再次因申遗走入公众视野，在人类记忆中留下历史的血色底版。

南京大屠杀是中华民族惨痛的血色记忆，中国为什么要以《南京大屠杀档案》申报《世界记忆名录》？

《南京大屠杀档案》成功申报《世界记忆名录》有着怎样的意义？

请从“南京大屠杀——血红的记忆”中，体会战争的残酷与和平的重要。

资料链接

▶抗战与中华民族认同的形成

著名思想家熊十力在颠沛流离之际撰写《中国历史讲话》，倡言五族同源，以为：“中华民族，由汉满蒙回藏五族构成之。故分言之，则有五族；统称之，则唯华族而已。如一家昆季，分言之，则有伯仲；统称之，则是一家骨肉也。”……这是抗战时期中国思想界的一大贡献，也是民族危机空前时刻所寻找到的重要思想资源。由此，中国人方才有理由相信：“日本人决不能亡我国家，亡我民族，亡我文化。”

——马勇.抗战：中国复兴枢纽[J].历史教学，2015（10）.

▶铁血军魂

杨靖宇将军生前和死后都受到日军的极大敬畏。他陷入绝境后，日军派叛徒向他劝降，他说：“老乡，我们中国人都投降了，还有中国吗？”这句话至今在天地间回响。它让人触到了信仰的力量。……杨靖宇将军牺牲后，日军解剖了他的尸体，胃里只有草根和棉絮，没有一点粮食，在场的日本人无不受到莫大震撼。日军头目岸谷隆一郎流了眼泪，长时间默默无语。史料载，这个屠杀中国人民的刽子手，“一天之内，苍老了许多”。此后，岸谷隆一郎穷毕生精力研究中国抗日将士的心理。研究越深入，他内心受到的折磨越大。最后，他毒死了自己的妻子儿女后自杀。他在遗嘱中写道：“天皇陛下发动这次侵华战争或许是不合适的。中国拥有杨靖宇这样的铁血军人，一定不会亡。”

——刘亚洲.精神——纪念抗日战争胜利70周年[J].思想政治工作研究，2015（8）.

▶南京大屠杀与民族精神的激发

“南京大屠杀之前，中日双方的战斗还是胜负之战，南京大屠杀之后，双方已是生死之战。日本军阀惊讶地发现，仅仅过去40年，这个大陆种群已经变得有些陌生了。甲午战争中，中国人只有两种情景，一种是悲惨，另一种是非常非常悲惨。抗日战争中，这两种情景改变了：一种是坚强，另一种是非常非常坚强。”

——刘亚洲.精神——纪念抗日战争胜利70周年[J].思想政治工作研究，2015（8）.

主题19　法治让生活更美好

古往今来，东方和西方，人们都在对社会治理之道进行不懈探索，都不约而同地运用了法律这种手段。法治，就是用法律的准绳去衡量、规范和引导社会生活。

从编纂民法典、保障民事主体的人身和财产权利，到行政诉讼法破解“民告官”难题、把信访纳入法治化轨道；从制定电子商务法，修改促进科技成果转化法，到及时修订食品安全法、建立最严格的食品安全监管制度；从依法解决无户口人员户口登记问题、切实保障公民权利，到全面修订环境保护法，铁腕治污……近几年来，我国的法治建设逐步驶入快车道，法治对经济社会发展的保障和促进作用日益明显。

但是，诸如校园欺凌、城市交通拥堵、雾霾天气、网约车和网络订餐乱象、药品临床数据造假等经济社会发展中的新问题不断涌现。这就需要我们增强法治观念，运用法治思维，提高法治能力，完善社会主义法治体系，做到科学立法、严格执法、公正司法、全民守法。

只有这样，才能建成真正的法治社会，才能让人民拥有更多的安全感、满足感和幸福感，才能让我们的生活更加美好！

活动指南

责任担当是本专题活动所着力体现的核心素养，该素养主要是学生在社会责任、国家认同、国际理解等方面的综合表现。

法治兴则国家兴，法治衰则国家乱。面对日新月异的经济发展和纷繁复杂的社会现象，迫切要求加强立法、严格执法、公正司法、全民守法，亟待需要加强法治宣传教育，增强我们的法治观念。

通过本专题活动的开展，一方面我们要增强规则意识和法治意识，认真履行公民义务，理性行使公民权利；能主动作为，履职尽责，对自我和他人负责。另一方面，通过主题班会、调查问卷、知识抢答赛、情境探究等活动，增强我们的道德观念，树立正确价值观，崇德向善。

法治与校园欺凌

近年来，我国各地校园欺凌事件频发：2016 年，北京海淀区某小学一位孩子长期遭到同班同学的欺凌，甚至被同学用厕所垃圾筐扣头；去年 5 月，山东省兰陵县 8 名中学女生对某初一女生进行群殴，她们效仿网络中的打人视频，将打人过程拍摄下来并上传网络；6 月，南京一名初中生被高年级学生索要钱物，拒绝后遭到殴打，后被拉至厕所并被强迫吸食大便……这惊人的一幕幕，刺痛着我们的眼球，刺激着社会的神经。

活动一　调查问卷：校园欺凌

欺凌者

- 你第一次欺凌他人是在什么时候？什么地点？为了什么？害不害怕？
- 你一共欺凌了多少次？几个人？心态有什么微妙改变？
- 请你站在被害者的角度去想，你认为这样是好是坏？对你今后有什么影响？
- 如果给你一次机会，你是选择改变还是继续过这样的生活？

被欺凌者

- 你第一次被他人欺凌是在什么时候？什么地点？被谁欺凌？怎样欺凌？
- 因为什么？害不害怕？结果怎样？
- 你认为欺凌者出于什么心态？
- 你知道周围还有其他人受过校园欺凌吗？
- 你有向其他人寻求过帮助吗？
- 你认为可以采取哪些措施制止校园欺凌？应不应该立法？立什么法？

旁观者

- 你亲眼见过校园欺凌吗？当时你做了什么？为什么这样做？
- 你知道校园欺凌对谁有危害吗？有什么危害？
- 对于校园欺凌的解决，你认为你可以做些什么？
- 对于校园欺凌，你认为应不应该立法？立什么法？

！减少“校园欺凌”，需要个人的自律，也需要他人（家庭、学校和社会）的他律。而最有效的他律，还是法治。一定要摒弃“校园欺凌是孩子之间的矛盾”这样不负责任的态度。只有将其纳入法律的框架来认真对待，才能加大欺凌的成本，让施暴者怵然而惊，进而消除“校园欺凌”存在的土壤和诱因。

资料链接

▶校园欺凌

校园欺凌主要指身体强壮的学生欺负弱小的学生，令其在心灵及肉体上感到痛苦。

通常都是重复发生，而不是单一的偶发事件。有时是一人欺负一人，有时集体欺负一人。其主要表现为：

·叫受害者侮辱性绰号；指责受害者无用、侮辱其人格等。

·对受害者进行重复性的物理攻击。拳打脚踢、掌掴拍打、推撞绊倒、拉扯头发，使用管制刀具、棍棒等攻击受害者。

·干涉受害者的个人财产、教科书、衣服等，损坏或通过它们嘲笑受害者。

·恐吓、威迫受害者做他或她不想做的，威胁受害者服从命令。

·让受害者遭遇麻烦，或令受害者招致处分。

·中伤、讥讽、贬抑评论受害者的体貌、性取向、宗教、种族、收入水平、国籍、家人或其他。

·分派系结党，孤立或排挤受害者。

·敲诈、强索金钱或物品。

·画侮辱画，写侮辱性的文字。

·网上欺凌，即在网志或论坛上发表具有人身攻击成分的言论。

任何形式的欺凌行为都是不可接受的，因为欺凌不但对“受伤者”造成伤害，而且对“欺凌者”和“旁观者”同样带来负面影响。“欺凌者”由于长期欺负别人，内心得到极大满足，以自我为中心，对同学缺少同情心；而“旁观者”会因为帮不到受害者而感到内疚、不安，甚至惶恐。“校园欺凌”对受害者的伤害更不可小视，受欺凌的学生通常在身体上和心灵上受到双重创伤，并且容易留下阴影长期难以平复。同时“校园欺凌”也会影响到学校的整体纪律和风气。所以，学校须正视并加以制止和预防欺凌事件的发生，同时同学和家长的努力也非常重要。

法治与交通治理

汽车社会的到来，深刻影响着人们的生活方式和生活理念，同时也带来了交通拥堵与交通污染等一系列严重的社会问题，交通文明越来越成为人们关注的焦点。如何实现城市交通环境的绿色可持续发展，是摆在我们面前的一个极富挑战性的问题。

你知道吗？

截至2016年末，我国民用汽车保有量19 440万辆（包括三轮汽车和低速货车881万辆），其中私人汽车保有量16 559万辆，民用轿车保有量10 876万辆。

交通拥堵已成为城市的“通病”，由此带来巨大的经济损失。根据中国交通部发表的数据显示，交通拥堵带来的经济损失占城市人口可支配收入的20%,相当于每年国内生产总值损失5%~8%,每年达2 500亿元。

我国是交通事故多发国家。“十一五”以来，全国道路交通事故死亡人数年均7.6万人，占所有安全生产事故死亡总数的80%以上。

活动二 交通拥堵成因分析

车

● 调查当地私家车的保有量状况。

● 调查当地的公共交通是否可以满足大多数市民的出行需求?

● 调查当地停车场的数量与汽车的保有量是否相匹配?停车场的费用是否合理?

路

● 调查当地道路的容载量是多少?

● 限行道路是否合理?

● 特别拥堵区域和时段分别是什么?其交通信号灯的设置是否合理?

● 电子眼的数量如何?抓拍的实际效果怎样?

人

● 调查一下当地的人口数量。

● 有哪些不文明的行为影响交通?会带来什么危害?

● 以上哪些问题可以通过法律来解决?

● 你认为应该把哪些交通方面的行为规范列入法律法规中?

● 你知道现在有哪些交通方面的法律法规吗?执行怎样?有哪些需要补充或者修改的吗?

● 缓解交通拥堵,你还有什么办法?你知道国外有哪些好的做法吗?

活动三 交通标志知识抢答赛

关于交通标志,你知道多少?请大家根据给出的交通标志示意图快速准确地说出它的含义。

第一关
警告标志

第二关
禁令标志

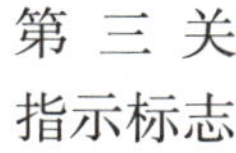
第 三 关
指示标志

资料链接

▶交通标志示意图

上陡坡

窄桥

有人看守铁道道口

注意横风

注意落石

易滑

事故易发路段

施工

禁止通行

禁止机动车驶入

禁止畜力车进入

禁止汽车拖、挂车驶入

禁止驶入

禁止三轮机动车驶入

禁止骑自行车上坡

禁止人力车进入

直行和向左转弯

环岛行驶

靠中侧道路行驶

立交直行和右转弯行驶

步行

最低限速

公交线路专用车道

会车先行

法治与公民权益

法治与消费者权益

你知道消费者有哪些权利吗?

消费者权利

安全权、知情权
自主选择权
公平交易权
依法求偿权
监督权
人格尊严与民族风俗习惯获得尊重权
……

国际消费者权益日

你知道国家制定了哪些法律维护消费者权益吗?

消费立法

《消费者权益保护法》
《食品安全法》
《产品质量法》
《反不正当竞争法》
《广告法》
《商标法》
……

活动四 我们的3·15班会

◇确定主题

- 在全班范围内征集主题。
- 备选主题采取民主投票方式，最终确定本次3·15班会的主题。

◇记者调查

围绕主题，自愿选择下列某一板块，组成小组，展开调查。

曝光案例　　消费预警　　政府在行动

- 曝光案例：曝光一些制售假冒伪劣产品、虚假广告、商业欺诈的企业。

消费预警：通过做实验、提问、现场互动等方式指出消费可能存在的潜在风险。

政府在行动：政府各部门在打击假冒伪劣、保障舌尖上的安全、维护消费者权益方面采取了哪些行动？取得了哪些成绩？

- 通过网络、实地调查、专业人士访谈、政府相关部门采访或结合自身、他人的消费经历等多种途径搜集资料。

- 资料的形式多样，可音频、视频、文字等。
- 注意调查资料的真实性；注意保护当事人或资料提供者的隐私。

◇**举行班会**

- 整理、取舍、汇总资料。
- 设计班会具体环节。
- 各组推荐一名主持人，举行“我们的3·15”主题班会。

活动拓展　我为《消费者权益保护法实施条例征求意见稿》提意见

法治与劳动者权益

劳动者权利

平等就业和选择职业的权利
取得劳动报酬的权利
休息休假的权利
获得劳动安全卫生保护的权利
接受职业技能培训的权利
享受社会保险和福利的权利
提请劳动争议处理的权利
……

劳动立法

《中华人民共和国劳动法》
《劳动者权益保护法》
《劳动合同法》
《劳动争议调解仲裁法》
《最低工资规定》
《违反解除劳动合同的经济补偿办法》
……

活动五　案例分析：如何维护劳动者权益

王某是2017年毕业的应届大学生，几经周折，终于入职某公司。入职时，公司未与其签订劳动合同，也未给其缴纳养老、失业、医疗保险和住房公积金。但却强令其签了一份《健康保证书》，内容为：上班期间发生任何身体不适或意外，均与公司无关。尽管如此，王某依然尽心尽职。国庆期间公司规定，新入职员工一律不许休息，且按100%的工酬兑现。最终公司因王某无法长时间加班而将其解雇。

- 该公司的哪些行为是违法的？违反了什么法律？
- 该公司侵犯了王某的哪些权利？你还知道哪些侵犯劳动者权益的案例？
- 结合以上案例，你认为劳动者应如何维护自己的合法权益？

法治与纳税人权益

依法纳税是公民的基本义务，当公民发生应税行为时，必须纳税。

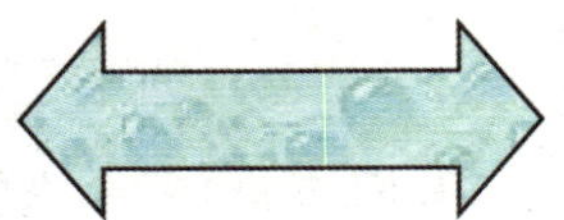

纳税人应行使监督权，监督国家对税收的征管和使用，对贪污和浪费国家资产的行为进行批评和检举。

活动六 调查统计:财政支出结构

调查统计：当地近五年财政支出用在哪些方面？所占财政支出总额的比重分别是多少？结果绘制成折线图。并根据图表，谈谈近五年当地财政支出结构发生了哪些变化？反映了什么情况或问题？

温馨提示

此活动旨在增强责任意识和法治意识，积极履行纳税人义务，行使纳税人权利。

活动七 情境探究:财政重奖纳税大户是否合理合法

X 企业可以说是当地的龙头企业，近几年随销售收入的大幅增长，缴纳的税款也越来越多，成为纳税大户。该县政府为鼓励企业纳税，财政拨款购买一辆奔驰车奖励给 X 企业。该做法是否合理合法？

要求：观点明确，说明理由。

资料链接

▶税收及其作用

税收是国家为实现其职能，凭借政治权力，依法取得财政收入的基本形式。具有强制性、固定性、无偿性的特点。税收是国家财政收入的重要来源，是调节国民经济发展的重要杠杆，是国家进行监督的重要手段。

主题 20　振兴东北　勇于担当

曾几何时，作为“共和国经济的长子”，东北聚焦着一批“大国重器”企业，无可替代；东北是国家农业的“压舱石”，开放的“新高地”，事关全局。

东北在中华人民共和国成立初期，就是我国重要的重工业基地。东北资源丰富、工业基础雄厚，一直起到稳定和平衡其他产业发展的作用。东北振兴十年，成绩显著，也发生了巨大变化。2014 年以来，受国内外复杂多变经济形势的影响，东北地区经济增长速度明显放缓，经济发展遇到了前所未有的困难与挑战。2015 年第一季度，辽宁、黑龙江、吉林的工业增速均有所下降，分别为全国倒数第一、倒数第三和倒数第七，出现“新东北现象”。

如何重振新东北雄风，是每一个东北人应尽的责任与担当！让我们一起行动起来，为新东北的未来发展贡献自己的一份力量吧！

活动指南

责任担当是本专题活动所着力体现的核心素养，该素养主要是学生在社会责任、国家认同、国际理解等方面的综合表现。

每个人都有自己的家乡，身为家乡人，应该承担起对家乡发展的责任；身为东北人，应该承担起振兴东北的重任！尤其是在东北经济面临严峻挑战的时期。通过本专题活动的开展，一方面我们要了解家乡经济发展的历史与现状，增强社会责任感，能主动作为，尽职尽责，积极履行公民义务，理性行使公民权利；另一方面，通过史料分析、角色体验、故事会等活动，增强发展家乡经济的自信心，通过锻炼提升自我的创新精神和实践能力，为家乡经济的发展助力献策！

东北地区之自豪篇

活动一　共和国经济的长子

东北地区的工业发展历史较为悠久，中华人民共和国成立前已经形成了一定规模的工业基础。抗美援朝战争爆发时，为支援志愿军，沈阳一座工厂要在两个月内赶制出十万把军镐。工厂全体员工克服不利条件，革新技术，采用“叠芯串铸”的方法，仅用了 19 天就完成了任务，谱写了后方援助前线的奇迹。“一五”期间，我国从苏联与东欧国家引进156项重点工矿业基本建设项目，其中57项布局在东北三省。经过“一五”“二五”时期的发展，东北地区工业谱写下了中国工业发展史上壮丽的篇章。这里诞生了新中国第一炉铁水、第一批铸件、第一台发动机变速箱、第一辆汽车……早在1955年，鞍钢生产的钢材供应就基本辐射了全国各个地区，满足了全国2 000多个生产和基本建设单位的需要。三线建设时期，东北三省更是为全国输送了大量的人力物力，在全国各地援建了众多企业，足迹遍布近三十个省、市和自治区的一百多个市、县。因此，东北地区被誉为“共和国经济的长子”。

思考一：令人骄傲的东北

东北地区工业发展的历史可以追溯到清朝末期，在民国时期进一步发展，中华人民共和国成立后，东北地区的经济得到了更大规模的开发。你知道东北工业发展的历史进程吗？请根据时间轴提示的时间写出相关史实。

清末民初　　民国时期　　中华人民共和国成立后

东北地区有丰富的煤、铁、石油等资源，便利的交通和良好的工业基础，为重工业的发展提供了有利的条件，你能说出东北地区有哪些重要的自然资源吗？有哪些重要的工业部门呢？联系资源与工业部门的分布，说明这些资源对东北地区的工业分布有哪些影响。

结合东北经济发展的历史地理状况，思考“共和国经济长子”的经济结构特点是什么？形成这些特点的原因都有哪些？

思考二：荒凉的东北“改天换地”

东北地区资源丰富，成为其迅速开发的重要基础，但是东北地区也是我国纬度最高的地区，气候最为寒冷，位置也较为偏远。从现代化进程来看，起步相对较晚、水平相对落后。中华人民共和国为何将经济建设的重点置于东北？在当时又是怎样克服不利因素，实现建设目标的？

温馨提示

思考角度：资源条件、原有基础、政权基础、国家统一的形势与国际环境……

克服自然的不利因素，需要依靠国家的支持和发挥人的力量……

思考三：穿越时空，体验决策

有利因素

地理条件：

……

历史条件：

原有基础：

外援利用：

不利因素

地理条件：

……

历史条件：

经济水平：资金、技术、劳动力……

经济基础：

决策考量

东北建设的必要性：

国家政策提供的保障与支持：

资料链接

▶国家对东北地区的经济政策

国民经济恢复时期东北地区是国家的投资重点。1950 年国家对东北的投资占基本建设总投资的 51.66%。1951 年基本建设工作总量中东北占 40.3%，1952 年全国基本建设投资中东北占 32.48%。虽然三年中投资比重逐年递减，但这三年中，国家对东北地区的基本建设投资与全国其他区域相比较，还是占首位。从国外聘请的设计组也大部分在东北工作,从而导致 1952 年及此后二、三年的国外订货也是东北较多,而在东北各省中投资的重点是辽宁省，国家对辽宁的投资占东北基本建设投资总额近 70%，可见投资布局集中程度。

▶东北工业建设的起步与发展

清末以来，随着东北地区的弛禁开放和大规模开发，开始了工业化进程，成为我国工业化起步较晚、进度较快、发展水平较高的地区。民国时期主要体现为农产品加工业的高速发展，日本侵华占领时期，出于“以战养战”的需要，着重发展电气工业、矿业、部分机械工业和轻工业，重工业发展较快。东北的大规模经济开发是在中华人民共和国成立之后，尤其是在“一五”和“二五”期间完成。

东北地区之忧思篇

东北地区是中国传统的老工业基地，石油、钢铁、机械、化工等部门在全国占重要地位。20 世纪 90 年代以来，这种优势地位不断下降，经济发展面临前所未有的困难。2003 年，国家明确提出振兴东北老工业基地发展战略，加快产业结构调整，推进体制机制创新，尤其是运用高新技术改造传统产业，支持资源枯竭型城市转型提升。经过不懈努力，东北呈现出欣欣向荣的发展局面。然而，2013 年东北经济再次下滑明显，2014 年开始低于全国平均水平。2016 年，东北三省的 GDP 增速排名更是列居全国倒数后 5 位，其中辽宁为全国唯一经济增速负增长地区，只有 -1.3%，“新东北现象出现”。

活动二 衰落的工业

2013 年以来，东北的工业产能过剩现象突出，主要集中在钢铁、煤炭、化工等传统产业。由于计划经济时期遗留的问题，东北工业投资基本靠政府，缺乏活跃的资本市场。国有企业在东北经济中占到经济总量的 2/3 以上，民营企业生存空间较小。

中国近年三大产业占 GDP 的比重

年份	第一产业	第二产业	第三产业
1980 年	29.60%	48.10%	22.30%
1990 年	26.60%	41%	32.40%
2000 年	14.70%	45.50%	39.80%
2010 年	9.50%	46.40%	44.10%
2017 年	7.9%	40.5%	51.60%

- 读左侧图表，你发现了哪些信息？
- 具体描述从 2010—2017 年，我国产业结构发生了怎样的变化？
- 你认为怎样的产业结构是合理的？

东北三省产业结构示意图

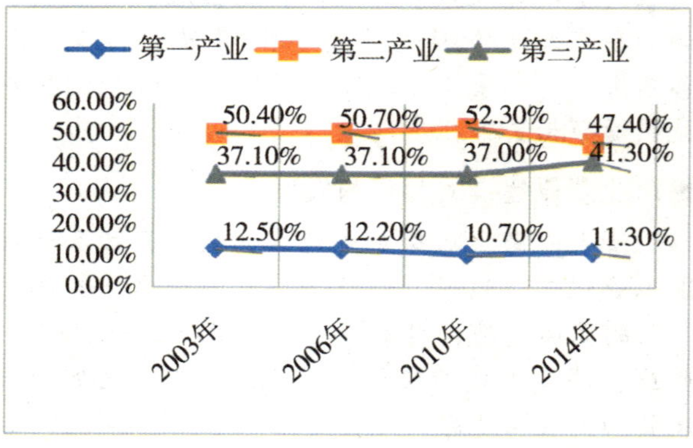

- 右图反映了哪些信息？
- 具体描述从 2010—2014 年，东北三省产业结构发生了怎样的变化？
- 2017 年与全国相比，你认为东北目前的产业结构是否合理？存在什么问题？

- 你认为近年来东北地区的衰落，还有哪些原因？（提示：除产业结构外，东北在资源环境、市场体制等方面还存在什么问题？）

活动三　人口的问题

农业和重工业高度依赖特定的地理条件——东北的大平原、大庆的油田、鹤岗的煤矿、辽宁的煤铁矿等。而第三产业的发展，核心是人，这需要合适的区位和不太差的气候条件。

人口迁移

“孔雀东南飞”是东北地区人口向外迁移的真实写照。根据第五次和第六次人口普查的结果，东北十年流出的人口有100多万，其中高层的、管理层的或者生产线的骨干力量占了多数。东北的20~39岁常住人口占全国比例在1982年就开始下降，从1981年的10.1%下降到2010年的8.1%、2015年的7.6%。

全国各地区历年人口增长率

	1991年	2000年	2010年
全国	1.84	1.22	1.18
东北	1.3	0.91	0.75
川渝	1.81	1.24	1.1
江西	2.07	1.6	1.39
广西	2.24	1.54	1.79
长三角	1.46	0.96	0.99

- 看上面两段材料，你有什么发现？东北的人口数量、结构出现了什么问题？
- 你能说一说这些问题对东北经济会产生什么影响？
- 分析东北人口问题产生的主要原因是什么？
- 针对东北人口方面的问题，你能否想出好的解决办法？

资料链接

▶“新东北现象”的主要表现

1. GDP增速大幅下降。2014年开始全面低于全国平均水平。2016年，黑龙江、吉林、辽宁的GDP增速分别为5.1%、6.2%和-1.3%。

2. 工业发展速度降低，产能过剩现象突出，主要集中在钢铁、煤炭、化工等传统产业。第三产业、尤其是现代服务业发展滞后。

3. 居民收入增长减少。2014年开始，东北三省的居民收入增速都低于全国平均水平。

4. 对外贸易进一步下降。

5. 资源能源减少，环境污染加重。中华人民共和国成立以来，东北地区一直作为我国重要的工业基地，辽宁的鞍钢集团，黑龙江的大庆油田、三大动力，吉林的长春一汽等全国知名的重工业企业都在东北。同时也加剧了东北地区的资源环境压力。

6. 国企改革推进缓慢，政企不分，民营企业生存空间小。

7. 人才流失较多。

东北地区之振兴篇

活动四 我心中的建设英雄

每个地区的发展，都要依靠热爱这片土地的人们，他们的拼搏进取、无私奉献，是不应该被遗忘的故事，是我们砥砺前行的精神动力。在东北建设的过程中，涌现出许许多多这样可敬、可爱的人，他们的无悔付出推动中华人民共和国的工业化和东北地区的发展，他们是民族的脊梁！让我们一起走进他们的故事，感受这片土地历史的温度。

说说你心中的建设英雄，请把他（或她）的故事讲给同学们听吧！感受他们战天斗地的果敢，汲取他们为国奉献的精神力量。

你知道铁人王进喜吗？你能讲出他的故事吗？为什么他被称为铁人？你知道什么是铁人精神吗？

你知道北大荒是怎样变成北大仓的吗？你知道当年的拓荒者是以怎样的精神动力，让荒原变成良田的吗？

你能用精练的语言概括令东北人民引以为豪的“铁人精神”、“北大荒精神”的实质吗？

活动指导：

可以查阅东北建设时期的档案资料和报纸杂志，寻找关于建设英雄的历史记载与新闻报道，记录下让你感动的人物和历史瞬间，与同学们分享。

可以与家里亲历东北建设时期的长辈聊天，了解他关于建设家乡的记忆，或许会有许多意外的收获，你或许会发现，英雄就在身边。

活动五　积极奋进，振兴东北

“新东北现象”暴露出东北地区在经济发展过程中存在的问题，人才流失的重要原因在于地区间经济发展不均衡，而造成东北地区经济发展受阻的重要原因在于产业结构不合理，针对目前存在的问题，在强大的精神支撑下，东北人民在社会经济发展的各个方面正在积极奋进。

工　业

习近平总书记指出：东北等老工业基地振兴发展，不能再唱“工业一柱擎天，结构单一”的“二人转”，要做好加减乘除。其中加法：投资、需求、创新；减法：淘汰落后产能；乘法：创新驱动；除法：市场化程度。现在加法多、其他少，亟待补课。

● 根据习总书记的讲话内容，针对东北老工业基地的近况和我国国情，你认为应该如何振兴我国东北老工业基地？请你从产业结构调整、工业布局、环境问题及科技发展等方面为振兴东北经济献计献策。

农　业

黑龙江逐步形成了生态化种植、科技化改造、产业化发展的现代农业，奠定了我省作为国家粮食主产区和农业大省的战略地位，成就了“全国农业看龙江”的美名，实现生态效益和经济效益双丰收。

● 黑龙江的生态农业采取的是“以绿生金”，深入推进农业“三减”的措施，即减肥、减药、减除草剂。你能说一说怎样做到“三减”吗？

● 在保障国家粮食安全的前提下，黑龙江积极调整、优化种植结构，请你说一说在保障国家粮食安全方面我们可以采取哪些措施？为什么要进行种植结构调整？

● 科技兴农，你知道科技可以应用到农业生产过程中的哪些方面吗？

冰雪旅游业

“冰天雪地也是金山银山。”习近平总书记指出。近年来，东北三省充分利用冰雪资源优势，打造惠及当地经济社会发展和人民生活的幸福产业。根据途牛 2016 年 11 月至 2017 年 4 月的冰雪旅游销售大数据，在全国冰雪旅游景区预订量前十名中，东北地区占了九名。

● 请你列举适合东北地区冰雪旅游开发的旅游项目。

● 分析东北地区发展冰雪旅游的优势条件。

● 针对本地区旅游资源的特点，请你为游客提出几项合理的游览建议。

● 请从审美价值、经济价值、文化价值等旅游资源评价的角度，对东北目前冰雪旅游资源开发予以评价，发现成功与不足，并针对不足提出改进措施。

资料链接

▶北大荒精神

20世纪50年代初，我国十万转业官兵在东北三江平原的亘古荒原上发起了“向地球开战，向荒原要粮”的伟大壮举。半个多世纪来，几代拓荒人承受了难以想象的艰难困苦，战天斗地，百折不挠，用火热的激情、青春和汗水把人生道路上的句号划在了祖国边陲那曾经荒芜凄凉的土地上，他们以“艰苦奋斗、勇于开拓、顾全大局、无私奉献”为内容的北大荒精神，献了青春献终身，献了终身献子孙。垦荒英雄们跋山涉水、勇往直前，他们已把生命融入了这片荒原，用青春和智慧征服了这片桀骜不驯的黑土地，实现了从北大荒到北大仓的历史性巨变。

▶东北老工业基地改造可借鉴的经验——德国鲁尔区再繁荣的改造措施

东北老工业基地，尤其是辽中南工业区，与德国鲁尔工业区都属煤铁复合体型的布局方式，其区位特点、生产结构和存在问题都有很大的相似性，鲁尔区的改造措施也能给东北老工业基地的改造提供借鉴经验。

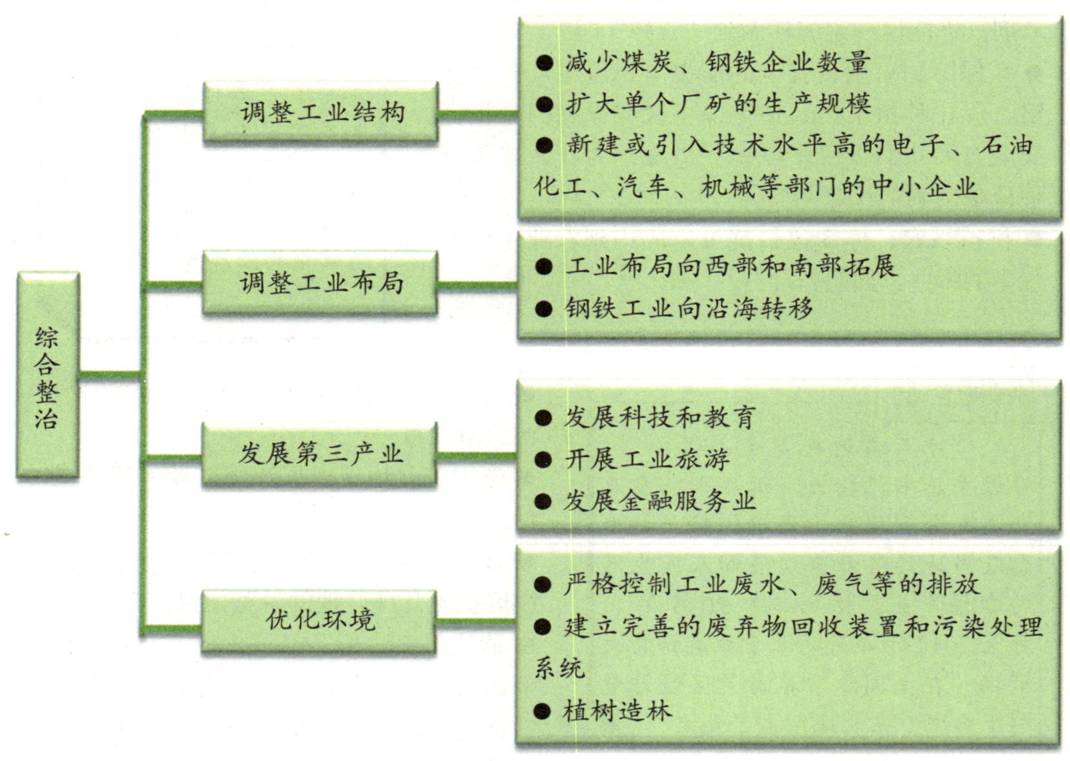

核心素养六　践行实践创新

主题 21　能源问题

当我们饥饿时，能源可以帮我们烹饪美食；当我们出行时，能源可以带我们走得更快，更远；当夜幕降临时，能源可以带给我们光明；当寒冬酷暑时，能源可以让我们感受温暖与凉爽……当我们睁开眼睛开始新的一天，能源就与我们息息相关，如果能源供应不上，不可想象人类的生活将会怎样?!

“我们所处的时代堪称能源时代”。人们从来没有像今天这样重视能源、依赖能源，世界能源的形势与安全问题也更加举世瞩目。

活动指南

创新精神是本专题要着力体现的核心素养，劳动意识、问题解决能力、技术应用能力是其重要内涵。

本专题通过对能源污染、能源危机以及沼气、地热、风能等新能源的开发利用问题的探究，促进我们对能源知识的理解和加深；使我们更加深刻地认识解决能源污染问题的迫切性和重要性。雾霾问题的活动设计，让我们积极探寻污染问题的解决办法，提高我们问题解决的能力；能源争夺战引发我们关注国家能源安全问题，激发我们的危机意识与爱国情感；提升我们对新能源的认知和能源可持续发展的关注，强化我们保护环境和可持续发展的意识。开展测定空气质量、太阳能小制作与水能演示等活动，有助于提高我们的动手实践能力、解决问题能力、技术应用能力和创新能力。

能源污染

化石能源如煤炭、石油类能源在燃烧过程中会产生大量二氧化碳、硫氧化物、氮氧化物及多种有机污染物。这些污染物破坏环境、影响生态、降低大气能见度，对环境和人体健康造成危害；能源物质中夹杂的重金属元素也会污染土壤、水域等；二氧化碳排放会形成城市热岛，并因全球性温室效应而使地球升温。

活动一 从卫星图上看雾霾

NASA(美国国家航空航天局)卫星记录了中国雾霾 15 年的变化,2016 年 12 月,中国东部多地发出红色警报,重度雾霾覆盖全国大片地区。下面两幅图是 2001 年冬季某日与 2016 年冬季某日我国华北地区卫星图,据图回答问题。

2001 年冬季某日

2016 年冬季某日

◆ **问题 1**:描述左图中两个不同时期大气能见度的特点?
◆ **问题 2**:这种变化给我们生产生活带来了哪些危害?
◆ **问题 3**:你能说出变化的原因么?

活动二 测定空气质量

"怎样测定空气质量"是个大问题。这个问题可以分解为两个小问题:一是怎样测定空气中的气体污染物,二是怎样测定空气中的粒状污染物。大问题是由小问题组成的,科学研究就是从一个又一个的小问题开始的,本次活动我们可以尝试测定空气中的粒状污染物。

	烟尘含量			
	环境 1	环境 2	环境 3	环境 3
时间 1				
时间 2				
时间 3				
合计				
平均				

活动步骤:

1. 准备一张 A4 纸大小的硬纸板,贴上记录表(如下表)。
2. 取窄透明胶带 10 厘米,首尾相接,胶面向外粘成一个圈。
3. 将此胶带固定暴露于想要测定的空气中 1 小时。
4. 将胶带打开,放置在坐标纸上,数胶带上的烟尘颗粒数,填写到表格内。
5. 在不同时间、不同地点重复此活动,并填入表格中。
6. 比较实验结果,评价所测时间、地点的空气质量。

活动拓展

◇ **秸秆应何去何从?**

每年初冬,空气污染加剧,其中一个重要的原因就是秸秆的燃烧。虽然法律禁止,但很多农民仍然在田地里燃烧,引发空气污染、火灾、飞机无法正常起降等后果。

中国农民对作物秸秆的利用有悠久的历史。在南方,人们将稻秆晒干储藏,可用作柴火，编织坐垫、床垫、扫帚等，铺垫牲圈、喂养牲畜、堆沤肥还田，甚至用于制作简易房屋的屋顶等，很少被浪费。但是近年来由于煤、电、天然气的普及，工业制品的丰富，农村对秸秆的需求减少，大量秸秆的处理成为了一个严重的社会问题。

◆**问题探究：**

1. 结合图片分析秸秆的用途有哪些？小组讨论，除此之外秸秆还有哪些用途？
2. 分析一下秸秆的哪些用途对环境没有污染或造成的污染较小。
3. 你认为政府可以采取哪些措施减少农民对秸秆的燃烧又能提高秸秆的利用率？

资料链接

▶PM2.5 的来源

在雾霾天气中，PM2.5 是“罪魁祸首”。主要来源有多个。一是汽车尾气。近年来，城市的汽车越来越多，排放的汽车尾气量也越来越多，对城市空气中 PM2.5 的“贡献”与 60%左右。二是道路扬尘和建筑施工扬尘。根据研究，道路扬尘是 PM2.5 的主要来源，占 PM2.5 来源的 20%左右。三是工厂排出的二次污染。四是冬季取暖时燃烧煤炭低空排放的污染物。五是生物质（秸秆、木柴）的燃烧以及垃圾焚烧产生的烟尘，这也是 PM2.5 的重要来源。

▶雾霾天气如何做好防护

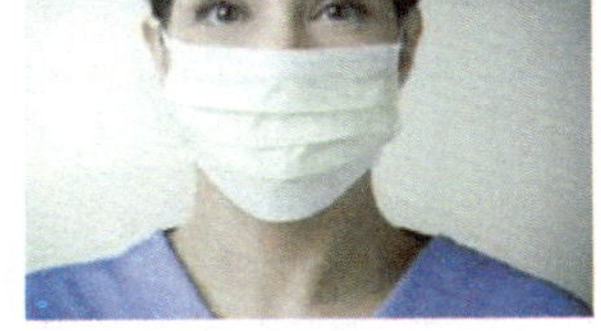

1. 戴口罩。医用口罩对 0.3 微米的颗粒能挡住 95%。选择口罩要买与自己脸型大小匹配的型号，要最大限度地贴紧皮肤。

2. 少外出。雾霾天气可以暂时减少晨练，尽量选择在 10—14 时外出。同时，要多喝水，少吸烟并远离“二手烟”，减轻肺、肝等器官的负担。

3. 进入室内先清洗。做三件事：洗脸、漱口、清理鼻腔。

4. 尽量不开窗。如确实需要开窗透气的，应尽量避开早晚雾霾高峰时段。

5. 多食清肺润肺食品。首选是百合，具有润肺止咳、养阴消热、清心安神之效。

深绿色蔬菜和水果富含胡萝卜素，能有效增加呼吸道黏膜的防御能力。

6. 减少皮肤外露，做好皮肤护理。出门前，应尽量多地包裹好身体暴露的部位，减少皮肤的外露，因为雾霾中的颗粒可能会堵塞皮肤的毛孔而引起不适。

能源危机

能源危机是指因为能源供应短缺或是价格上涨而影响经济的危机。这通常涉及石油、电力或其他自然资源的短缺。能源危机通常会造成经济衰退。最严重的状态，莫过于工业大幅度萎缩，或甚至因为抢占剩余的石油资源而引发战争。

活动三 能源争夺战

我国目前是世界第一大石油进口和消费国，国际上一般将石油对外依存度达到 50%看作是“安全警戒线”。2016 年度《国内外油气行业发展报告》显示，中国石油消费保持中低速增长，2015 年其对外依存度首次突破 60%，达到 60.6%。

◆据图观察：

1. 我国有几条进口石油的通道？分别是从哪里进口的？
2. 这些进口石油通道安全吗？列举一个说明。
3. 除此之外，你还知道哪些石油进口通道？你还有哪些建议？

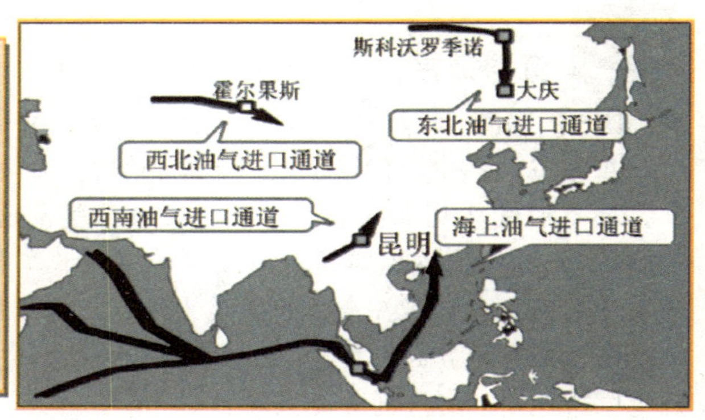

活动四 我国能源还够用多久

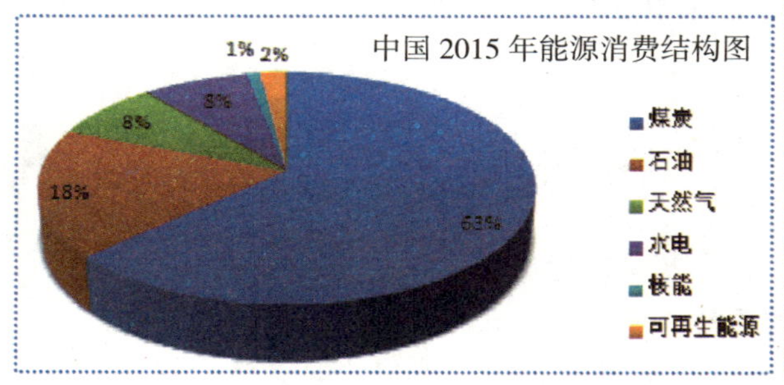

中国 2015 年能源消费结构图

读图回答：

1. 读左图分析我国能源消费构成，中国目前能源消费以哪些为主？
2. 我国现有的能源消费结构是否有利于可持续发展？这种能源消费结构是否可以长期存在下去？为什么？
3. 对于我国今后能源结构的调整，你有什么好的建议？

资料：

2015年我国煤炭储量达到2440.3亿吨，各省（区）平均为81.34亿吨，其中山西省最多为921.3亿吨，西藏自治区最少为0.1亿吨。

——地理国情监测云平台

根据国家能源局对外发布的《2017年能源工作指导意见》，2017年全国能源消费总量将控制在44亿吨标准煤左右。指导意见提出，2017年非化石能源消费比重提高到14.3%左右，天然气消费比重提高到6.8%左右，煤炭消费比重下降到60%左右。全国能源生产总量为36.7亿吨标准煤左右。

——新华网

算一算：中国目前煤炭资源形势如何，按目前消耗量我国的煤炭资源大约还够使用多少年？

活动拓展

◇能源节约，功荫后世

今天的世界能源消费仍以化石资源为主。按目前的消耗量，专家预测石油、天然气最多只能维持半个世纪，煤炭也只能维持一两个世纪。面对世界这种能源形势，我们必须要从身边的小事做起——节约能源！

◆活动主题：制定生活中的节能方案

◆活动准备：了解在家里和学校都能在哪些方面用到能源，哪些可以不用或少用能源

◆制定方案：在以下方面提出节能措施

项目	节能措施	项目	节能措施
照明		供暖	
卫生间用电		教室多媒体	
空调 风扇		厨房用电	
个人用电设备		其他	

◆制定方法：

1. 考虑在上述情形下是否存在能源浪费现象，如果有，将如何避免？
2. 如果不存在浪费现象，考虑如何使用会更加节约。

资料链接

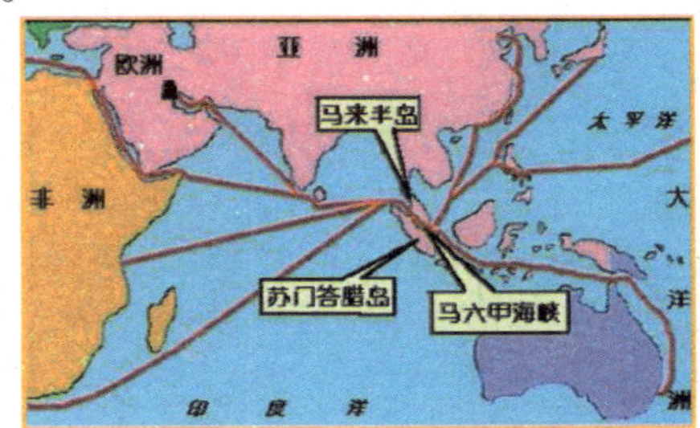

▶你可知马六甲之困？

马六甲海峡是位于马来半岛与印度尼西亚的苏门答腊岛之间的漫长海峡，由新加坡、马来西亚和印度尼西亚三国共同管辖。经马六甲海峡进入南中国海的油轮数是经过苏伊士运河的3倍、巴拿马运河的5倍。因此，马六甲海峡是中国的“海上生命线”，一旦出现某种突发事件很容易导致这些海峡出现短期运输中断，将给中国的“能源安全”造成极大隐患，形成所谓的“海峡困境”。

▶争做节能小卫士

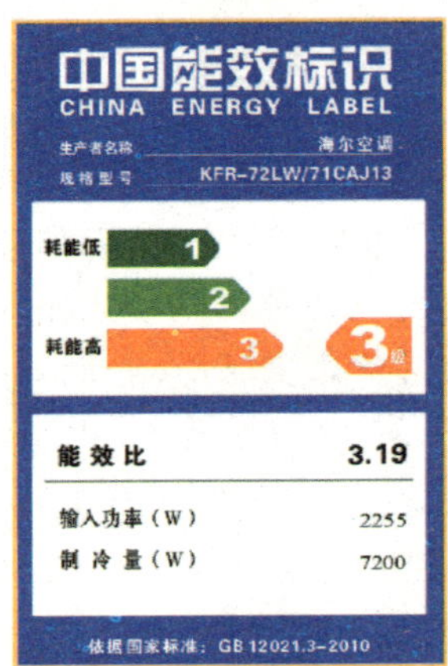

1. 更换灯泡。全世界约有20%的电力消耗在照明上。在发光量相同的情况下，节能荧光灯要比白炽灯省电75%至80%。

2. 驾驶环保节能汽车。全世界约有1/4的能源用于交通运输。此外，油电混合动力车等环保汽车在汽油消耗量相同的情况下，行驶里程可比传统汽车多出20%。

3. 电视机不要开得很亮，音量也不宜过大，每增加1瓦音频功率，就要增加3~4瓦电功耗。

▶了解中国节能产品标识

“中国节能产品认证标志”由“energy（能源）”的第一个字母“e”构成一个圆形图案，中间包含了一个变形的汉字“节”，寓意为节能。缺口的外圆又构成“CHINA”的第一字母“C”，“节”的上半部简化成一段古长城的形状，与下半部构成一个烽火台的图案，一起象征着中国。“节”的下半部又是“能”的汉语拼音第一字母“n”。整个图案中包含了中英文，以利于国际接轨。整体图案为蓝色，象征着人类通过节能活动恢复和保持天空和海洋的蓝色。

新能源开发

新能源（NE）：又称非常规能源。是指传统能源之外的各种能源形式。指刚开始开发利用或正在积极研究、有待推广的能源，如太阳能、地热能、风能、海洋能、生物质能和核聚变能等。

活动五 来自地球怀抱的温暖

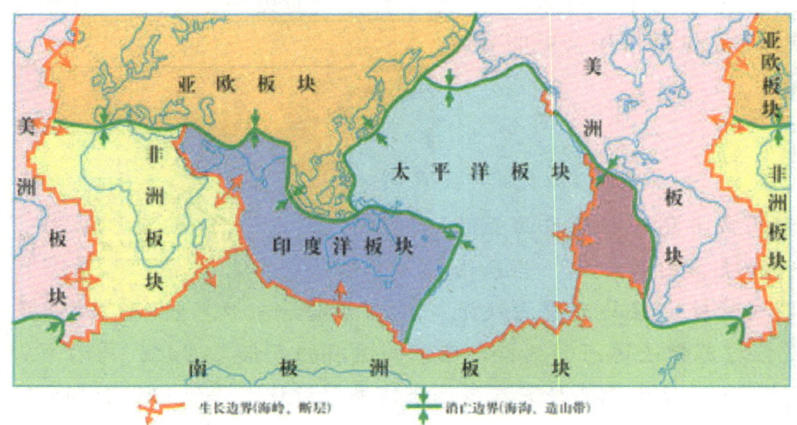

◆读图思考：

1. 你能在图中指出青藏高原的大致位置吗？说一说这里地热资源丰富的原因。

2. 讨论分析：与常规能源相比，地热能有哪些优点？与其他新能源相比，地热能又有哪些缺点？

3. 你知道把地热变为人们可利用的能源需要哪些技术吗？

活动六　化腐朽为神奇

◆探究新能源——沼气

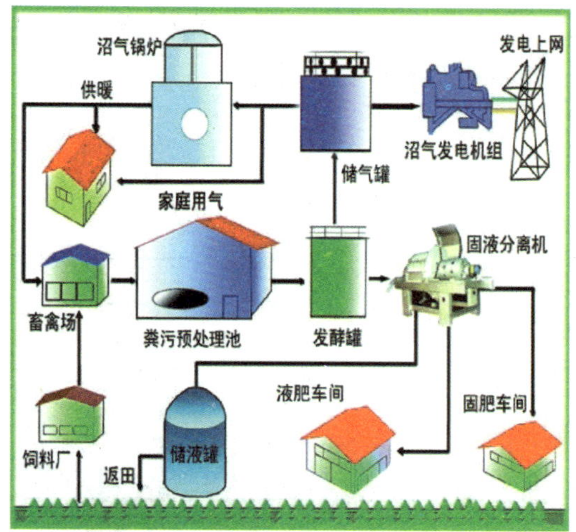

沼气燃烧发电是随着大型沼气池建设和沼气综合利用的不断发展而出现的一项沼气利用技术。沼气发电具有创效、节能、安全和环保等特点，是一种分布广泛且价廉的能源。

生物质能发电在西欧一些国家占能源总量的10%左右。

◆问题探究：

1. 你知道沼气的原料来源吗？这种原料成本怎样？
2. 请说明沼气池的工作原理。
3. 据图分析，用沼气做能源有哪些好处？

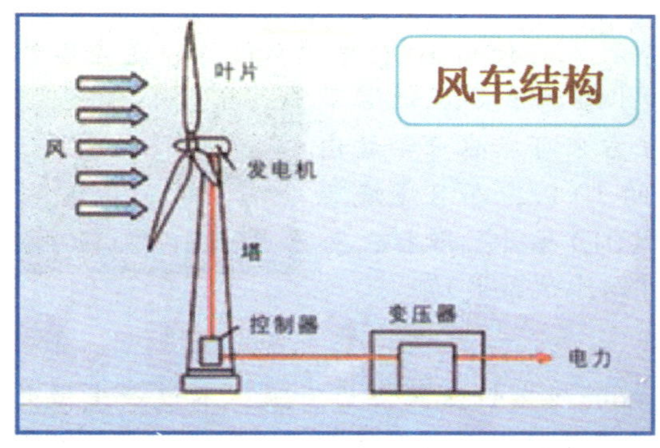

我国是利用风能最早的国家。早在两千多年前，就有风力驱动的帆船在水面航行，明代开始应用风力车灌溉农田，并出现了用于农副产品加工的风力机械。在国外，风车也有悠久的历史，风车最早在波斯出现时，据说只是宗教用的风动法论，古代埃及早就知道用风车碾磨粮谷，荷兰低于海平面的地区和英格兰的沼泽地，就有数千架专用排水风车。

◆读图思考：

1. 描述风车发电的原理（如有困难可请教物理老师）。
2. 讨论分析：风能的用途有哪些？风能与其他常规能源相比有哪些优点？
3. 看图分析，我国新疆达坂城地区的风能资源是否丰富？从地理角度分析原因。

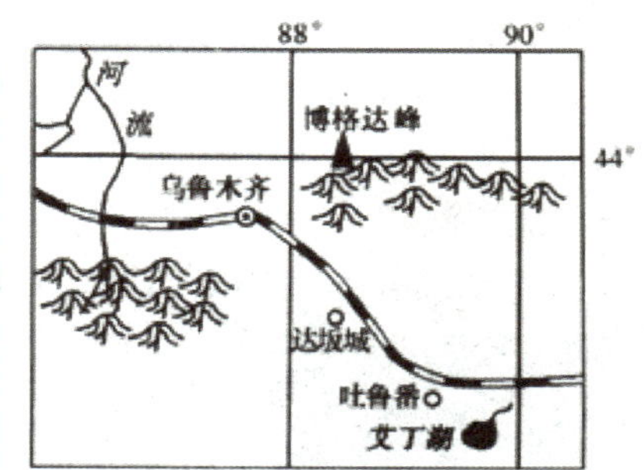

活动拓展（一）

◇**简易太阳灶的制作**

材料：食品塑料袋内层（铝箔面）、汤碗、铁丝、泡沫塑料凹槽。

制作：用食品塑料袋内层（铝箔面）做反射面贴满汤碗底部，将铁丝做成支架固定在碗底中央，将汤碗置于泡沫塑料凹槽上。在铁丝支架上放一小块土豆或其他食物，调整凹槽上汤碗位置，使太阳灶始终对着太阳。观察土豆有什么变化。

活动拓展（二）

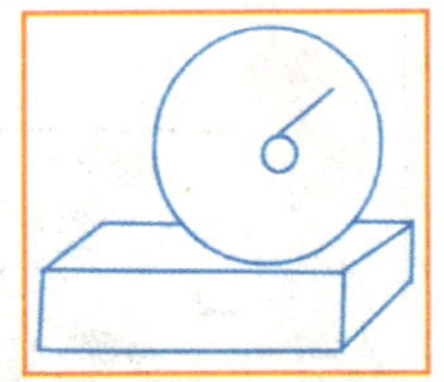

◇**发现水能的作用**

活动材料：铝饼盘、塑料泡沫球、牙签，水龙头。

制作过程：1. 把铝饼盘切割成四个边长为5cm的正方形。

2. 把这些正方形的铝片分别嵌入一个塑料泡沫球，并在球壁两端分别插入两根牙签。

3. 用指甲托着牙签，把球置于缓慢的水流下。

活动作业：水量的增大将如何影响水轮的转动速度？检验你的假设，描述水轮转动速度的变化。

资料链接

▶可燃冰为何物？

可燃冰，又名天然气水合物，被称为能满足人类使用1000年的新能源，是今后替代石油、煤等传统能源的首选。它是甲烷和水在海底高压低温下形成的白色固体燃料，可以被直接点燃。1立方米可燃冰可释放出160~180立方米的天然气，其能量密度是煤的10倍，而且燃烧后不产生任何残渣和废气。中国南海可燃冰于2013年开钻取样，可供中国用135年。2017年5月18日，南海可燃冰试采成功。

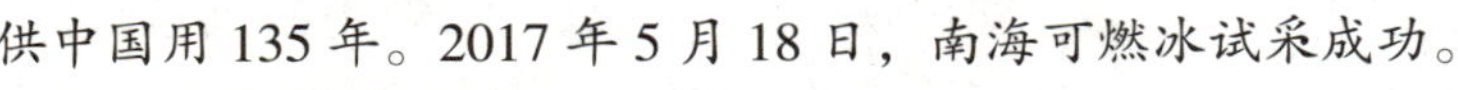

▶核裂变能与核聚变能

核裂变能已经被人类用来发电，而裂变堆的核燃料蕴藏极为有限，不仅产生强大的辐射，伤害人体，放射性核废料的处理也一直是让人头疼的难题。

核聚变反应燃料是从海水中提炼的氢的同位素氘。每1升海水中所蕴含的氘如果提取出来，发生完全的聚变反应，能释放相当于300升汽油燃烧时释放的能量。以此推算，根据目前世界能源消耗水平和海水存量，核聚变能可供人类使用数亿年，甚至数十亿年。

▶新能源汽车

新能源汽车是指除汽油、柴油发动机之外的所有其他能源汽车。包括燃料电池汽车、混合动力汽车、氢能源动力汽车和太阳能汽车等。其废气排放量比较低。据不完全统计，全世界现有超过400万辆液化石油气汽车、100多万辆天然气汽车。目前中国市场上在售的新能源汽车多是混合动力汽车和纯电动汽车。

主题 22 历史的拐点——工业革命

18—19 世纪，是一个革命的时代。乔治·华盛顿带领美国人民摆脱了英国殖民统治，建立了新的国家；法国人把国王路易十六送上了断头台，建立了法兰西共和国。1764 年，英国织工哈格里夫斯发明了“珍妮纺纱机”，拉开了工业革命的序幕。工业革命改变了人类的生产、生活方式以及思维方式，被视为人类历史发展的拐点。从钻木取火到遨游太空，人类文明的发展得益于创新的推动。下面，让我们共同追溯人类由农业文明迈向工业文明的历程，看一看人类的创新是如何发生、又是如何被接纳和推广的？

活动指南

实践创新是本专题活动所着力体现的核心素养。在本专题中，通过最具影响力发明奖的评选和投资策划案的设计等活动，了解工业革命期间科技创新的相关史实以及科技创新推广所需要的社会环境，思考如何解决创新推广过程中所遇到的问题；通过撰写国会演讲稿和伦敦游记等活动，探讨英国科技创新与制度创新的关系，分析科技创新给社会生活带来的变化。

在本专题中，通过三个板块的活动设计，可以让我们从不同的的视角认识到创新需要立足于长久扎实的努力，需要社会提供创新的环境与成果交流分享的机制；认识到科技创新与制度创新的相互推动作用，培养多角度辩证地分析问题的能力；进一步认识到万众创新，才能推动国家的富强。

创新者

工业革命，没有革命的宣言，也没有战役，只有一群人默默工作。他们是善于发现问题、解决问题的学徒与工人，他们是在实验室里百折不挠的科学家。在他们的努力下，纺纱机、蒸汽机、火车、轮船等等新事物诞生了，并且日渐升级、完善。

活动一 评选最具影响力发明奖

1851 年，率先完成工业革命的英国在伦敦举办了首届世界博览会，即“万国工业博览会”。为了这次博览会，英国修建了一座全部用玻璃钢架搭建而成的“水晶宫”，造价八万英镑，这在当时是一个天文数字。假定在这次博览会上展出以下发明，还要颁发一个最具影响力发明奖，你会把票投给谁？请说明理由。

展品名称	发明时间	发明人
珍妮纺纱机	1765 年	哈格里夫斯（织工）
水力纺纱机	1769 年	阿克莱特（理发师）
骨瓷餐具	1812 年	韦奇伍德（陶工）
联动式蒸汽机	1782 年	瓦特（修理工）
蒸汽机车	1814 年	史蒂芬孙（矿工）

例如：珍妮纺纱机。在当时一个人只能纺一根棉纱，而珍妮纺纱机可以让一个人同时纺 8 根棉纱。它提高了纺织效率，是真正意义近代上的机器。

资料链接

▶瓦特与茶壶

瓦特小时候有一次看到火炉上烧的水开了，蒸汽把水壶盖顶开，瓦特把壶盖放回去，但很快又被顶开了。瓦特就这样不断地把壶盖放来放去，想找出为什么，后来瓦特意识到是蒸汽的力量，由此引发了他对蒸汽的兴趣，并开始研制蒸汽机。

▶瓦特与蒸汽机

在瓦特之前，有一种笨重而效率低的纽可门蒸汽机已经使用了 50 年，其间有很多能工巧匠试图改进它，但都没有成功。而瓦特的做法正好相反，为了对旧时的蒸汽机进行脱胎换骨的改造，他系统地学习了数学、力学、化学和热力学，做了很多实验，并且仔细计算过热能转化成机械能效率的问题，然后才着手改进蒸汽机。瓦特的机械知识来源于很多地方，包括在工厂短期做工，在钟表店做学徒，以及后来在格拉斯哥大学负责修理教学仪器。

设计一份投资策划案

相较于第一次工业革命，第二次工业革命期间，科学与技术的结合更加紧密，涌现了更多的新发明与新行业。新行业的产生改变了经济结构，扩大了企业的规模，新的发展带来了新机遇、新形势、新挑战。如果你是生活在1890年的一位投资人，你准备把资金投入到哪一个国家的哪一个行业？请依据你对第二次工业革命史实的了解，对商业机遇的敏锐洞察，拟定一份投资策划案吧！

温馨提示

活动目的：通过设计投资方案，了解第二次工业革命期间的科技发明；通过对投资环境的分析与评估，了解第二次工业革命开展的社会环境。

活动指导：在设计方案的过程中，既要考虑到前景，又要考虑到投资过程中可能出现的风险与困难，以及应对方案。

市场　资本　技术

营销　策划案要素　产品

资源　管理　风险　政策

资料链接

▶工业革命

工业革命（The Industrial Revolution）开始于18世纪60年代，通常认为它发源于英格兰中部地区，是指资本主义工业化的早期历程，即资本主义生产完成了从工场手工业向机器大工业过渡的阶段。工业革命是以机器取代人力，以大规模工厂化生产取代个体工场手工生产的一场生产与科技革命。

▶英国首先发生工业革命的原因

（1）资产阶级在英国的统治日益加强；（2）英国通过圈地运动，产生并聚集了大量可雇佣的自由劳动力，同时也扩大了英国国内市场；（3）多年的海外贸易和殖民扩张，为英国积累了原始资本，提供了广阔的原料地和海外市场；（4）工场手工业时期积累的经验和生产技术的进步；（5）随着市场需求的增大，工场手工生产已无法满足需求。

制度创新

右图为新版的20英镑纸币的背面。上面印刷的是英国经济学家亚当·斯密。他的《国富论》是现代经济学的开山之作，可谓是经济学界的《自然哲学的数学原理》。从亚当·斯密开始，经济学成为独立的学科。他用"无形的手"指引了英国经济制度的变革，与工业革命相辅相成，共同推动了英国的繁荣。

活动三 撰写一篇国会演讲稿

以"减少政府对经济的干预"为主题，撰写一篇国会演说稿。

在工业革命之前，英国的经济指导思想是重商主义，强调发挥政府对市场的干预。而亚当·斯密的《国富论》则强调要发挥市场的调节作用，减少政府对商业和自由市场的干预。然而，并非所有人都能被说服相信自由贸易的优点，英国政府和议会依然继续维持重商主义多年。假如你是当时英国内阁的成员，你要说服议会通过"减少政府对经济干预"的相关法案，请你撰写一篇国会演说稿来争取更多议员的支持吧！

温馨提示

围绕"减少政府对经济的干预"这一主题，确定演说的提要。

提要参考：

政府过多干预经济的弊端。
政府减少对经济干预的具体举措，如：降低关税；取消授予东印度公司的特权等。
政府采取自由放任政策可能带来的影响。

通过论述"减少政府对经济干预"的必要性，分析英国科技创新与制度创新之间的关系。

活动拓展

科技创新与经济指导思想的调整，为英国创造了巨大的社会财富，但是并没有给人们带来真正的自由。许多人摆脱了领主、国王，摆脱了脚下世世代代不曾离开过的土地，但是却在伦敦的贫民窟当中，衣不蔽体、食不果腹。1835 年秋天,一名 17 岁的中学生在他的毕业试卷上写下了这样一段话：“我们立志选择最能为人类谋福利的职业，这样我们的幸福将属于千百万人，我们的事业将悄然无声地存在下去，但是它会永远发挥作用，而面对我们的骨灰，高尚的人们将洒下热泪。”这名中学生就是卡尔·马克思。1848 年《共产党宣言》的发表，标志着马克思主义的诞生，此后这一理论成为国际无产阶级无比锐利的思想武器，对人类社会的进程产生了深远影响。

英国广播公司（BBC）评出的（1999.9）千年最伟大的思想家	
1. 马克思（德国思想家）	2. 爱因斯坦（犹太籍科学家）
3. 牛顿（英国物理学家）	4. 达尔文（英国科学家）
5. 阿奎那（意大利经院哲学家）	6. 霍金（英国科学家）
7. 康德（德国哲学家）	8. 笛卡尔（法国数学家、哲学家）
9. 麦克斯韦（英国物理学家）	10. 尼采（德国哲学家）

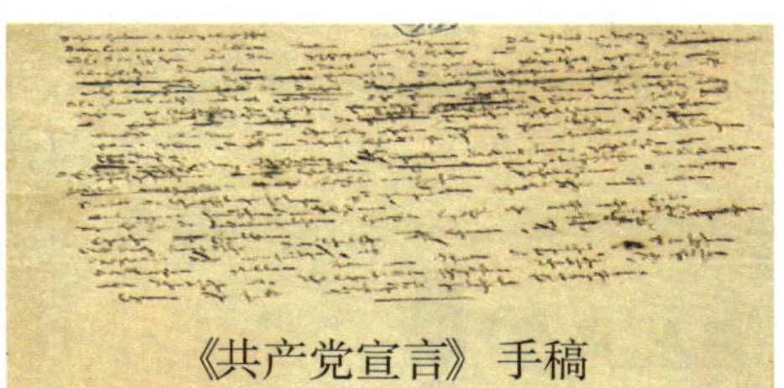
《共产党宣言》手稿

阅读《共产党宣言》，思考马克思主义对世界近代发展产生的历史影响。

资料链接

▶“重商主义”与“自由主义”

重商主义，16~17 世纪封建主义解体之后西欧资本原始积累时期的一种经济理论或经济体系。

重商主义认为贵金属是衡量财富的唯一标准，一国拥有的贵金属越多，就会越富有、越强大。因此，政府应该竭力鼓励出口，不主张甚至限制商品进口。在任一时点上的金银总量是固定的，所以一国的获利总是基于其他国家的损失，即国际贸易是一种“零和博弈”。

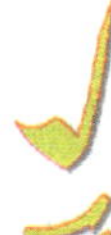

亚当·斯密虽然没有发明“放任政策”这个术语，但是他为建立这个概念所做的工作比任何其他人都多。

亚当·斯密认为财富是劳动创造的。一个国家要富强，关键在于有能力创造财富，而不是拥有多少金银。分工协作可以提高生产效率。他相信自由贸易，主张英国应该开放市场，以换取其他国家对英国开放市场。他坚决反对政府对商业和自由市场的干涉，主张让“无形的手”发挥作用。

创新改变生活

科技的创新不仅创造了巨大的社会财富，而且改变了人们的生活方式和思想观念。与农业社会的“日出而作，日落而息”不同，工业生产要求人们拥有精确的时间观念，钟表日益普及；新的交通工具则让“世界变得更小”，改变了人们的距离观念；城市化的迅速发展，丰富了人们的社会生活，也引发了一系列的城市问题。

活动四

写一篇伦敦游记

假如，你是久居乡村，习惯于田园牧歌式生活的一名英国贵族，在19世纪中期，来到英国伦敦游历，你是否会对伦敦新的生活方式感到惊奇呢？写一篇游记，把你的所见、所闻、所感，与在家乡庄园的亲人朋友分享吧！

温馨提示 

游记内容应符合19世纪中期英国伦敦的基本情况，以工业生产带来的社会变化为视角。具体可包括以下多个方面：

城市建设、环境卫生、治安、交通、生产状况、政府政策、不同阶层的生活状态、思想观念、文化艺术等。

1851年第一届世博会举办地——水晶宫

1853年的《泰晤士报》曾经如是写道：伦敦烟雾“将人类的咽喉变成病快快的烟囱”。

比尔·布莱斯著作《私生活简史》里写道：19世纪的伦敦，人们经常在走路时撞到墙上；在一个著名的事故中，7个人排成一队，一个接一个地掉进了泰晤士河里。

活动拓展

工业革命使英国发生了翻天覆地的变化，英国率先实现了工业化、城市化，成为世界发展的领头羊；同时，英国的改变也加快了工业革命的进程。1825 年，英国取消机器出口禁令，工业革命向欧美扩散，欧美国家通过改革或革命的方式逐渐走上资本主义道路。蒸汽跨越国界，向世界不断蔓延。

第一次工业革命扩散示意图

有人把蒸汽比作“被解放的普罗米修斯”，它使英国、使世界都发生了意想不到的变化。对此，历史学家哈孟德夫妇曾说：“工业革命带来了物质力量的极大发展，也带来了物质力量相伴着的无穷机遇……然而，这次变革并没有能建立起一个更幸福、更合理、更富有自尊心的社会，相反……”

——田雪莲.“‘蒸汽’的力量”教学实录[J].中学历史教学参考，2015（7）.

请同学们结合以上材料，进一步探讨工业革命的利与弊，并把你的成果分享给大家。

资料链接

▶关于英国工业革命的评价

1851 年，英国国民收入的一半来自制造业、贸易和运输业。到 1901 年，有 3/4 的首要来源于上述这三个行业。“来自海外的收入”的分类则涉及大不列颠之外的贷款和投资的利息和红利。19 世纪 50 年代，这些海外收入迅速增长。

——（美）R.R.帕尔默，乔·科尔顿，劳埃德·克莱默.现代世界史［M］.北京：世界图书出版公司，2009.

崔斯坦，法国社会学家、妇女权利倡导者，1842 年所出版的杂志：除非你已经到过制造业城镇，看到曼彻斯特的工人，否则你无法理解他们躯体的痛苦和道德的沦落。大多数工人缺乏衣服、床、家具、燃料，以及健康的食物，甚至是土豆。他们要在小房间中工作 12 小时，呼吸着污浊的空气。他们大都体弱多病，眼睛无神。如果你到过这里的一间工厂，你可以容易地看到，工人的福利从来就没有在工厂主的脑子中出现过。上帝啊，怎能只用生命的代价换来发展呢?

——田雪莲.立足材料：从学生角度说“工业革命”一课的教与学［J］.中学历史教学参考，2016（3）.

主题23 科技创新 改变世界

在我们的生活中，科技产品无处不在。疾驰而来的汽车，飞驰而去的高速列车，日新月异的智能手机，四通八达的网络等等，每一项发明都深深地影响，甚至改变了人类社会。毫不夸张地说，科技创新，正在改变我们的生产生活，正在改变我们世界。

放眼世界，各国都越来越重视科技创新的作用。德国提出了工业4.0计划，我国也发布了中国制造2025，两者有着哪些共同的特点，又有着怎样的差异？与此同时，我们是否也要正视科技创新带来的消极影响。有人说，科技创新使我们的生活更方便快捷，也有人说科技创新使人类退化，沦落为“被动的工具”，那么，我们到底应该如何面对科技创新呢？

我们生活的每一天中，或多或少都会和科技产品产生联系，在瞬息万变的当今时代，我们应该努力培养创新意识，增强创新能力。

活动指南

实践创新主要是学生在日常活动、问题解决、适应挑战等方面所形成的实践能力、创新意识和行为表现。具体包括劳动意识、问题解决、技术应用等基本要点。

放眼当今社会，科技创新已经成为时代潮流，是一个国家综合国力的基础之一，其重要性不言而喻。因此，如何培养创新意识，提高创新能力是本专题活动的主要目的。

我们通过调查研究、创新实验、问题探究等活动，懂得科技创新对生活、生产的影响，顺应时代潮流，积极进行有益的实践探索，在日常的学习和生活中有意识地培养创新意识和批判精神，提高科技创新能力。通过图片展示、观影等活动，我们要了解我国近期的重大科技创新成果及其带来的积极影响。同时，也要关注世界其他国家的科技创新成果，并探究我们应该如何提高自主创新能力，提高科技水平。

科技创新改变生活

如果没有手机，我们如何随时随地与他人保持联系？

如果没有网络，我们如何与远在他乡的朋友谈天说地？

如果没有高清的电视技术，我们如何享受精彩的电影电视节目呢？

不管人们有没有意识到，科技创新已深深影响着我们的生活，在经济社会发展中扮演着不可或缺的角色。

活动一 调查研究：科技创新对生活的影响

◇**活动要求**：依据兴趣自愿组成小组，可以参考下列相关内容，选定一个或多个调查课题。

◇**资料搜集**：各组根据各自的研究任务到图书馆、网络上查阅相关文献，实地调查和采访等进行资料搜集。

◇**分析研究**：各组同学把自己搜集到的资料分类汇总，交流讨论，提炼观点。

◇**成果展示**：课堂上组织一次汇报会，每组同学派代表把各组调查研究的成果以多样的形式（可以以 PPT 展示、实物展示或书面图文并茂形式等）展现出来。

全班进行汇总，归纳探究：

问题 1. 从个人角度说起，请把以下这些方面对你生活影响大小进行排序。

名称	代表	名称	代表
电子支付	支付宝 微信支付	网络通信	微信 QQ
网络约车	滴滴 易道 滴滴出行	网络海淘	网易考拉 海购 天猫国际
共享单车	摩拜、 ofo	外卖平台	饿了么 百度外卖 饿了么

问题 2. 以前我们的生活是什么样的？这些科技创新使我们的生活发生了怎样的改变？

问题 3. 我们应该如何加强科技创新意识，提高科技创新能力？

问题 4. 畅想在科技创新的影响下，我们的未来生活会变成什么样子？

科技不断创新，想想我们的未来生活会是什么样子？

1. 对吃的影响

2. 对穿的影响

3. 对住的影响

4. 对用的影响

5. 对行的影响

活动二 创新实践：身边的科技创新小实验

◇**活动目的：** 激发创新兴趣，增强创新能力。

◇**活动要求：** 与其他同学组成小组，自己动手做出空气动力车。

◇**活动准备：** 可以通过图书馆、网上查询制作空气动力车的方法。

◇**活动步骤：** 1. 各小组内部成员分工明确；2. 准备相应材料；3. 展示，总结汇报。

下图展示的是哈尔滨市某高中兴趣小组制作的木质机器人和空气动力车。

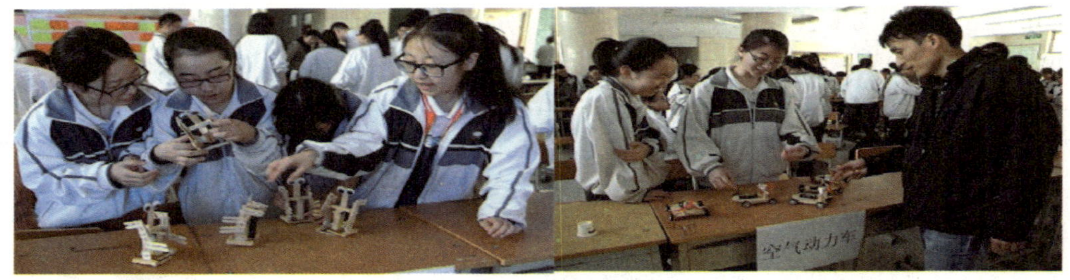

资料链接

►生活中的一些小发明

1. 不会让咖啡滴落桌上的马克杯，简单的设计却超级实用。（图 1）

2. 你如果在一个不安全的情况下，你只需输入代码，就会通过手机软件自动通知警察你的位置，位置通过电话追踪。（图 2）

图 1　图 2

活动三　问题探究：科技创新助推农业现代化

◇**案例：**

种着3 800亩棉花的新疆农民刘成瑶和廖成林由衷地感叹：“科技太神奇了！”去年，这两位农民利用自治区农机购置补贴合买了一台采棉机。连他们自己也没有想到，这台采棉机完全改变了他们的生活。人工采摘棉花时连续50多天，一天只能睡四五个小时的日子从此一去不复返。当采棉机从棉田一头走向另一头的时候，刘成瑶开着车去会朋友，廖成林则去海南旅游了一趟。

重担卸去之后，他们爆发出的爽朗笑声，飘荡在广阔的棉田上空。

这笑声是对现代农业的赞美和深情拥抱。

问题1. 根据上述案例和下图提示，你能说出农业现代化的内涵以及它的体现么？

问题2. 能否说说你所在地区的农业现代化的发展状况？能否说说这些发展状况给当地的农业发展、农村进步、农民富裕带来哪些积极的影响？

问题3. 你认为当地的农业现代化建设还存在哪些不足？还需要加强哪些方面的建设？

资料链接

►农业现代化

1. 首先，培育多种形式农业经营主体，构建新型农业经营主体体系。其次，以专业化生产和标准化生产为依托，构建新型农业生产体系。再次，完善农产品流通骨干网络，推进农产品流通体系建设。最后，创新涉农资金运行机制，健全农业融资体系。

——《中国农业现代化的建设路径》

2. 到2020年，东部沿海发达地区、大城市郊区、国有垦区和国家现代农业示范区基本实现农业现代化。以高标准农田为基础、以粮食生产功能区和重要农产品生产保护区为支撑的产能保障格局基本建立；粮经饲统筹、农林牧渔结合、种养加一体、一二三产业融合的现代农业产业体系基本构建；农业灌溉用水总量基本稳定，化肥、农药使用量零增长，畜禽粪便、农作物秸秆、农膜资源化利用目标基本实现。

——全国农业现代化规划（2016—2020年）

活动四 探究中国制造 2025 与德国工业 4.0 的异同

《中国制造 2025》提出，坚持“创新驱动、质量为先、绿色发展、结构优化、人才为本”的基本方针，坚持“市场主导、政府引导，立足当前、着眼长远，整体推进、重点突破，自主发展、开放合作”的基本原则，通过“三步走”实现制造强国的战略目标：第一步，到 2025 年迈入制造强国行列；第二步，到 2035 年中国制造业整体达到世界制造强国阵营中等水平；第三步，到新中国成立一百年时，综合实力进入世界制造强国前列。

中国制造 2025 与德国工业 4.0

◇**活动要求：**

1. 班级分成若干小组，探究主题是：比较中国制造 2025 与德国工业 4.0 的异同。
2. 可以通过电影电视、报纸杂志、网络、实地访谈等多种形式和渠道广泛搜集资料，组内成员相互合作，对资料进行分类、汇总、提炼，完成下列表格。
3. 就德国工业 4.0 对中国制造 2025 的启示撰写成政治小论文，与大家分享。（如果成果显著，可以考虑往相关报纸期刊投稿）

名称	中国制造 2025	德国工业 4.0
提出时间		
核心要点		
预期目的		
对我国的启示		

资料链接

▶“德国工业 4.0”三大主题：

智能工厂：重点研究智能化生产系统及过程，以及网络化分布式生产设施的实现。

智能生产：主要涉及整个企业的生产物流管理、人机互动以及 3D 技术在工业生产过程中的应用等。该计划将特别注重吸引中小企业参与，力图使中小企业成为新一代智能化生产技术的使用者和受益者，同时也成为先进工业生产技术的创造者和供应者。

智能物流：主要通过互联网、物联网、务联网，整合物流资源，充分发挥现有物流资源供应方的效率，而需求方，则能够快速获得服务匹配，得到物流支持。

科技创新改变中国

活动五　了解我国近几年重要的科技创新

当今中国，科技创新已成为支撑国家发展、保障国家安全的关键力量和锐利武器，扮演着现代化建设和实现“两个一百年”奋斗目标发动机的角色。中国的科技成就举世瞩目，已成为具有重要影响力的科技大国。近年来，“中国创新力量”快速崛起，我国科技创新正在深刻改变世界创新版图。经过不懈努力，我国科技出现由跟跑向并行乃至在一些领域领跑的重大转变，形成了完整的创新价值链和科技体系，取得了一大批有国际影响的重大成就。

根据图片，概括信息

问题 1. 你能说出上图是我国取得的哪几项重大科技成就么？除了这些成就，你还知道近年来我国还取得哪些重大科技成就？

问题 2. 这些科技创新会给我国带来哪些方面的影响？

经济方面：

政治方面：

文化方面：

其他方面：

当今世界正处在大变革大调整之中。全球经济增长放缓，提升全要素生产率以获得新的增长点，已成为世界各国寻求实现新一轮经济繁荣的战略选择。以绿色、智能、可持续为特征的新一轮科技革命和产业变革蓄势待发，颠覆性技术不断涌现，正在重塑全球经济和产业格局。我国正处于创新驱动转型发展的关键时期，经济发展进入新常态，传统产业发展下行压力较大，迫切需要发展新技术、新产业、新模式，为经济增长注入新动力。全球抢占创新和经济发展制高点的竞争更加激烈，我们要抓住历史机遇、努力“弯道超车”，加快创新发展，实现“从大向强”的转变，加快迈入世界创新中心。

问题 3. 通过查阅相关资料，比较我国与美国、德国、日本在创新科技方面，哪些占据优势？哪些处于劣势？

问题 4. 基于这样的现状，我们国家应该如何提高科技创新能力，加快迈进世界创新强国之列的脚步？

活动六 观看纪录片《大国重器》

《大国重器》是由中央电视台财经频道（CCTV-2）制作的大型高清纪录片，展现中国装备制造业成就，讲述充满中国智慧的机器制造故事。

《大国重器》以独特的视角记录了中国装备制造业创新发展的历史。该片将镜头对准了普通的产业工人和装备制造业企业转型升级创新中的关键人物，真实记录了他们的智慧、生活和梦想，通过人物故事和制造细节，鲜活地讲述了充满中国智慧的机器制造故事，再现了中国装备制造业从无到有、赶超世界先进水平背后的艰辛历程，展望了中国装备制造业迈向高端制造的未来前景。

该片共六集，每集五十分钟，第一集《国家博弈》，第二级《国之砝码》，第三集《赶超之路》，第四集《智慧转型》，第五集《创新驱动》，第六集《制造强国》。《大国重器》是为纪念国务院《关于抓紧研制重大技术装备的决定》颁布三十周年而拍摄的。三十年来，我国装备制造业得到了快速的发展，取得了令人瞩目的成就，从总量规模看现在已居世界领先位置，跻身世界装备工业大国的行列。

问题 1. 观看第一集，你能讲述一到两位在我国装备制造业创新发展中发挥了积极作用的普通产业工人和关键人物的故事么？

问题 2. 观看第二集，谈谈我国核心技术的突破与掌握对国家的重要意义。

问题 3. 观看第三集，中国装备制造的赶超之路是怎样使中国人走上日夜追赶美好生活的富足之路的？

问题 4. 观看第四集，“智”造转型势在必行。谈谈我国企业应该如何从“中国制造”转向“中国智造”？

问题 5. 观看第五集，创新驱动如何助力中国企业一步步走向世界高端制造领域的？

问题 6. 观看第六集，你认为怎样才能缩短我国从制造大国到制造强国的距离？

资料链接

▶我国科技创新的成就与不足

1. 优势：近年来，“中国创新力量”快速崛起，我国科技创新正在深刻改变世界创新版图。经过不懈努力，我国科技出现由跟跑向并行乃至在一些领域领跑的重大转变，形成了完整的创新价值链和科技体系，取得了一大批有国际影响的重大成就。载人航天、深海探测、超级计算、煤化工、人工智能等持续突破，带动了相关科学、技术和工程领域的发展。高速铁路、特高压输变电、高难度油气田、核电、超级水稻等领域的技术逐渐成熟，开始向国外出口。铁基超导、中微子、量子信息、外尔费米子、纳米科技、空间科学、干细胞和再生医学、生命起源和进化等若干前沿和新兴领域研究取得一批世界领先的重大成果。

化学、材料、物理、工程、数学、地学等主流学科已接近世界前列。我国已建成并投入使用的大科学装置有 26 个，还有 10 个大科学装置进入初期规划阶段，将有力支撑我国在科技前沿取得重大突破，解决战略性、基础性和前瞻性科技问题。在科技人才方面，我国具有无可比拟的人才资源优势，科技人力资源超过 8 000 万人，工程师数量占全世界的四分之一，每年培养的工程师相当于美国、欧洲、日本和印度的总和。以中国科学院为代表的国家战略科技力量和北京大学、清华大学等一批研究机构正向世界一流研究机构迈进。华为、阿里巴巴、腾讯等一批创新型企业具有国际竞争力。在短短 20 年时间里，华为发展成为全球领先的信息与通信解决方案供应商，2016 年研发投入超过苹果公司。

2. 劣势：与之相比，我国在相关指标方面存在明显差距，例如，多项综合创新能力排名世界第 20 位左右，科技进步贡献率为 55%左右，对外技术依存度高于 40%，高技术产品出口方面自主品牌出口在 10%左右。总体上看，我国自主创新特别是原始创新能力不强，关键领域核心技术受制于人的局面没有根本改变，科技供给不能有效满足经济社会发展和国家安全需求，存在着创新路径依赖问题。特别是技术供给与需求的结构性矛盾突出，技术有效供给不足，供给质量不高，具有自主知识产权的核心技术不足，已成为我国传统产业转型升级、新兴产业培育发展的短板和软肋。

主题 24 农业——国民经济的基础

农业是国民经济的基础，是人类的衣食之源，生存之本。农业为工业的发展提供原材料和发展动力，是工业等其他物质生产部门与一切非物质生产部门存在与发展的必要条件，是支撑整个国民经济不断发展与进步的保障。农业基础地位的牢固，是关系到人民的生活、社会的安定和国民经济的发展，关系到我国在国际竞争中保持独立自主地位的大问题。农业在中国历来被认为是安天下、稳民心的战略产业。

早在人类茹毛饮血的远古时代，农业就已经是人类抵御自然威胁和赖以生存的根本。从神农尝百草的传说到《齐民要术》的问世，都是我国劳动人民在发展农业的过程中积累起来的智慧与财富。

在农业悠久的历史长河中，生产技术不断进步，生产方式不断变革，农业制度不断创新……，使农业生产发生翻天覆地的变化，你知道这其中凝聚着人类怎样的精神，蕴藏了人类怎样的智慧吗？就让我们一起在本专题中发现与探索吧！

活动指南

实践创新精神是本专题要着力体现的核心素养，劳动意识、问题解决能力、技术应用能力是实践创新精神的重要内涵。

在本专题中通过对中国古代农业、现代农业及农业的可持续发展三个板块的活动设计，让我们从不同视角了解和学习古代农业生产的特点、现代农业的技术与政策以及农业的可持续发展等问题，增进我们对古代、现代农业等相关问题的理解和把握，增加我们对农业可持续发展问题的关注。

在本专题中通过描绘中国古代男耕女织的劳动场景、借助图片信息分析古代农业制度等活动设计，能够帮助我们感知古代农业的劳动方式和文化背景；借助材料分析现阶段我国的一些农业政策与技术、探究北大荒到北大仓的蜕变等活动的设计，有助于提高我们对现代农业技术的关注程度，加深我们对国家方针政策的理解，增强社会责任感；最后通过对北大仓今后发展的方向问题的探究，提高我们的忧患意识和综合分析问题、解决问题的能力，坚定我们农业要走可持续发展之路的信心与决心。

中国古代的农业

农业的生产，为人类文明的进步奠定了坚实的基础。我国是世界农业起源地之一。古代中国以农立国，农耕文明长期领先于世界。精耕细作是我国传统农业经济的一个基本特征。伴随着封建土地私有制的确立，农业与家庭手工业相结合，自给自足的自然经济成为中国古代农业社会生产的基本模式。

活动一　探究古代中国的“小农经济”

春秋战国时期，铁农具的出现和牛耕的逐渐推广，提高了社会生产力。伴随着封建土地私有制的确立，以一家一户为单位的男耕女织的小农经济逐步形成。古代中国农民的生产主要是为了满足自家的基本生活需要和交纳赋税。

思考Ⅰ：

观察上图，提取其中的有用信息，结合所学知识，分析：在古代中国影响个体小农提高家庭粮食产量的相关因素有哪些？

温馨提示

“耕作方式”通常被认为由三个基本要素构成：农业劳动者、农业生产工具、土地。其中，劳动者要素包括技能水平与生产积极性两个方面；土地要素包括土地所有制（土地归谁所有）与土地质量（肥沃程度等）。

你耕田来我织布，我挑水来你浇园。
寒窑虽破能避风雨，夫妻恩爱苦也甜。

——《夫妻双双把家还》

思考Ⅱ：

上面为黄梅戏《天仙配》的一段戏文，名为《夫妻双双把家还》。下图为清代的《耕织全图》，描绘了男耕女织的古代中国的小农经济。

1. 请依据戏文与图片，结合所学知识，用语言描绘董永与七仙女所向往的美好生活场景。

2. 提取戏文与图片中关于古代小农经济的有效信息，结合所学知识，归纳古代小农经济的基本特点。

3. 评价古代中国的小农经济。

活动拓展

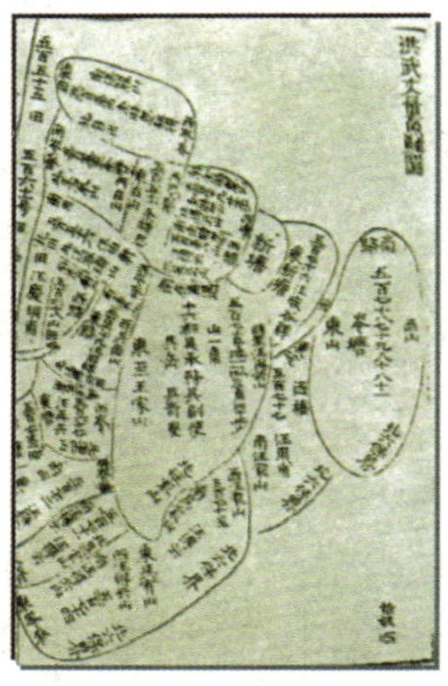

左图为明洪武初期的鱼鳞图册。图册中将田地山塘挨次排列、逐段连缀地绘制在一起，标明其所有人、面积，因其形似鱼鳞而被称为“鱼鳞图册”。亦称“鱼鳞图籍”“鱼鳞簿”。

1. 下面的四句话中，哪一句正确地描述了左图中的内容？请说明理由。

①政府奖励垦荒耕地数量增加的情况　②地主兼并农民土地的记录　③农村土地专业化经营的情况　④国家确定土地所有权和征收赋税的依据

2. 你能依据材料并结合所学知识，给同学们讲一讲古代中国封建王朝的赋役制度与农业生产的关系吗？

资料链接

▶小农经济的特点与影响

小农经济自给自足、封闭分散的特点，一方面有利于封建国家的稳定与发展；另一方面却不利于商品经济的发展，也为封建割据准备了物质条件。小农经济规模小、简单分工的特点，导致其落后性与脆弱性，成为近代中国落后的根源；同时，也决定了农民阶级的局限性，使农民阶级无法领导民主革命与近代化进程。

▶中国古代赋役制度的发展趋势

标准上，由以人丁为主向以田亩资产为主转变；形式上，由实物征收向货币征收转变；税种由繁多趋向单一；税时由不定时趋向定时；徭役逐渐可由物质替代；随着商品经济的发展，商业税日益加重。

▶影响中国古代农业经济的因素

（1）农业生产力的进步：生产工具、耕作技术、水利灌溉、先进物种、农学理论。

（2）其他行业对农业的影响：手工业的发展、商业的发展。

（3）政治因素的影响：统一安定的局面、农业政策、赋役制度等。

（4）不同经济思想的影响：农本思想、工商皆本思想。

（5）自然因素的影响：发展农业的先天条件、自然灾害。

现代农业

现代农业是广泛应用现代科学技术、现代工业提供的生产资料和科学管理方法进行的社会化农业。实现农业现代化的过程主要包括两方面的内容：一是农业生产的物质条件和技术的现代化，利用先进的科学技术和生产要素装备农业，实现农业生产机械化、电气化、信息化、生物化和化学化；二是农业组织管理的现代化，实现农业生产专业化、社会化、区域化和企业化。

活动二 富农政策：土地承包经营权流转

案例： 某地南庄村有200多户农民900多口人，土地1 400多亩。常年在外打工的劳力有100多人，其中有20多户常年在外打工农民的近100亩土地撂荒。2017年该村成立农机协作社，通过土地流转、发展观光农业、劳务输出等举措，促进了当地经济发展。

举措一：

创办金城农机协作社。一是农民把土地转包给该协作社后，每年能够得到每亩800元的补偿金，国家给农民的各种补贴仍归农民所有；二是农民按每年每亩800元的酬金付给该协作社，由协作社代为种地，农民不用伸手每年可得到每亩500公斤小麦、500公斤玉米的收益。

思考：国家给农民的补贴、协作社给的小麦和玉米各属于哪种分配方式？

举措二：

该协作社还规划了开心农业种植园和观光农业园。开心农业种植园就是拿出少量土地分割成一个个小方块，让市民前来种植，体验农业消费。观光农业园就是集蔬菜、果树、养殖、餐饮、住宿为一体，进行休闲、旅游农业开发。

思考：开心农业种植园和观光农业园的建设，对农村产业结构产生怎样影响？

举措三：

该村900多人中劳力占300多人，其中强壮劳力200多人，100多人为年龄偏大的半劳力。没有整村流转土地前，常年在外打工的劳力有100多人，剩下的200多个劳力在家务农。整村土地流转后，该村又输出打工人员100多人，剩下的100多个半劳力在金城农机协作社打工。

思考：小王是该村进城务工的一员，请你为小王进城找工作提出合理建议。

【探究】结合国家“富家政策”分析上述案例，然后回答：

1. 你能说出，什么是土地承包经营权流转吗？
2. 请举例说明，土地承包经营权流转的方式有哪些？
3. 试着说一说，土地承包经营权流转的原则有哪些？你认为哪个原则最重要？

【政策链接】党的十九大报告提出，巩固和完善农村基本经营制度，深化农村土地制度改革，完善承包地“三权即土地所有权、承包权、经营权”分置制度，保持土地承包关系稳定并长久不变，第二轮土地承包到期（2023年）后再延长三十年。这一政策为促进土地承包经营权流转提供了有力政策保障。

资料链接

▶土地承包经营权流转的意义

1. 有利于农村土地资源配置和充分利用农村土地，提高土地产出率；2. 有利于农村劳动力向第二、三产业顺利转移；3. 有利于农村土地的适度规模经营；4. 促进产业化经营的深化；5. 有利于流出方增加收益；6. 鼓励流进方取得更大效益；7. 有利于吸纳各种社会资金投入农业生产和实现农业的综合开发利用；8. 有利于农业产业结构调整；9. 有利于培养和造就新一代农业经营能人和农业生产经营大户。

活动三 富农技术：点赞海水稻进行测产

2016 年袁隆平院士入驻青岛国际院士港成立青岛海水稻研发中心。

2017 年 5 月，在位于李沧白坭地公园的海水稻研发基地进行第一代海水稻插秧。

2017 年 10 月，经过半年多的精心培育，迎来实地测产。最终测得编号 yc0045 的水稻亩产量为 620.95kg，远超预期产量。

2018 年 1 月，国家主席习近平在新年贺词中，点赞海水稻进行测产。

目前，中国有 3 500 多万亩沿海滩涂、15 亿亩内陆盐碱地，其中近 3 亿亩可以进行改造利用。研发团队计划在 5 到 8 年内在全国推广 1 亿亩耐盐碱水稻种植。如果按照亩产 400 公斤计算，收获后产量将相当于 2016 年全国水稻总产量的 19%。

探究一：

你知道，什么是沿海滩涂、什么是内陆盐碱地吗？查阅相关资料，说出我国的沿海滩涂、内陆盐碱地的分布。

“海水稻”是耐盐碱高产水稻，能够在海水中生长的水稻。由于是海水灌溉，生长海水稻的盐碱地土壤没有重金属残留，基本没有普通稻田的病虫害，生长种植环境有机安全。在营养价值方面，其所含微量元素较高。

探究二：

结合经济知识，分析“海水稻”技术对我国发展现代农业和国家粮食安全的意义。

活动拓展

你还知道哪些现代农业技术？请列举出来。

农业可持续发展

可持续发展农业是指采取某种合理使用和维护自然资源的方式，实行技术变革和机制性改革，以确保当代人类及其后代对农产品需求可以持续发展的农业系统。按可持续发展农业的要求，今后农业和农村发展必须达到的基本目标是：确保食物安全，增加农村就业和收入，根除贫困，保护自然资源和环境。

活动四 北大荒 & 北大仓

资料 1：

北大荒旧指中国黑龙江省北部在三江平原、黑龙江沿河平原及嫩江流域的广大荒芜地区。20 世纪 50 年代，这里人烟稀少，森林茂密，沼泽遍布。“棒打狍子瓢舀鱼，野鸡飞到饭锅里”曾是这里生态环境的真实写照。

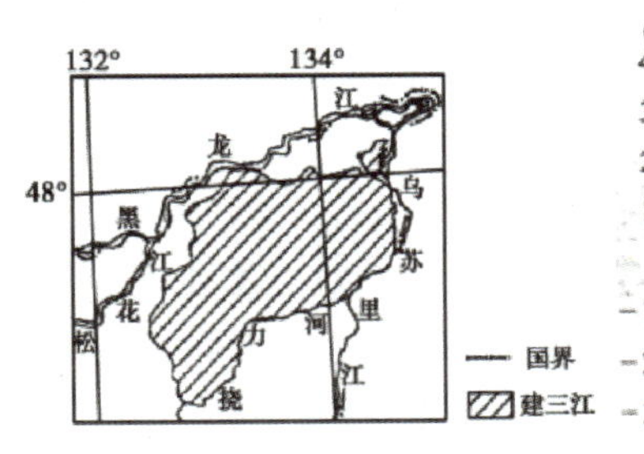

资料 2：

左图为建三江地理位置及黑龙江某地气候资料图。

◆问题探究一

1. 你能根据资料 1 和资料 2 说出建三江的地理环境特征吗？

2. 观察黑龙江某地气候资料图，分析该地气候对农业发展的有利影响和不利影响。

3. 从地理角度分析，50 年代这里“棒打狍子瓢舀鱼，野鸡飞到饭锅里”的形成原因有哪些？

资料 3：

新中国成立后，为解决 4 亿多人的吃饭问题，国家先后组织了十几万部队转业官兵和 50 余万城市青年来此开发，累计开垦出 3 000 万亩耕地，每年可生产商品粮 70 亿公斤，按每人每年百公斤口粮计算，可供京、津、沪城市人口吃 1 年多，“北大荒”因此被人们称为“北大仓”。

◆**问题探究二**

1. 分析北大荒农业发展的区位优势有哪些？
2. 结合资料，分析哪些社会经济因素促进北大荒变成了北大仓？

资料 4：

在一阵改造大自然、誓把荒原变良田的热浪过后，北大荒的林地面积和湿地减少了一半多，原始生态遭到了严重破坏，大自然无情地向人们开出了一个巨额“罚单”：旱涝灾害频繁、江河泛滥、水土流失、风蚀沙化严重，许多野生动物被迫迁徙。

◆**问题探究三**

1. 如今北大仓出现了哪些问题？原因是什么？我们应采取哪些对策？
2. 有人说把北大荒建设成北大仓是错误的，也有人认为这是正确的，你赞同哪种观点？请说明理由。

资料 5：

为深入学习贯彻党的十九大精神，2017 年全国农业工作会议在京召开。农业部部长韩长赋在会议上表示，推进农业绿色发展，重点抓好三方面工作。

一是持续推进农业投入品减量。经过近三年的不懈努力，化肥农药使用量“零增长”目标已实现，以后还要负增长。下一步关键要在提高使用效率、减少使用总量上下功夫。

二是加快推进农业废弃物资源化利用，变污染为资源。

三是加强农业资源养护。统筹山水林田湖草系统治理，坚决把农业资源过高的利用强度缓下来。强化土壤污染管控和修复，开展耕地土壤环境质量类别划分试点。

◆**问题探究四**

1. 韩部长提出的“三方面工作”反映出我国农业在可持续发展道路上面临着哪些问题？
2. 你认为“持续推进农业投入品减量”与中国古代的“精耕细作”有何异同？
3. 对国家提出的“农业废弃物资源化利用”你是怎样理解的？请举例说明。
4. 从“开发北大荒”到“退田还湿”再到“农业资源养护”谈谈你对农业可持续发展的认识。

活动拓展

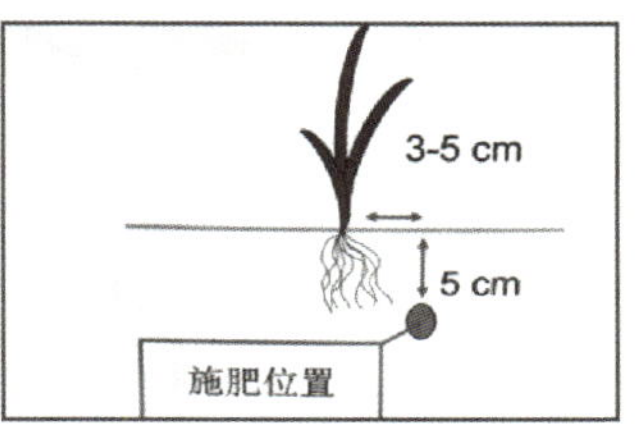

建三江垦区地处东北三江平原腹地，土地肥沃，良田万顷，是我国重要的商品粮生产基地。

从 2014 年起，中化农业就与建三江管理局合作推广水稻侧深施肥技术。该技术是水稻插秧机附带侧深施肥器，在水稻插秧的同时将肥料施于秧苗侧位土壤中的施肥方法。其主要优点是可促进稻苗前期生育，提高肥料利用率，减少施肥量，有利于防御低温冷害，将插秧和施肥一次性完成，形成一体化作业，降低了劳动量，也减少了肥料流失，目前，有大约 140 万亩水稻使用该技术，可增产 7 000 万斤，为农民增加收益近 2 亿元。

◆问题探究

根据材料及所学知识分析发展水稻侧深施肥技术有哪些好处？据图描述水稻侧深施肥技术的工作原理。

资料链接

▶农业区位因素分析的角度

自然因素：地形、水源、气候（气温、光照、降水）、土壤。

社会因素：市场、交通、劳动力、政策、技术（科技）、工业基础。

▶备受关注的有机农业

有机农业（Organic Agriculture）是指在生产中完全或基本不用人工合成的肥料、农药、生长调节剂和畜禽饲料添加剂，而采用有机肥满足作物营养需求的种植业，或采用有机饲料满足畜禽营养需求的养殖业。

▶爆发式发展的第六产业

第六产业即不仅种植农作物（第一产业），而且从事农产品加工（第二产业）与销售农产品及其加工产品（第三产业），以获得更多的增值价值，为农业和农村的可持续发展开辟光明前景。“1+2+3”等于 6，“1×2×3”也等于 6，这就是“第六产业”的内涵。

发展“第六产业”的根本目的是为了振兴农业农村，改变农业发展前景，所以要坚持以农业为主体。基本做法是通过一、二、三产业的相互融合，提升农产品附加值，提高农民收入。基本趋势是让第二、第三产业附着其上，逐步使原本作为第一产业的农业变身为综合产业。“第六产业”找到了现代农业的真谛，与我国农业产业化企业的发展目的和目标不谋而合。

参 考 文 献

［1］王伟光.新大众哲学［M］.人民出版社、中国社会科学出版社联合出版，2014.

［2］乔斯坦·贾.苏菲的世界［M］.作家出版社，2007.

［3］胡军.哲学是什么［M］.北京大学出版社年出版，2002.

［4］参考“网易公开课”目录.

［5］中国互联网络信息中心（CNNIC）第40次《中国互联网络发展状况统计报告》.

［6］前瞻网. https：//t.qianzhan. com/caijing/detail/170928-1f492f4c. html.

［7］刘大椿，张林先. 科学的哲学反思：从辩护到审度的转换［J］. 教学与研究，2010（2）.

［8］邓卫平. 中国农业现代化的建设路径［J］. 光明日报，2015年12月8日，第11版.

［9］和讯科技. 马化腾：互联网+像电的发明 改变人类生活生产方式. http：//tech. hexun. com/2015-04-29/175417772. html .

［10］Tiry.2016年哪些科技切实改变了你的生活？［J］知乎周刊. 2016年12月26日.

［11］李文鼎，王存志. 中小学可持续发展教育——各学科教学设计［M］. 北京：人民教育出版社，1999：81. 165—166. 232—233.

［12］俞水根，鲍海君，郑升译. 科学探索者——地球上的水. 美国最权威的研究性学习教材［M］. 杭州：浙江教育出版社，2003：34. 42. 106.

［13］李青等译. 科学探究活动手册——地球与宇宙（原著：美国物理、化学、数学学会，教育部“做中学”科学教育中心审定推荐）［M］. 长春：长春出版社，2003：32—36. 56—57.

［14］中央教育科学研究所.综合实践活动初中一年级［M］. 北京：北京科学技术出版社，2001：57—58.

［15］泰资中心环境与教育委员会，减少废物（学生用书）［M］. 北京：商务印书馆，1999.

[16] 张民生，孙元清. 高中研究性学习·综合主题·高一 [M] . 上海：上海科技教育出版社，37.39.

[17] 赵守文. 综合实践活动·初中三年级 [M] . 北京：北京科学技术出版社，2001：25—28.

参考网址：

[1] http：//www. xinhuanet. com/（新华网）

[2] https：//baike. so. com/（360 百科）

[3] http：//image. so. com/（360 图片）

[4] http：//www. farmer.com. cn/（中国农业新闻网）

[5] http：//www. zxxk. com/（学科网）